『河内名所図会』『和泉名所図会』のおもしろさ

森田恭二 編著

和泉書院

はじめに

地域史研究の資料として、河内・和泉地域の対象とする時、江戸中期に発刊された『河内名所図会《かわちめいしょずえ》』、および『和泉名所図会《いずみめいしょずえ》』は極めて有効である。ちなみに底本としたそれぞれの発刊状況を記すと、

○『河内名所図会』
秋里籬島《あきさとりとう》著・丹羽桃渓《にわとうけい》画、六巻
享和元年（一八〇一）冬十一月刻
出雲寺文治郎・小川多左衛門・殿為八・高橋平助・柳原喜兵衛・森本太助の刊による。

○『和泉名所図会』
秋里籬島著、竹原信繁《たけはらのぶしげ》画、四巻
寛政八年（一七九六）春新刻
小川多左衛門・戸野為八・村松九兵衛・柳原喜兵衛・高橋平助の刊による。

『河内名所図会』・『和泉名所図会』を書いた秋里籬島は、ほかに『都名所図会』・『拾遺都名所図会』・『京の水』・『都花月名所』・『都林泉名勝図会』・『大和名所図会』・『摂津名所図会』・『近江名所図会』など多くの名所図会類を刊行している。

生没年は不詳であるが、文化十一年（一八一四）『近江名所図会』を出版してまもなく没したと思われる。

京都は、源　融《みなもとのとおる》の六条河原院の旧跡 籬《まがき》の島に居住し、籬島と号した。名は舜福、字は湘夕という。彼の名所図会の多くの絵画は、春朝斎竹原信繁や丹羽桃渓が描いている。

秋里籬島が江戸中期に著した畿内近国の『名所図会』は、現代に重要な情報を提供してくれる。

基本的には、各地の神社・仏閣などの名所案内であり、当時においても参詣や旅行の携帯書の役割を果たしたのであろう。今や失われてしまった名所や旧跡も書かれているので、地域の歴史の復元に大いに参考となる。

私が特に興味を感じたのは、各地の伝説や伝承である。挿絵入りで、あたかも歴史事実のように描かれるが、伝説・伝承である。面白いのは、その伝説・伝承の遺跡や史跡が結構残っていることである。たとえば、麻福田麿《まふくたまろ》（丸）伝説や衣通姫《そとおりひめ》伝説には、現在も、岸和田市に麻福山大門坊極楽寺が、泉佐野市に伝衣通姫墓が存在している。史実か伝承か、謎解きが必要となる。本書は両名所図会の中の興味あるものをとりあげ、その謎解きに挑戦したものである。

『河内名所図会』や『和泉名所図会』を参照しながら地域の歴史を学ぶ面白さを体験していただきたい。

凡例

1　『河内名所図会』・『和泉名所図会』の文章の翻刻は、読み易いようにいずれも新字体・新仮名遣いとし、適宜句読点を付けた。

2　本書では、『河内名所図会』（享和元年版）・『和泉名所図会』（寛政八年版）の、個人蔵版本の部分を選んで、『河内』は52項目、『和泉』は28項目の構成で紹介した。おおむね北から南へ、東から西へ配列している。

3　地名解説は、『大阪府の地名』（平凡社、一九八六年）・『角川日本地名大辞典・大阪府』（角川書店、一九八三年）等を参照した。

目次

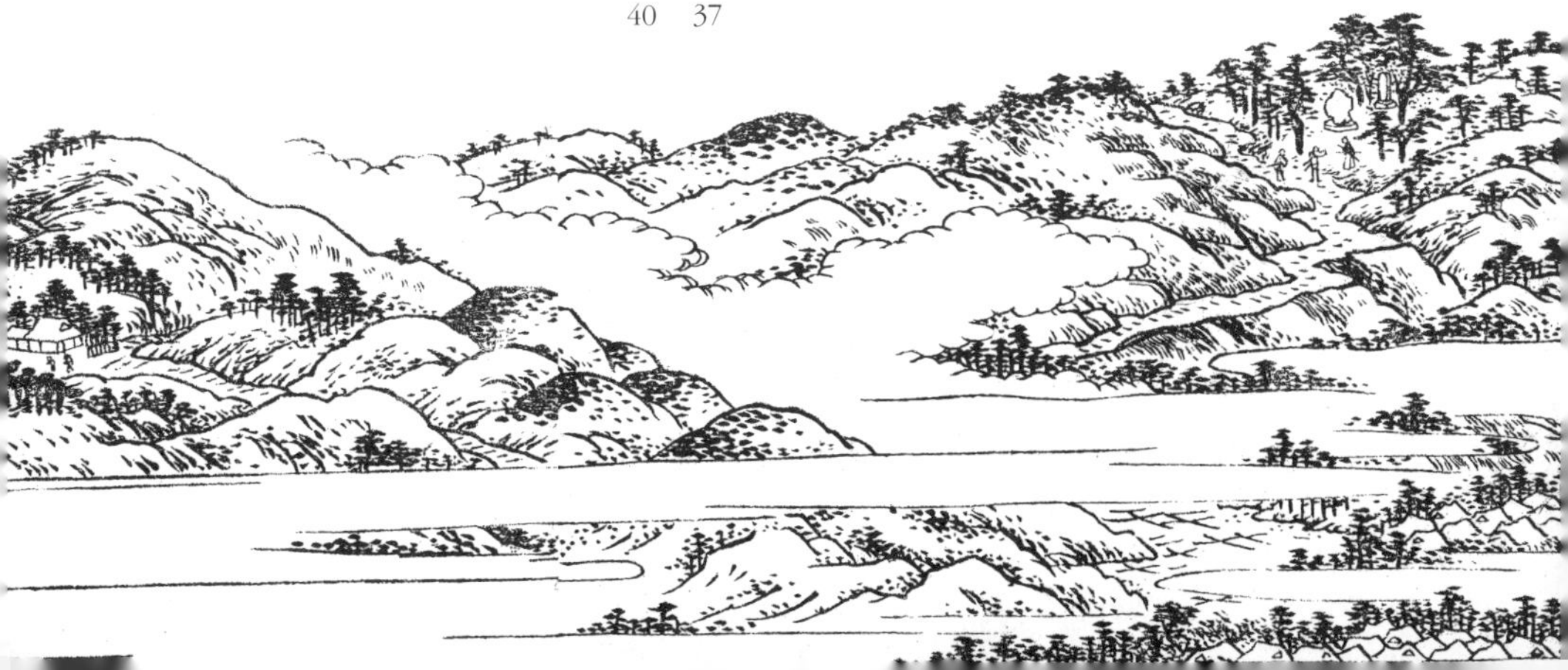

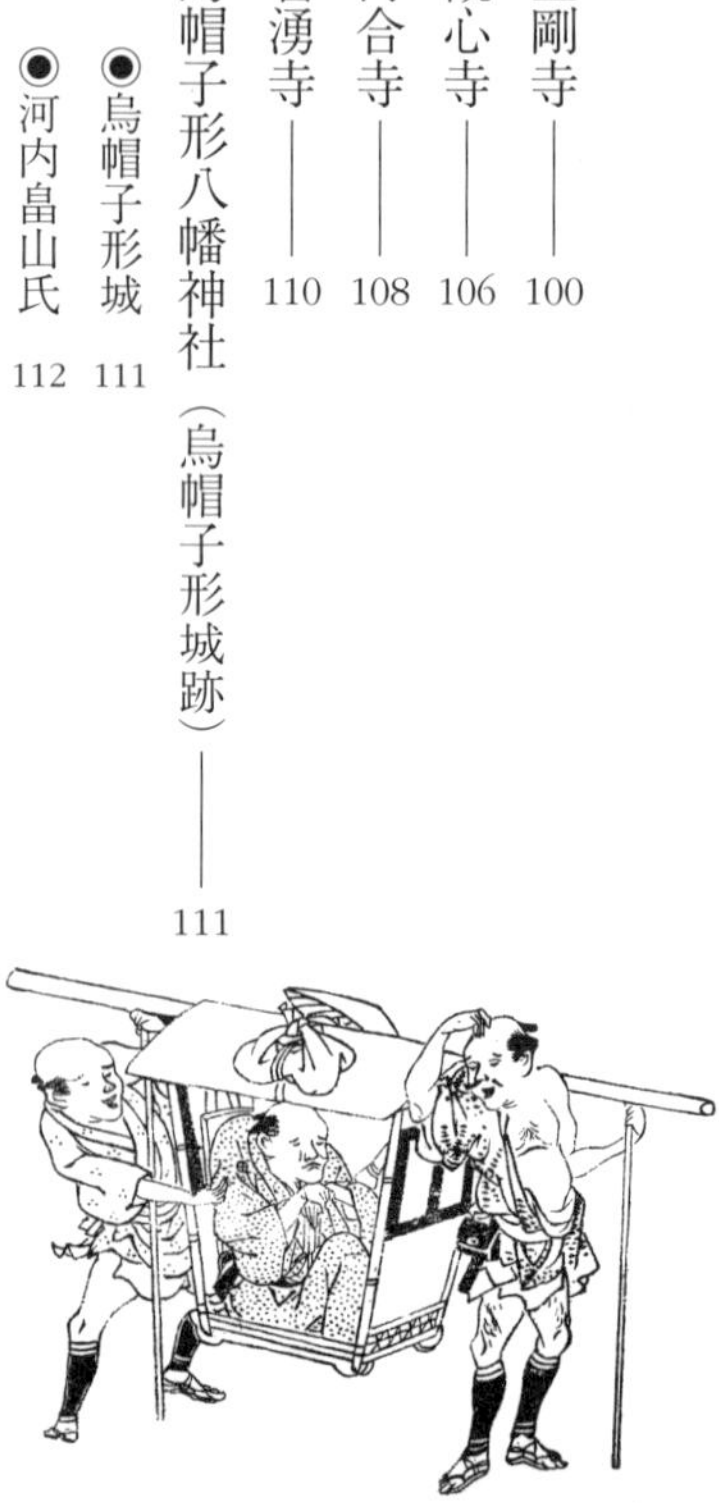

和泉名所図会

河内名所図会

1 渚院跡

●渚院跡…京阪本線・御殿山駅より徒歩10分。

京阪電車枚方市御殿山駅近くの渚元町に、渚院《なぎさいん》跡という伝承地がある。

渚院というのは、平安時代の文徳天皇の皇子惟喬親王《これたかしんのう》の別荘「渚の院」に由来する。

この辺は交野《かたの》の御野と呼ばれ、朝廷の遊猟地であった。往古、平安貴族たちが遊猟のため訪れた地である。

『河内名所図会』には、惟喬親王が交野遊猟をしている想像図と、江戸時代の渚院の様子を描いている。江戸時代には寺となって真言宗寺院となり、本尊に十一面観音を祀っていると書いている。挿絵には、観音堂と牛頭天王社が描かれ、『河内鑑名所記』によると、観音寺と呼ばれ、本尊十一面観音は高さ三尺（約一メートル）の像であったという。

惟喬親王は文徳天皇の第一皇子で当然皇太子となる人物であった。しかし、藤原良房の娘明子の生んだ惟仁親王にその地位は奪われた。

天安二年（八五八）には惟仁親王が天皇に即位（清和天皇）、良房は摂政となった。失意の惟喬親王は、常陸《ひたち》太守となったが、のち出家して、比叡山麓の小野ついで水無瀬宮に隠棲した。水無瀬から交野にたびたび遊猟し、別院とした渚院は桜の名所でもあったという。

渚院跡

在原業平が惟喬親王の供をしてこの渚院を訪れた時、惟喬親王の失意に思いをはせて、

　世の中のたえて桜のなかりせば
　　春のこころはのどけからまし

と詠んだと伝えられると、『河内名所図会』は記している。

惟喬親王の死（寛平九年〈八九七〉より二十八年後、紀貫之が土佐からの帰途、渚院跡に立ち寄り、後方の丘に茂る松や、中庭に咲く梅を描写している（『土佐日記』）。

渚院跡を訪ねて見た。京阪電車御殿山駅から徒歩で十分余、渚元町の渚院会館のあたりが渚院跡伝承地である。江戸時代には観音寺という寺になっていたが、わずかにその鐘楼が残るのみである。

惟喬親王が交野の遊猟に用いた御殿は、みごとに消え去っている。それもそのはずで、九世紀の御殿がそのままの姿で地方に残ることは希有である。二十一世紀まで残った江戸時代の鐘楼跡だけでも、後世に伝えてほしい。

◉『河内名所図会』の渚院

『河内名所図会』には、渚院付近を訪れた惟喬親王の「遊猟」の図を描いている。中央の武士たちは、鷹を腕にのせ、飛び立つ野鳥の群を追う鷹狩をしている。

画面右下には、天皇や貴族の乗る「玉輦《ぎょくれん》」が描かれ、惟喬親王がこれに乗って渚院を訪れたことを示している。

この遊猟には、在原業平もしばしばお伴をしていたはずである。

先述の在原業平の名句も、春の渚院付近で詠んだのではと想像できよう。

画面左下では、饗宴の準備が整えられている。

惟喬《これたか》親王《しんのう》遊猟《ゆうりょう》

渚院惟喬親王遊猟（巻之六）

2 枚方宿（駅）

●枚方宿…京阪本線・枚方公園駅より徒歩5分。

枚方宿《ひらかたじゅく》は枚方駅とも称され、京・大坂交通の拠点であり、江戸時代には大名の泊まる本陣もあった。三矢浜《みつや》は淀川の船運でもちょうど中間点にあたり、昼飯を売る「くらわんか船」の拠点でもあった。

『河内名所図会』によると、この地は古来「駒の牧」（馬の放牧地）であった。源氏の武将佐々木高綱《たかつな》の乗った「生《いけ》ずき」という名馬もこの牧より出で、「大垣内《おおがいと》」という地名は「生ずき」を垣を結い捕えた古跡名であるという。

天正年間（一五七三～九二）に高槻《たかつき》三島の商人高島家が、旅宿として始めたのが「鍵屋《かぎや》」である。のれんに「鍵」の紋を入れ、紺地に白字で染ぬいた屋号を用いた。この「鍵屋」の一帯が「鍵屋浦」と呼ばれた。

「鍵屋浦」には上下の船が行き来し、昼時には、飯茶を売る「くらわんか船」が「淀川三十石船」に横付したのである。『河内名所図会』はその様子を挿絵にしている。

江戸時代、枚方は宿場町として繁栄したが、戦国時代の順興寺寺内町《じゅんこうじじないちょう》を母体としている。

順興寺は上ノ町の山上に位置し、上ノ町・蔵ノ谷町・下ノ町を寺内町として栄えた。河港が三矢浜にあり、浜の付近の街道から寺内町にかけて、商家が軒を並べた。近年蔵ノ谷町の一角で油屋跡が発掘されている。

鍵屋

江戸時代に入ると、三矢浜と京街道の交差点を中心として、京街道沿いに、宿屋や本陣が軒を連ねた。その一つが鍵屋である。

枚方駅《ひらかたのえき》

此駅《うまつぎ》は、年久《としひさしく》して京師《けいし》より浪速《なにわ》へ通路《つうろ》、又は西国《さいごく》の諸侯方《だいみようかた》、関東参勤《かんとうさんきん》の駅路《えきろ》なり。馬《うま》百疋に、飯盛女《めしもりおんな》百人、むかしよりありける。

枚方宿（巻之六）

ちる花の
地籠に
舞うや
春の水
亀天

3 万年寺跡

●万年寺跡（意賀美神社）…京阪本線・枚方市駅より徒歩5分。

枚方市上之町に、古来万年寺《まんねんじ》という寺があった。『河内名所図会』によると、真言宗寺院で本尊は十一面観音、観音堂と、役行者《えんのぎょうじゃ》を祀る行者堂があると書いてある。

この万年寺跡は、その主要部が現在意賀美《おがみ》神社境内となっている。京阪電車枚方市駅から山側へ上ると意賀美神社に至る。付近はうっそうと樹木が繁り、山上に社殿が立つ。その傍らに「万年寺山古墳」の案内板があり、万年寺の由来も記している。

万年寺は奈良時代創建の密教系寺院であったと伝えられる。枚方寺内町の順興寺《じゅんこうじ》のあった頃、その住持実従《じつじゅう》は、しばしば万年寺を訪れ、特に梅の季節には万年寺の梅林を見物していたが、この梅林は現在も残っている。

明治三年（一八七〇）廃仏毀釈《はいぶつきしゃく》によって万年寺は廃寺となり、本尊は三矢町の浄念寺に預けられた。

現在、万年寺跡には、意賀美神社が立つが、これは、伊加賀村宮山にあったものを、明治四十二年（一九〇九）に移建し、日吉神社（岡・岡新町村の鎮守社）と須賀神社（三矢・泥町村の鎮守社）を加えた三社が合祀されたものである。

意賀美神社（万年寺跡）

枚方《ひらかた》
万年寺《ばんねんじ》

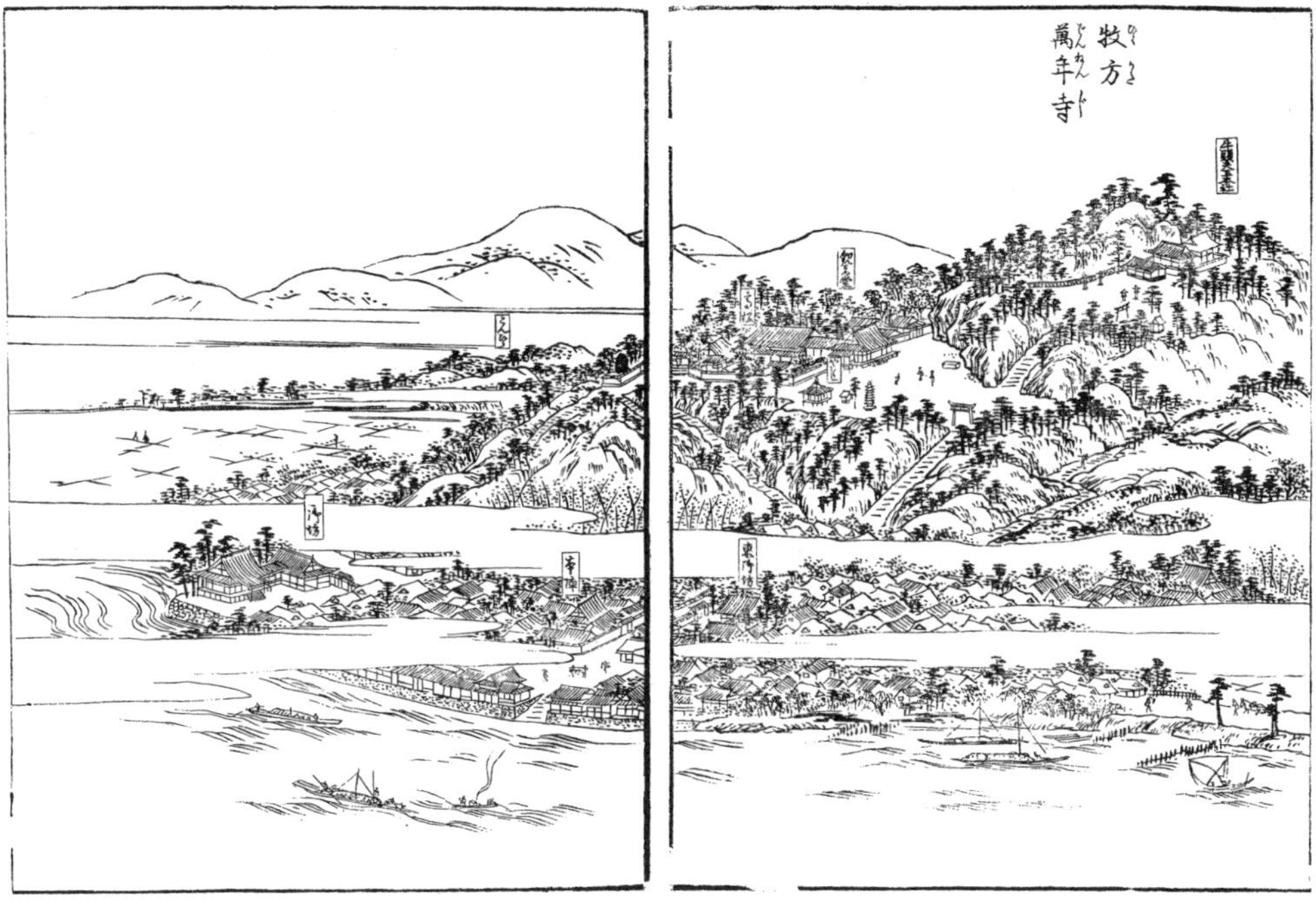

万年寺（巻之六）

4 王仁博士の墓

●王仁墓…JR片町線（学研都市線）・長尾駅より徒歩約20分。

枚方市藤阪の東北、王仁《わに》公園の一角に伝「王仁《わに》博士」の墓がある。

王仁博士は、応神天皇の時代（四世紀末～五世紀初頭）に、百済から渡来した優れた儒学者であったという。その子孫は西文《かわちのふみうじ》氏と呼ばれ、河内国南部一帯に居住した。

本拠地から離れた枚方市藤阪の地に王仁博士の墓があることに疑問が呈せられているが、『河内名所図会』は「王仁墓」について次のように記している。

河内文首《かわちのぶんのおびとの》始祖《しそ》博士王仁墓《はかせおうにんのはか》

藤阪村の東北、御墓谷にあり。石標王仁之墓。

『河内名所図会』は、並河誠所《なみかわせいしょ》によって編纂《へんさん》された『五畿内志《ごきないし》』を参考にしている。そこで『五畿内志』を見ると、次のように記している。

河内文首始祖博士王仁墓

在二藤阪村東北御墓谷一、今称二於爾《オニ》墓一

『五畿内志』の発刊は享保二十年（一七三五）、『河内名所図会』の発刊は享和元年（一八〇一）である。おそらく『五畿内志』を典拠として『河内名所図会』は書かれたと考えられる。

並河誠所は藤阪村の一の御背の墓谷で「オニ墓」と呼ばれる塚を見つけた。並河誠所の提言によって、この地の

伝王仁墓山門

領主旗本久見弥右衛門が、「博士王仁墓」と刻んだ碑を建てたという。

一方地元の寺院和田寺に「王仁墳廟来朝記」なる古書が伝来し王仁墳廟について記すが、近年の研究で、これは「椿井《つばい》文書」と呼ばれる奈良興福寺の坊官椿井氏の一族が作り上げた一連の偽文書であって、信用できないとされた（馬部隆弘氏「偽文書からみる畿内国境地域史—椿井文書の分析を通して—」『史敏』二〇〇五年春号）。すなわち『五畿内志』の著者並河誠所が、藤阪村の一の御背の墓谷で発見した「オニ墓」を王仁の墓と解釈して、領主旗本久見弥右衛門が「博士王仁墓」と刻んだ石碑を建てたという一点のみが、伝王仁博士墓の根拠である。

従ってこの典拠のみで王仁博士の墓と断定することはできない。しかし、五世紀の王仁の墓を断定するのは非常に困難であって、江戸時代以来の伝承地として祀られて来た事実は肯定せざるを得ないであろう。

王仁は、西文氏《かわちのふみうじ》の祖といわれ、河内国を本拠としていたことは間違いない。応神天皇（五世紀）の時代日本に渡来し、百済王からの贈物として、『論語』十巻と『千字文』一巻を持ち来たったと伝えられる（『日本書紀』）。応神天皇の本拠地が河内古市付近と考えられ、その御陵も河内古市にあるので、王仁の本拠地も河内古市付近とも考えられる。

しかし、王仁などの渡来人によって百済をはじめとする大陸の文化が日本にもたらされた歴史的意義は忘れてはならない。

伝王仁墓

藤阪《ふじさか》
王仁《おうにんの》
墳《つか》

王仁の墳にて
唐松は
なにわの梅の
根しめ
かな
泰慶

くずは

博士王仁墓

王仁墓（巻之六）

洞《ほら》ヶ《が》嶺《とうげ》

橋本　洞ヶ峠　金橋《かねはし》

5 百済寺跡

●百済寺跡…京阪交野線・宮之阪駅より徒歩約10分。

枚方市中宮に百済寺《くだらじ》跡がある。江戸時代この地の百済王神社は中宮《なかみや》の産土神《うぶすながみ》として尊崇されていたが、百済寺はすでに廃寺となり、古礎を残すのみであると、『河内名所図会』に書かれている。

現代においても、この百済寺跡一帯は古代の雰囲気を残している。中宮の鎮守の森の一角に百済王神社が祀られ、その隣接地の森の中に百済寺の礎石が残っている。

百済寺は百済滅亡時の国王、義慈《ぎじ》の王子善光《ぜんこう》（禅広）を祖とする百済王氏が建立管理したものだろうといわれている。百済王氏は「くだらのこにきしうじ」とよばれ、亡命百済人たちの宗家として仰がれていた。もともとは今の大阪市東住吉区付近に本拠地があったらしいが、その後「交野《かたの》ヶ原」に移ってきた。百済王善光の曾孫敬福《きょうふく》（六九八〜七六六）が、天平勝宝二年（七五〇）に宮内卿兼河内守になってから、敬福が兄南典の霊を慰めるために祀廟を建てたと伝えられる（高橋徹『道教と日本の宮都』人文書院、一九九一年）。

付近は交野ヶ原と呼ばれた丘陵地で、百済寺は、天平宝字二年（七五八）、百済王神社とともに建てられたと伝える。当地には、百済国の義慈王の子で日本に人質として入った善光（禅広）王にはじまる百済王氏関係の遺跡や伝承が残る。

百済寺跡

出土瓦の様式から、百済王敬福が当地に移住した天平勝宝年間前後に創建したとも考えられている。敬福は、天平勝宝元年（七四九）陸奥守の時、東大寺大仏造立のための黄金五〇〇両を献じ、三位に叙せられている。

桓武天皇や嵯峨天皇も当地を訪れた盛時があったが、平安後期に全山焼失し、わずかに小堂を残すのみとなった。後鳥羽上皇が御堂を参詣することもあったが、以後は衰退の一途をたどり、再建されることはなかった。

南大門・中門・回廊・東西両塔・金堂・講堂・食堂のあったことが、発掘調査で確認されている巨大な寺院であった。

寺院跡の一角に百済王神社が中宮地区の産土神として今も崇敬を集めている。

百済王神社

6 光善寺

●光善寺…京阪本線・光善寺駅より徒歩10分。

京阪電車光善寺駅は、光善寺《こうぜんじ》の門前に近い。徒歩約十分で境内に到着する。

光善寺は、蓮如《れんにょ》上人が一時滞在した出口《でぐち》の本願寺御坊を前身とし、旧出口村、淀川河畔に現存する。

『河内名所図会』によると、本尊は安阿弥《あんあみ》作の阿弥陀仏、脇に親鸞《しんらん》上人御影と前住上人像を祀る。境内に龍女池、付近に蓮如上人腰掛石が残ると書かれている。

江戸時代の光善寺においても、寺侍や雑役夫を多く抱え、かつての本願寺の中本山の風格を残していた。邸内に入ると、淀川を一望できる御殿や、船着場跡が残り、淀川の交通拠点にこの寺が造営されたことがうなずける。

興味深い所では、蓮如上人が虫歯に苦しみ、その歯を糸で抜いたというが、その蓮如上人の虫歯が大切に保存されている。

文明七年（一四七五）八月、越前吉崎《よしざき》を出た蓮如は、若狭国小浜《おばま》を経て、河内国茨田《まんだ》郡中振郷の出口村に至り、淀川の洲崎梓原の深淵を埋立てて方四町の地を得、ここに淵埋山梓原堂を建立した。これが後の光善寺である。

文明十年、嫡男順如《じゅんにょ》にこの地を譲って、自らは京都山科に移った。この寺の存続には、出口坊光善の尽力があったという。

光善寺の寺号の初見は、明応三年（一四九四）である。以後本願寺教団の重要寺院となり、『証如《しょうにょ》上人日記』では大坂本願寺とともに、拠点寺院となった様子がうかがえる。また枚方寺内町《じないちょう》の順興寺《じゅんこうじ》住持実従《じつじゅう》は、たびたび光善寺を訪れていたことが、その日記『私心記《ししんき》』よりうかがえる。

枚方寺内町は淀川の三矢浜《みつや》を入口として、下ノ町・蔵ノ谷・上ノ町にひろがっており、町人達は住持実従と茶会を開いたり、船に乗って遊猟を楽しんだりしている。実従は隣接の光善寺をたびたび訪れて、住持同志の交流も盛んであった。

光善寺山門

光善寺櫓

出口《でぐち》
光善寺《こうぜんじ》

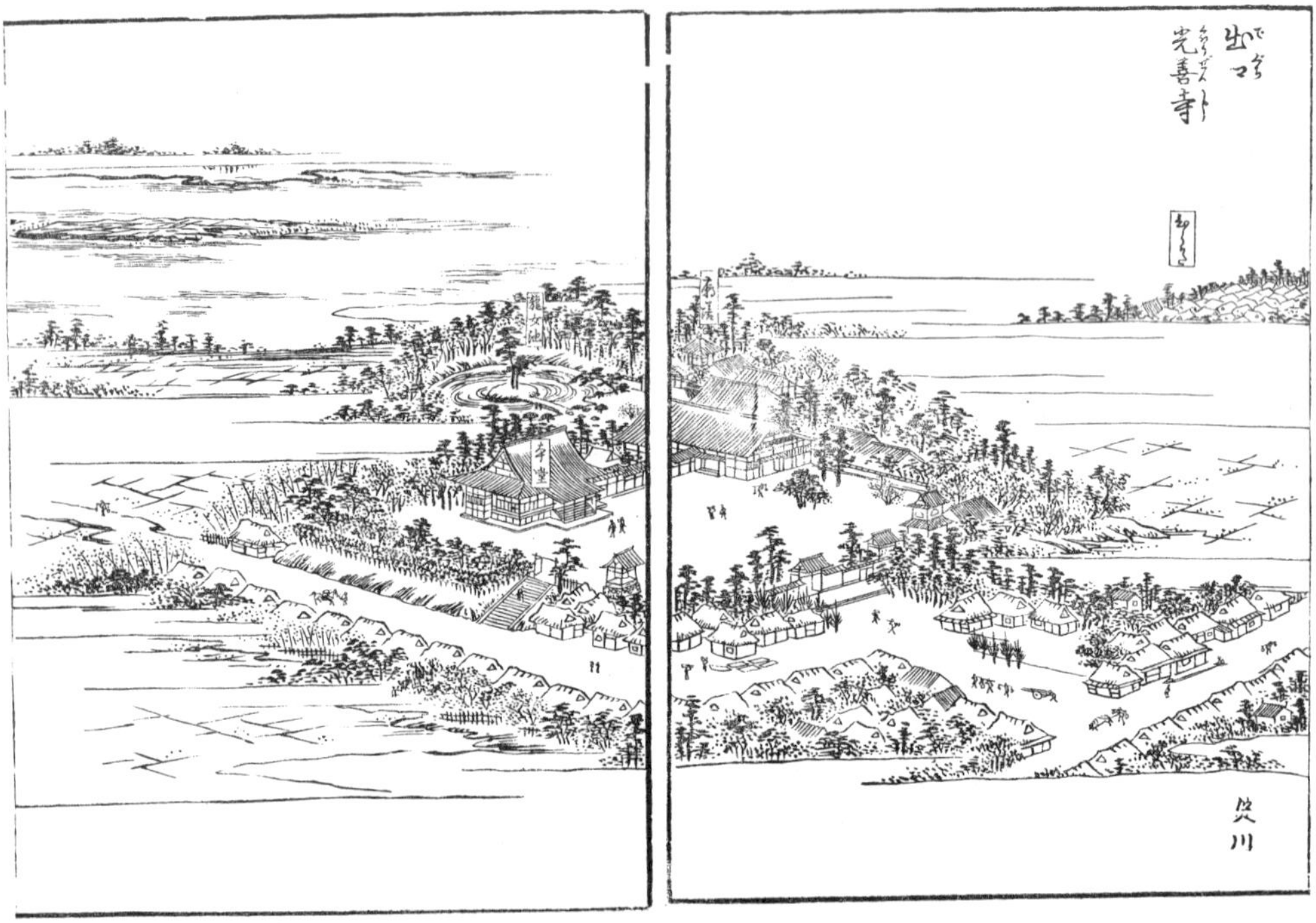

淀川
ひらかた
廟墳
龍女池
本堂

光善寺（巻之六）

7 蹉跎山天満宮（蹉跎神社）

●蹉跎神社…京阪本線・光善寺駅より徒歩約10分。

枚方市南中振《みなみなかぶり》から寝屋川市菅相塚《かんしょうづか》町にわたる地に蹉跎山《さだやま》があり、その山上部菅相塚といわれる地に、蹉跎神社が祀られている。

『河内名所図会』によると、江戸時代中振・出口二村の産神《うぶすながみ》として祀られ、祭神は菅原道真《すがわらみちざね》とする。

ここは、菅原道真の娘苅屋《かりや》姫が、九州に左遷される道真を慕って追って来たが間に合わず、蹉跎《さだ》（足ずり）した地であると伝えられる。

◉菅原道真

「学問の神様」として親しまれている菅原道真は、承和十二年（八四五）～延喜三年（九〇三）の平安時代の貴族で、宇多・醍醐天皇の信任厚く、中央政界で活躍、遣唐使の廃止をとなえ認められた。右大臣まで登りつめたが延喜元年（九〇一）藤原時平の讒言《ざんげん》により、大宰権帥《だざいごんのそつ》に左遷された。その途上淀川流域を下ったため、蹉跎山天満宮や佐太神社のような道真ゆかりの神社が生まれた。

蹉跎神社

蹉跎山《さだやま》天満宮《てんまんぐう》

蹉跎山　本社　神楽所　行者堂　稲荷社　観音堂

蹉跎山天満宮（巻之六）

8 佐太天満宮（佐太神社）

●佐太神社…地下鉄谷町線・大日駅よりバス、「佐太天神前」下車徒歩約5分。

祭神は菅原道真《すがわらみちざね》と伝え、枚方市南中振の蹉跎神社の分祠ともいわれる。しかし『和《わ》名抄《みょうしょう》』に茨田郡に佐太郷があり、『新撰姓氏録《しんせんしょうじろく》』右京諸蕃上に「佐太宿禰、坂上大宿禰、後漢霊帝男延王後也」とあり、この地に居住していた佐太宿禰《さだのすくね》の一族がその祖神を祀ったのが、起源とも考えられる。

現在、守口市佐太中町にあり、淀川の河畔にあたる。『河内名所図会』によると、京街道沿いに当たり、付近には料理屋や茶店が多かったとある。

戦国期、佐太《さた》神社は荒廃していたが、天正八年（一五八〇）小出播磨《こいではりまの》守《かみ》が拝殿を修復し、寛永二年（一六二五）には、松平越中守が参詣し、本殿は寛永十七年（一六四〇）に再建された。

近世には、一番村の氏神であり、後には二番村・五番村も氏子域に入っている。神宮寺の菅相寺《かんしょうじ》は、

佐太神社

佐太神社社殿

承応元年（一六五二）、永井信濃守尚政《なおまさ》の創建にかかわり、観音堂・薬師堂等が建立された。

佐太天満宮（巻之六）

佐太《さだ》天満《てんまん》宮《ぐう》

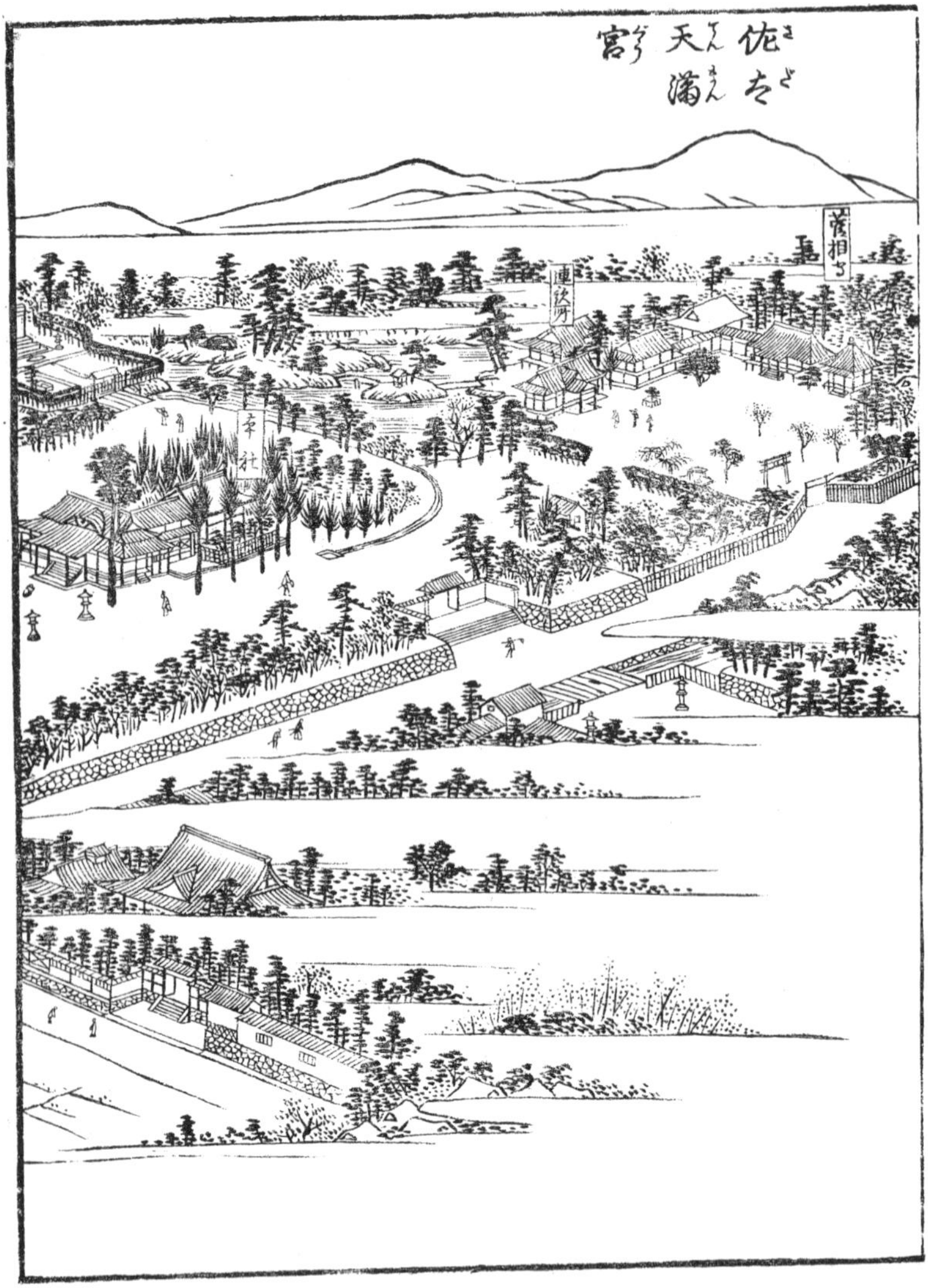

菅相寺

連歌所

本社

天みてる
神も
ひかりや
そえぬらむ
佐太の
わたりの
月の
さやけさ
楠葉
逸子

石碑
好文天神
太神宮
稲荷
愛宕

9　来迎寺

●来迎寺…佐太神社と道を隔てて隣接している。

守口市佐太中町にある佐太本山来迎寺《らいごうじ》は、現在は浄土宗寺院であるが、江戸時代以前は融通念仏宗《ゆうづうねんぶつしゅう》に属した。本尊は天筆如来《てんぴつにょらい》と称される阿弥陀三尊。元祖は大念仏寺七世法明《ほうみょう》上人、開山は誠阿実尊《せいあじつそん》上人で貞和三年（一三四七）の創建と伝える。

実尊は法明上人臨終の際、天筆如来・宝物等をことごとく授けられ、生縁の地に帰り本寺を建立したといわれる。

来迎寺は、江戸時代に浄土宗寺院となるまでは、融通念仏宗寺院である。

融通念仏宗は江戸時代に、河内平野《ひらの》の大念仏寺が本山と定められるが、それまでは、河内の各地に融通念仏の道場が、それぞれを拠点に活動していた。

来迎寺も河内十七カ所地域の融通念仏の中心道場であった。その沿革は、南北朝時代の法明上人の活動によるという。

融通念仏は、本来村々の人々が集団で珠くりをして大念仏を唱える信仰で、河内の村々では特に中世後期に盛んとなった。河内十七カ所でも、くじ引で住持を決め、輪番で道場を勤めた。

蓮如による真宗布教の高まりまで、河内の村々には融通念仏の道場が多

来迎寺

大念仏寺、河内長野極楽寺などのかつての融通念仏宗寺院が存在している。

かった。やがてそれらは真宗寺院として再編されるものが多かったが、生駒丘陵やその周辺部それに来迎寺や平野

◉法明上人

法明上人は融通念仏中興の上人といわれる人物で河内国出身である。河内国深江に弘安二年（一二七九）に生まれたと伝え、高野山で修行、法明房良尊となった。

元亨元年（一三二一）石清水八幡の霊告を受けて融通念仏の法脈を継承し、摂津国平野に堂宇を復興し、当麻寺の来迎会を移修したという。河内国一帯から摂津・大和にかけて融通念仏が広まったのは、法明上人の事蹟が大きい。貞和五年（一三四九）七十一歳で寂した。

10 衫子絶間跡

●衫子絶間跡…京阪本線・寝屋川市駅よりバス、「太間公園」下車徒歩5分。

『河内名所図会』は、衫子絶間《ころもこのたえま》について、

　太間《たいま》村旧跡也。又、絶間とも書す。

と記して、『日本書紀』を引いている。

旧太間村は現寝屋川市太間町にあたる。新淀川に近い太間村は、旧淀川の太間の堤のあった地である。淀川の旧堤防上に集落がある。

現地を訪れると、旧集落の中にひっそりと太間天満社の小森が存在する。今はもう衫子をしのぶものは何一つなくなっている。

ただ一つ堤防上にこんもりと繁る旧社がある。「太間天満宮」として、太間の名を冠す社である。旧太間村の中心にあるこの神社に、「衫子絶間」の説明を書いた石碑が建てられている。

『河内名所図会』には、『日本書紀』の一節を描いた挿絵がある。それは衫子が匏《ひさご》を川に投げ入れている所であろう。

『日本書紀』仁徳天皇十一年の茨田衫子の一節は、次のように解説されている（『枚方市史』第一巻）。

冬十月に、宮の北の郊原を掘って、南の水を引き、西の海に入れた。そこでこの水を堀江といった。また北の河の洪水を防ぐため、茨田堤を築造することになった。このとき、築いてもすぐにこわれる難所が二つあった。ところで、仁徳天皇の夢に神が託宣していうのに「武蔵の強頸《こはくび》と河内の茨田連《まんだのむらじ》衫子《ころもこ》の二人を人身御供と

太間天満宮

して河の神を祭るならば、かならず洪水をせきとめることができるであろう」と。強頸と衫子はすぐに見つかり、河の神を祭ることになって、強頸は泣き悲しみながら水中に入れられて死んだ。これによって堤の難所のうち一つはできあがった。衫子は完全な二つの匏《ひさご》を持ち、難所の水に臨み、匏を水中に投げ入れ、神意を伺うためにウケヒ（卜占）をおこなって次のように言った。「河の神はたたりをおこしたので、私を御供にすることになった。それにしたがい、今、私はやってきた。どうしても神が私を求めるならば、神はこの匏を沈めたまえ。その時は、真の神であると判断するから、私は入水しよう。もし匏を沈めることができなかったら、偽りの神だと判断するので、どうして私が命をおとす必要があろうか」と。つむじ風が急に起り、匏を沈めようとするが、匏は浪に舞いつつ沈まない。水の速く流れる音がし、匏は浮きおどりつつ遠くへ流れ去った。こうして、衫子は死なずにすみ、しかも堤の難所の工事ができあがったので、当時の人々は、二つの難所を強頸の断《たえ》間《ま》、衫子の断間と呼んだ。

◉茨田堤

『日本書紀』仁徳天皇十一年に築堤されたと記される淀川の堤防。衫子と強頸の故事で有名であるが、その後も重要な堤防として修築されている。天平勝宝二年（七五〇）、宝亀三年（七七二）、嘉祥元年（八四八）にも修築されている。枚方市域より寝屋川市域に古堤跡が残り、この茨田堤《まんだづつみ》に関連すると思われる式内社堤根神社も門真市宮野町に現存する。

茨田堤衫子の絶間（巻之六）

衫子絶間《ころもこのたえま》は
茨田《まつだ》堤《づつみ》の贄《にえ》に
ならん事を
歎《なげ》き、瓢《ひさご》の
謀《はかりごと》をして、
水中《すいちゅう》の邪《じゃ》
魔《ま》を退《しりぞ》けて、
命《いのち》を全《まった》くす。
帝《みかど》も叡感《えいかん》
ありて、
官禄《かんろく》を
賜《たまわ》りける。

水に浮く
青瓢箪の
命かな
千代道

11 楠木正行墓

●楠木正行墓…ＪＲ片町線（学研都市線）・四條畷駅より徒歩５分。

『河内名所図会』には、「正行墳《まさつら》」として大きな楠とその下の石碑が描かれる。この「正行墳」は、明治十一年（一八七八）に、その敷地も一畝歩から一町歩に拡大、高さ七・五メートルの巨石碑が建てられ、現在の小楠公墓所となった。『河内名所図会』に描かれた大楠は健在で、現在も大樹の枝葉が繁っている。

楠木正行《くすのきまさつら》は、正成の長子で生年は不詳である。父正成が湊川で戦死した延元元年（一三三六）十一歳と伝えているが、それを信じると、嘉暦元年（一三二六）の出生ということになる。

楠木正成《まさしげ》は湊川の合戦に行く途次、摂津桜井で正行に教戒を説いた故事がある。父の教戒を守り、再起を待っていた正行は、正平三年（一三四八）関東・鎮西の南朝方に呼応して挙兵した。正平三年正月、高師直《こうのもろなお》率いる北朝方と四條畷で決戦となったが正月五日の合戦でついに戦死した。その戦没地に楠が植えられ、その地は楠塚と呼ばれたという。元禄五年（一六九二）、貝原益軒《かいばらえきけん》の碑銘が残る。

楠木正行墓

慶応四年（一八六八）、この地の平田神社の神主三牧文吾らが、墓域に正行の霊を祀る神社の創建を願い出ている。のち飯守山麓に神社創建が認可され、明治二十三年（一八九〇）、別格官幣社四條畷神社が造営された。

楠正行墳《くすのきまさつらのつか》
雁塚《がんづか》

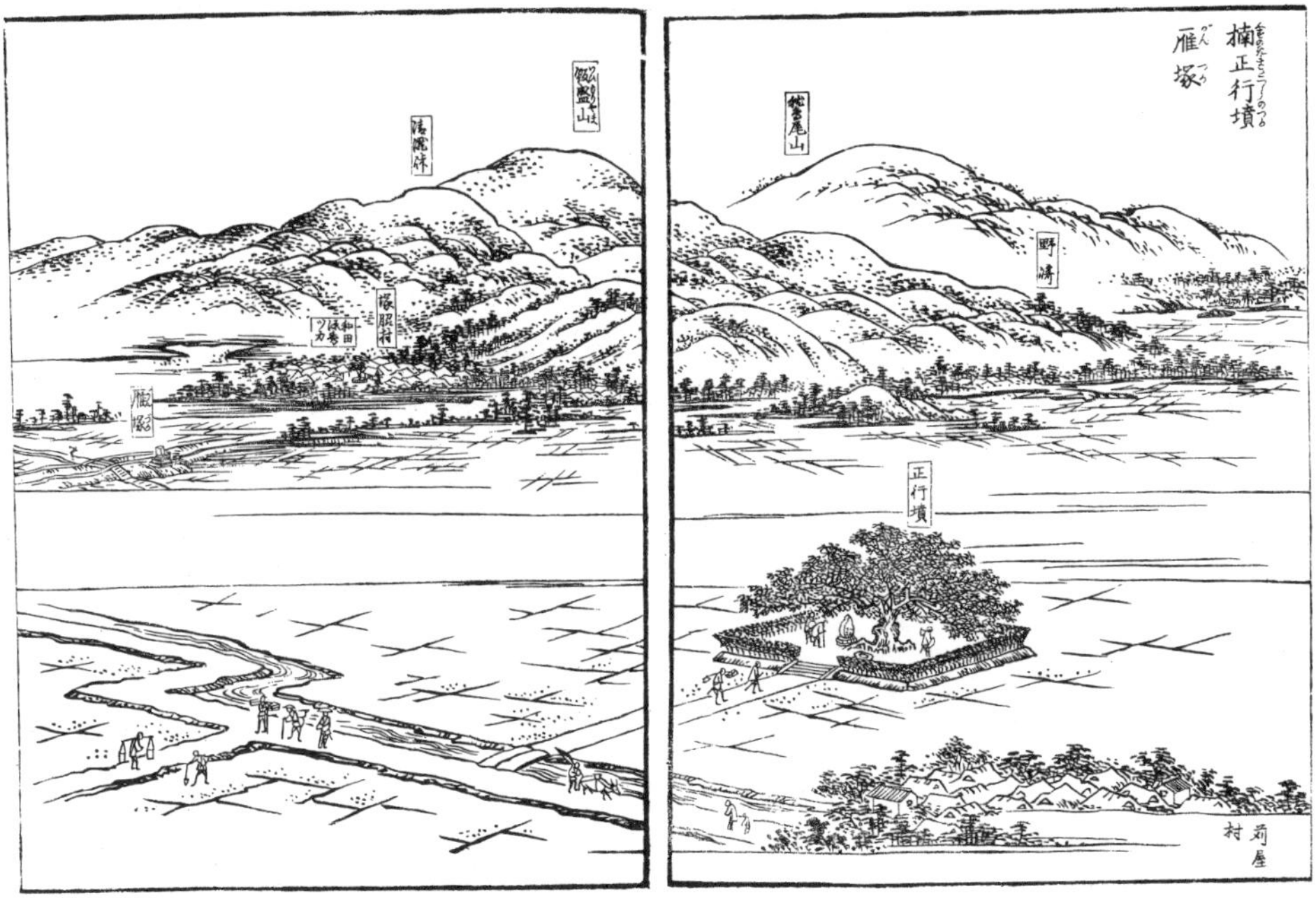

苅屋村
野崎
正行墳
鷲尾山
飯盛山《いいもりやま》
清滝峠
塚脇村
和田源秀ツカ
雁塚《がんづか》

楠木正行墳と雁塚（巻之六）

四條畷神社鳥居

四條畷合戦（巻之五）

四條縄手《しじょうなわて》
合戦《かっせん》
楠正行《くすのきまさつら》
討死《うちじに》

12

雁塚（雁塔）

●雁塚…ＪＲ片町線（学研都市線）・四條畷駅より徒歩10分。

『河内名所図会』に、西行法師の和歌をあげて、雁を射る猟師の挿絵がある。挿絵に続いて『山家集《さんがしゅう》』の次の一首が紹介されている。

白雲をつばさにかけて行鴈の
　門田の面に友したう也　西行《さいぎょう》

「雁塚《がんづか》」あるいは「雁塔《がんとう》」と呼ばれる石塔が、今も四條畷の地（消防署横）に建っている。これには、次のような物語がある。

『四條畷市史』第一巻は「雁塔物語」として次の話を載せている。

今を遡る五百年の文明年間、界隈に名の知られた腕利きの猟師が清滝にいた。五反程の百姓仕事には、ふりむきもせず、子ども夫婦にまかせきりにして、山野を駆け始めてから五年になる。病がちだったがやさしかった妻を亡くしてから、人が変ったと隣人達は噂した。多くを語らなくなった彼は、家人に行方もつげず、今日も獲物を求めて雁屋から蔀屋へと寝屋川筋を伝った。深野池の北端にある葺茂った沼地も次第に開拓され尽して、水草を求める渡り鳥はすっかり影をひそめた。しかし長年の勘は、蔀屋近辺の沼地に、数羽の雁が群れているのを見逃さなかった。気合を込めた矢に確かな手応え、猟師は近くの枯薄《かれすすき》を分けた。未だ温みが残っている雌雁の獲物、今日の唯一の収穫に喜んだ彼が、腰に吊そうとすると、不思議なことに首がない。猟師になって初めて出会った怪訝な出来事である。

雁塚

辺りを探したが、矢も首も見当らない。おかしな事もあるものだと、薄気味悪く家路へと急いだ。併し翌る日から、何事もなかったかのように室池、交野ヵ原へ、そして雁屋、蔀屋へと憑かれた様に猟に出た。瞬く間に数旬は過ぎて冬も終りに近づいた。今日も獲物は少く、とぼとぼと家路へついて、蔀屋から清滝への中程を歩いていた時だった。水田に数羽の渡鳥が餌を求めているのをめざとく見付けた猟師は、忍び足に近づき弓を引いた。途端に渡鳥達は水田を羽搏いた。しかし逃げ遅れた一羽に矢はあやまたなかった。手練の早業、胴腹を貫通された獲物は畦道に釘付けになり、羽搏く力もなく絶命した。腕の冴えを秘かに誇りつつ、ゆっくりと歩み寄ると、痩せ衰えた雄の雁である。矢を引き抜こうとして脇腹に目をやると、羽交の中に異様なものが！まばらな毛に包まれた雁の首である。丁度五〇日前の、不思議に思った首無しの雌雁が電光の如く頭を横切った。見る間に猟師の顔からは笑みが消え、血の気が失せて蒼白となり、あぜ道の上に倒れるように坐り込んだ。この雄雁は五〇日余も、あの雌雁の首を抱えつつも、悲哀咽喉をつまらせて痩せ細り、逃げる力も失せて息絶えた雄の雁、再びそれを自分が手がけようとは！　老いた猟師は我を忘れて慟哭した。五年前に死別した妻を思い浮べながら、とめどもなく涙は頰を伝った。猟師は雄雁とその羽交の中に温められていた雌雁の首を、水田近くの岡に丁重に葬り、小さな石塔を建てた。以来猟師は弓矢を折り、僧形に姿をかえ、香華絶やすことなく雌雄の雁をとむらったという。この話を伝え聞くもの、深く胸を打たれ、雁塚とよびならわして、香華の回向を絶やすことなく後世に伝えた。

　歳月は流れて寛延二年（一七四九）綿糸仲買人として当地域に商し、産を成した大坂北浜の富商寺尾幸助は、この雌雄雁の夫婦愛に深く胸を打たれ、高さ五尺余の立派な石碑に建て直した。正面に「雁塔」、側面にその由来を刻し、夫婦道は斯くあるべしと、これを後世に伝えんとした。地域の人はこれをも雁塚とよび、その胸温まる雁の夫婦愛を現在に語り伝えている。

家集
白雲を
つばさに
かけて行鴈の
門田の面に
友したう也
西行

雁塚（巻之六）

13 野崎観音（福聚山慈眼寺）

●野崎観音（福聚山慈眼寺）…JR片町線（学研都市線）・野崎駅より徒歩約20分。

〽野崎参りは―屋形船で参ろ―

と謡われた野崎観音《のざきかんのん》福聚山慈眼寺《じげんじ》は、河内国旧野崎村（現大東市）に存在する。

曹洞宗、山号は福聚山、本尊は十一面観音である。古く行基の開創にかかり、平安中期江口の遊女が寺堂坊舎を再興、さらに永仁二年（一二九四）入蓮《にゅうれん》という僧が秦氏の援助を得て堂舎を修造したが、戦国期三好・松永の兵火で焼失、元和年間（一六一五～二四）曹洞宗《そうとうしゅう》寺院として再興されたと伝えられる。

『河内名所図会』の野崎参りの絵は、徳庵の辺を描いている。堤には食物を売る店もあり、船は棹だけでなく岸からも綱で曳いている。正面山麓の花の中に野崎観音慈眼寺が描かれている。

寺伝によれば、この寺は西へ下った低地にあったが、平安時代の中頃に、観音信仰によって健康をとりもどした遊女江口の君によって、山下に造営されたという。

本尊は平安初期の十一面観音であり、大和長谷寺を中核とした観音信仰が河内にもひろまったと考えられている。

深野新田の中に水路が造られ、春には野崎参りの屋形船でにぎわった。

野崎観音慈眼寺

野崎参り（巻之六）

桜《さくら》花《はな》匂《にお》う頃《ころ》、野崎《のざき》の観音《かんのん》の無縁経《むえんきょう》まいりとて、難波男《なにわおとこ》なにわ女《め》の、楼船《ろうせん》にて行《ゆく》もあり、又陸《りく》をさざめきてまいるもあり。みな春色《しゅんしょく》の風興《ふうきょう》なるべし。

啼《なき》ながら
雲に眠《ねぶ》るや
遠雲雀《とおひばり》

籬島

14 山口重信と木村重成の墓

●山口重信・木村重成の墓…近鉄奈良線・若江岩田駅より徒歩15分。

山口重信《やまぐちしげのぶ》は大坂夏の陣の決戦で大坂若江で木村重成《きむらしげなり》と戦った。木村重成によって山口重信の首は打ち落とされ、死骸は無残な姿をさらしていた。

『河内名所図会』には「忠臣名賢古墳」と題して二つの墓「木村重成墓」と「山口重信墓」が描かれている。正保四年（一六四七）、山口重信の弟山口弘隆が、この地に墓を建てたという。

一方、木村重成は、豊臣秀次の臣木村重茲の養子で、豊臣秀頼に仕え、夏の陣で若江に出陣し戦ったが、最後は討死した。

木村重成の墓は、第二寝屋川の川筋にあったが、開削工事のため、昭和四十二年（一九六七）、現在地に移転されている。

墓は、宝暦十四年（一七六四）木村重成の百五十回忌にあたって、重成の首を落とした安藤長三郎の子孫で、彦根藩士の安藤次輝《あんどうつぐてる》が

木村重成墓

木村重成墓説明板

建てたもので、昭和十四年（一九三九）に大阪府の史跡に指定されている。

また、木村重成戦死の地には、「木村重成石像」が建てられている。堂々たる豊臣武将の木村長門守重成の面影を表すものである。

◉大坂冬の陣・夏の陣

慶長十九年（一六一四）、徳川家康と豊臣秀頼の対立は火を吹いた。

片桐且元《かたぎりかつもと》が大坂城を退去した十月一日、家康は大坂城攻撃を決定、江戸の将軍秀忠に急使を送り、近江・伊勢・美濃・尾張・三河・遠江の諸大名に陣触れを出し、大坂に向けて進軍した。

十月二十五日には、大坂方への攻撃が始まった。その主力軍は片桐且元と藤堂高虎であった。

激戦の後十二月十八日・十九日和平が結ばれた。しかし徳川方は二の丸・三の丸を破却、外堀をすべて埋めてしまった。

慶長二十年（一六一五）三月十二日、京都所司代板倉勝重は、大坂方がふたたび兵糧・弾薬を貯え、浪人を狩り集め、戦いの準備をしていると報告している。

駿府に居た家康は、四月四日子息義直の婚儀のためとして駿府をたち、名古屋に滞在、四月十八日には、早くも二条城に入った。

四月二十九日、和泉国樫井で大坂方と徳川方浅野長晟の合戦が始まった。五月六日には、河内国道明寺、八尾、若江付近で両軍が激突、大坂方の武将木村重成が、井伊直孝の軍勢に討たれたのは、この合戦であった。

若江《わかえ》

忠臣名賢《ちゅうしんめいけんの》
古墳《こふん》

山口重信・木村重成墓（巻之四）

飯島三郎右衛門尉塚

木村重成墓

今古英雄俱寂寞
断碑零落後人看

山口伊豆侯墳

◉豊臣秀頼

文禄二年（一五九三）、豊臣秀吉と愛妾淀君の子息として生まれた秀頼は、悲劇のヒーローである。父秀吉の全盛時代、醍醐の花見、宮中参内を秀吉とともに過ごしている。しかし、慶長三年（一五九八）秀吉が病没した時、わずかに六歳であった。以後秀頼の悲劇が始まる。

慶長五年（一六〇〇）秀頼が八歳の時関ケ原の合戦がおこり、三年後慶長八年三月、徳川家康は征夷大将軍として江戸幕府を開くに至った。

慶長十六年（一六一一）三月、徳川家康は後水尾天皇を擁立すると、秀頼を二条城に迎えて謁見し、これを機に体制は徳川へと転換が進んだ。

慶長十九年（一六一四）京都方広寺の鐘銘に、「君臣豊楽」「国家安康」の文字のあるのを「豊臣家が栄え、家康を没落させる」意と問題にし、大坂城を囲んだ（大坂冬の陣）。

一旦和睦したが、翌元和元年（一六一五）再び大坂城を攻撃、河内若江付近でも激戦となった。秀頼は大坂城山里丸の帯曲輪に楯籠ったが、ついに母淀君とともに自害するに至った（大坂夏の陣）。

（森田恭二著『悲劇のヒーロー豊臣秀頼』和泉書院）

15

若江城跡

●若江城跡…近鉄奈良線・若江岩田駅より徒歩15分。

若江《わかえ》城跡は東大阪市若江にあり、旧大和川にはさまれた中洲の水城ともいえる城郭であった。『河内名所図会』には、畠山義深の臣遊佐氏がはじめて若江城に入ったとするが、畠山義深が河内守護となった史料はなく、おそらく義深の息基国になってから、河内守護畠山氏の拠点城郭すなわち守護所となったものと思われる。長禄年間（一四五七～六〇）から畠山家の分裂が起こり畠山義就と畠山政長の合戦となった。

長禄四年（一四六〇）閏九月から十月の両畠山の合戦は若江城の争奪戦となった。若江城に楯籠る畠山義就に対し、畠山政長は大和竜田に陣をしいてこれと戦ったが、義就方が敗れ、河内寛弘寺《かんこう》から嶽山《たけやま》城へ退いた。代って畠山政長が若江城に入城した。

寛正四年（一四六三）、畠山義就が楯籠った南河内の嶽山城が落城し義就は紀伊に逃亡したが、管領細川政元の命によって大和の十市筒井・越智氏などが動員され、越智家栄は若江城の後詰として発向している。

しかし、文正元年（一四六六）になると、畠山義就は山名持豊の援助を得て上洛することになり、再び若江城をめぐる攻防戦が展開した。

文明九年（一四七七）になると、若江城は畠山義就方に奪還された。

若江城跡

永禄三年（一五六〇）、三好等の四国衆が若江に陣をおいている。

永禄十一年（一五六八）、畿内平定をはたした織田信長は、河内は高屋《たかや》城主畠山高政、若江城主三好義継をそれぞれ半国守護とした。

天正元年（一五七三）、足利義昭は織田信長との槙島《まきしま》城の戦に敗れ、この若江城に逃げて来た。三好義継は足利義昭方についたため、信長の攻撃を受け、若江城において自害した。

三好義継死去後の若江城は、織田信長より三好義継の家臣であった池田丹後守教正・野間左吉兵衛尉康久・多羅尾常陸介綱知の三名に預けおかれた。彼等三人は、「若江三人衆」とよばれた。天正六年（一五七八）から八年の間に若江城は廃城されて、池田教正が若江から八尾にその城館を移したと推定されている。

若江城は平地の河川に囲まれた小台地に位置し、城郭の構造では平城に属するもので、古代より若江寺や若江郡衙の置かれた河内の重要拠点に築かれた城郭であった。

中世を通じて若江城は河内国支配の拠点であった。特に室町から戦国期においては、河内の北半分の拠点が若江城・飯盛《いいもり》城であり、南半分の拠点が高屋城・誉田《こんだ》城・嶽山城であった。

◉足利義昭

一般に室町幕府は、天正元年（一五七三）の槙島城落城によって滅亡したとされる。

足利義昭《よしあき》は、槙島城からこの若江城に逃亡さらに、周防の山口にまで流浪することになる。

ところが天正十年（一五八二）六月、本能寺の変で織田信長が滅亡した時、義昭は山口で生存している。さらに豊臣秀吉の治政下になると、大坂城下に住み、老衰死去まで生き延びている。

16

暗峠と奈良街道

●暗峠と奈良街道…近鉄奈良線・枚岡駅または生駒線・南生駒駅より徒歩75分。

大阪から生駒山間を越えて奈良に向う街道を奈良街道といい、現在最もその面影を残す道が暗峠《くらがりとうげ》である。『河内名所図会』では、「椋嶺《くらがね》峠」と書かれ、本来椋《むく》の大木の木立の間を進む街道であったと思われる。昼なお暗き峠道をのちに「暗峠」とも呼ぶようになったと考えられる。

元禄七年（一六九四）芭蕉は奈良から暗峠を越えて大坂にたどりついたが、これが最期の旅となった。

暗峠は大坂・奈良を結ぶ奈良街道の生駒越のルートである。

芭蕉のたどった奈良南生駒から大阪枚岡《ひらおか》に出るルートを歩いて見た。南生駒から坂道を登ること約一時間で峠の茶屋にたどりついた。途中、古民家や商家が軒を連ね、江戸時代へタイムスリップした雰囲気がある。坂道のほとんどには、石畳が敷かれていたはずだが、今はもう峠頂上付近しか残っていない。

所々に地蔵や阿弥陀の石仏がたたずみ、弘法の水といわれる湧水もある。旅人は所々の石仏に旅の無事を祈りながら進み、湧水に渇いたのどをうるおしたことだろう。

峠から下ること約一時間で、枚岡神社のすぐ横に出ることができたが、急な坂道の上り下りで、健脚でないと昔の旅は苦難の連続であったろう。

元禄七年九月九日の早朝、奈良を出発した芭蕉は、奈良街道を西に向い、榁木《むろのき》峠をこえ、南生駒から暗峠越えの道にさしかかる。九月九日は重陽の節句である。

折から暗峠越えの道に咲きそう菊の花に寄せて、

　菊の香にくらがり登る節句かな

の句を詠んだという。
暗峠を越えたのは昼頃、その日の夕方大坂に到着、南御堂に近い門人花屋仁左衛門宅に身を寄せた。

しかし、その後毎晩、寒気・熱・頭痛などに襲われる。九月二十六日、料亭浮瀬《うかむせ》で「此道や行く人なしに秋の暮」以下の十吟歌仙を興行したが、十月五日には、病床を南御堂前の閑静な場所に移した。

死期が近づいた十月八日には、「旅に病んで夢は枯野をかけ廻る」の病中吟を詠んで、十月十二日申の刻に息をひきとった。享年五十一歳。南御堂には、芭蕉の記念碑が建てられている。

芭蕉の詠んだ俳句は、寛政十一年（一七九九）十二月十二日、豊浦村の俳人中村来耜《らいし》が石碑に刻んだ。この句碑

暗峠（奈良側より）

暗峠の峠の茶屋（奈良側より）

はもと暗峠の街道筋に建てられていたが、山津波のため行方不明となった。大正二年（一九一三）発見され、現在は峠道沿いの日蓮宗勧成院《かんじょういん》の境内に移設されている。

暗峠（大阪側より）

勧成院　松尾芭蕉句碑

奈良《なら》街道《かいどう》

初花咲《はつはなさき》
匂《にお》うころ
大和《やまと》
めぐり
伊勢《いせ》
参《まい》りに、
難波男《なにわおこと》
なにわ女
の袖《そで》を
つらね、
袂《たもと》を飄《ひるがえ》
して、
青《あお》きを
踏《ふむ》は、春色《しゅんしょく》の
いちじるき
なるべし。

日は日くれよ
夜は夜明け
よと啼蛙

蕪村

椋嶺峠《くらがねとうげ》

芭蕉翁《ばしょうおう》碑《いしぶみ》

ばしょう翁の
句碑を見て

匂う名の
石とも
なりて
菊の露

籬島

17 慈光寺

●慈光寺…近鉄奈良線・枚岡駅または生駒線・南生駒駅より徒歩90分。

東大阪市豊浦町に現在真言宗毘盧舎那《びるしゃな》宗の髪切《こぎり》山慈光寺《じこうじ》がある。役小角《えんのおづぬ》開創と伝え、小角が大和生駒山中で前鬼・後鬼と称する二鬼賊を退治、その髪を切って埋めたのが鬼取山《おんどりやま》（生駒市）と称され、当寺山号髪切山もそれに由来するという。

『河内名所図会』も「行者《ぎょうじゃ》ここに練行《れんぎょう》の時、当山坤《ひつじさる》の方四町に於て感得し給う、今その地を観音嶽という」と記している。

ところで、『河内名所図会』には、「髪切山 時鳥《ほととぎす》を聴《き》く」と記す挿絵があり、「ぬば玉の…」と秋里籬島自身も歌を書いている。

これは、当寺住持であった鑁慶《ばんけい》が俳人としても名高く、

ほととぎすその風流の声またむ

の句を残したため、ほととぎすの名所として紹介しているためである。

髪切山慈光寺を訪ねてみた。近鉄電車枚岡駅より、暗《くらがり》峠道を登る。やがて茶店と芭蕉翁の句碑「菊の香やくらがり登る節句かな」にたどりつく。そこから急な坂道を三〇分余、生駒山内で分れ道があり、「慈光寺」の道標が立つ。約五〇〇メートルほどで、慈光寺を囲む集落がある。最上部にかつての壮大な寺院の一角を占める山門がある。境内には数百年前と変らぬ静寂な堂塔がたたずんでいる。『河内名所図会』に見られるような宿坊が今も山間に存在する。

髪切山慈光寺山門

髪切山《こうきりさん》
慈光寺《じこうじ》

観音堂
句碑
句碑
本堂
鎮守

髪切山慈光寺（巻之五）

髪切山慈光寺本堂

髪切山《こうきりさん》
聴《きく》二時鳥《ほととぎすを》一

髪切山慈光寺（巻之五）

ぬば玉の
月さやか
なる夜半
なれば
啼ほととぎす
かげも
かくれず

籬島

18 枚岡神社

枚岡《ひらおか》神社は東大阪市の生駒山麓に存在する古社で、「元春日」と称される。奈良の春日大社は藤原氏（もと中臣氏）が、氏神として当枚岡神社の二祭神（天児屋根命《あめのこやねのみこと》と比売命《ひめのみこと》）と、常陸の鹿島神宮、下総の香取神宮の祭神を併祀したものである。それゆえ、「元春日」と呼ばれ、代々中臣氏が神主を勤めたのである。

「延喜式」神名帳の河内郡には十座記されるが、当社四座が唯一の名神大社で、月次・相嘗・新嘗祭には、班幣にあずかっている。

平安中期には藤原氏の権勢とともに、全国でも有力な神社の一つとして、天皇即位の大奉幣には、河内国恩智社（八尾市）とともに当社が選ばれている。

慶長年間（一五九六〜一六一五）には豊臣秀頼が修復している。

●枚岡神社…近鉄奈良線・枚岡駅より徒歩5分。

枚岡神社

枚岡《ひらおか》神社《じんじゃ》

本社

来迎寺

社司

神宮寺

枚岡神社（巻之五）

19 往生院六萬寺 （岩滝山往生院）

●往生院六萬寺…近鉄奈良線・瓢箪山駅より徒歩30分。

『河内名所図会』には、「六万寺村にあり、浄土宗、京師智恩院に属す。」として、岩滝山往生院を紹介している。

境内には、楠木正成《まさしげ》塔と楠木正行《まさつら》墓があることを紹介している。

正平二年（一三四七）十二月二十六日、足利方の高師直《こうのもろなお》が六万の大軍をもって京都を発し、淀・八幡《やわた》についたという報に、楠木正行は、吉野の後村上天皇に別れを告げて、

かえらじとかねて思えば梓弓
なき数にいる　名をぞとどむる

と、辞世の歌を残して、河内に出陣したと伝えられる。正平三年（一三四八）一月二日に、この往生院に本陣を置き、三千の精兵とともに六万の足利勢に挑んだ。しかし、四條畷手《しじょうなわて》の合戦に敗れ、弟正時と刺し違えて亡くなったと伝えられる。

その後、このゆかりの往生院に正行の墓が建てられ、現存する。

往生院六萬寺《おうじょういんろくまんじ》を訪れてみた。

近鉄瓢箪山《ひょうたんやま》駅から、生駒山麓へ上ること約三十分、往生院六萬寺にたどりつく。

往生院六萬寺は、単立寺院となっているが、行基開創の四十九院の一つを起源とするという。平安後期長暦年間（一〇三七～四〇）、高安郡坂本里の川瀬吉松が仏堂を建てたのをはじまりとする（『拾遺往生伝』）。

それによると四天王寺東門の真東に当たる当地に阿弥陀如来を安置せよという安助上人の託宣によって、川瀬吉

松が自身の所領に当寺を建立したと伝える。

南北朝時代には、南朝方の拠点寺院となり、楠木正行は正平三年三月、高師直軍と戦ったが敗死、その墓が当寺に造営されている。江戸初期に関白鷹司任房が再興、以後浄土宗寺院として存続、昭和二十一年（一九四六）単立寺院となったと寺院では伝えている。

往生院六萬寺

往生院六萬寺（楠木正行本陣跡と伝えられる）

20 教興寺

●教興寺…近鉄信貴線・信貴山口駅より徒歩10分。

伝説によれば、聖徳太子が物部守屋《もののべのもりや》の討伐を祈願して崇峻《すしゅん》天皇元年（五八八）に、四天王寺と同時に建立したという。鎌倉時代の弘安三年（一二八〇）には、西大寺叡尊《えいそん》が修理したことを銘する梵鐘《ぼんしょう》がある。

永禄五年（一五六二）には、河内守護畠山高政と三好長慶が雌雄を決した合戦が、この教興寺《きょうこうじ》付近で行なわれた。

この合戦は根来《ねごろ》寺衆徒および湯川直光《ゆかわなおみつ》等の紀州勢を主力とした畠山軍と、四国衆に摂津衆を加えた三好軍との、畿内の政局を帰趨する戦いであった。飯盛城の三好長慶を包囲していた畠山軍に対し、三好義興・松永久秀等三好軍の増援部隊が渡辺川（淀川）を渡り、五月二十日に河内教興寺付近で両軍が激突した。

畠山軍は湯川直光が戦死するなど大敗を喫し、安見宗房は大坂の本願寺へ敗走し、畠山高政は堺から紀伊に逃れた。戦いの後、河内支配の拠点高屋城（羽曳野市）には、三好長慶の伯父三好康長が入った。奈良興福寺の僧の記録「二条寺主家記」には、「五月二十日、河州教興寺に於いて合戦、湯川宮内大輔《くないおおすけ》（直光）討死、根来寺衆以下千余人死す。」と書かれている。

近世には、覚玄《かくげん》比丘尼が再興し、天井の画は幡竜《ばんりゅう》図で狩野永伯邑信の筆と伝えられる。

教興寺山門

旧村の中枢部を占め、本堂が残るが、かつての広大な境内は縮小されている。境内には、この地で戦死した湯川直光の供養塔が祀られている。

◉湯川直光

湯川氏は紀伊国湯川庄司に起源を持つ国人で、室町幕府の将軍奉公衆の家柄でもあった。戦国期には南紀で最有力の国人となり、日高川の下流域に進出、御坊付近に城郭を構えた。湯川直光《ゆかわなおみつ》は畠山高政によって河内守護代に任ぜられた。これに対し、三好長慶は永禄三年（一五六〇）六月これを攻撃して勝利、河内飯盛城に入城した。永禄五年（一五六二）五月、河内教興寺付近で三好長慶方と畠山高政方の決戦が行なわれ、湯川直光は戦死した。教興寺には、「湯川直光公勇戦の地」の石碑が建てられている。

教興寺　湯川直光碑

教興寺《きょうこうじ》

高安の
里の
朝寝や
啼水鶏
悟風

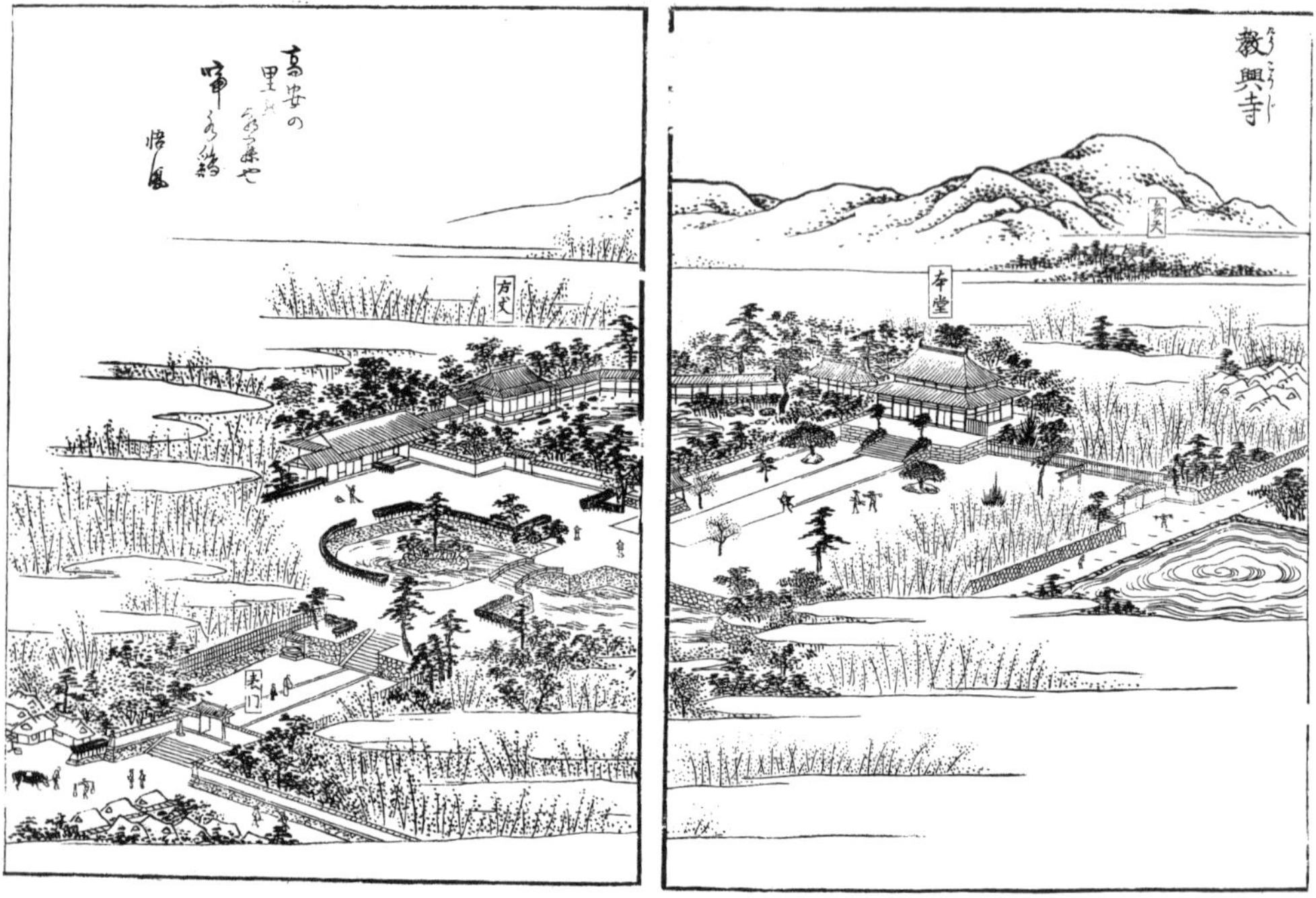

弁天　本堂　方丈　表門

教興寺（巻之五）

21 河内木綿

●河内木綿産地…近鉄大阪線・高安駅周辺。

河内地方産出の各種木綿は「河内木綿」と呼ばれるブランドであった。河内木綿は本来、糸太地厚の一疋《ぴき》（二反《たん》）で、四百から五百匁《もんめ》もある白木綿を主産とし、のれんやゆかた地には河内木綿に勝るものはない、と言われた。河内地方における木綿生産の始まりは大永・享禄年間（一五二一〜三二）といわれ、また慶長年間（一五九六〜一六一五）には、河内国三宅村（松原市）でも三宅木綿も生まれている。『河内名所図会』には、河内木綿産地の一つ高安付近の農家が描かれている。この界隈の農家は多く木綿を作り、夜も老若男女が糸を紡ぎ、八尾・久宝寺の商人がこれを買って行った。狂歌が添えられている。

織しかと河内かよいの木綿買《もめんかい》
まちかね油匂《にお》う娘に　　外村人

高安の里を見合すもめん買《かい》
気のありそうなむすめ織《おり》しを　　斑竹

国中《こくちゆう》の民婦《みんぷ》は多く
務《つとめ》て紝《じん》を織《おり》、綿布《もめん》を
鬻《ひさぎ》て恒《つね》の産《さん》とす。
これ他邦《たほう》に勝《すぐ》れて、
剛地《つよぢ》也。

河内木綿（巻之五）

高安《たかやす》の里《さと》を
見合《みあわ》すもめん買《かい》
気《き》のありそうな
むすめ織《おり》しを
斑竹

22 業平河内通いの古蹟

●業平河内通いの古蹟…近鉄信貴線・服部川駅より徒歩30分。

河内国山畑村に「業平河内通《なりひらかわちかよ》いの古蹟《こせき》」があると『河内名所図会』は紹介する。

むかし、在原業平《ありわらのなりひら》が奈良の都に住んでいた頃、高安の里に美しい娘をみそめ通うようになった。山畑村には「恋の水」という清水が湧いている。

この旧蹟は、神立《かんだち》茶屋辻付近と伝えられ、現在八尾市教育委員会によって次の二つの石碑が立てられている。

神立茶屋辻

この街道はむかし大阪玉造と大和竜田を結ぶ重要な道筋にあたり、この辻には多くの茶屋が並んでいたので、その名がある。また在原業平と茶屋娘の恋物語りで名高い。業平が峠を越え五祖神社へ参詣の途中、福屋の娘梅野をみそめたが、ある夜東窓があいていたので中をのぞくと、娘が手づからでめしを食っているので、急に興ざめ逃げ帰った。娘は後を追ったが、見あたらず悲しんで淵に身を投げた。

この高安の里では、今でも東窓を忌み、これをあけると娘の縁が遠くなるという伝説がある。

この道を登ると水呑地蔵・十三峠がある。

この神立茶屋辻をめぐる話には、いくつかの系統がある。高安の里の女を茶屋娘「福屋の梅野」と呼ぶ説話は、後世にできた話であろう。

また高安では東側の窓を造らないという故事は、近代まで生きていたという。

もう一つの在原業平の「恋清水」旧蹟の石碑には、次のように刻まれる。

君来むと

いひし夜ごとに過ぎぬれば

頼まぬものゝ恋ひつゝぞ経る

「伊勢物語」二十三段筒井筒より

大和の男（在原業平）は幼なじみの女と暮していたが、高安の女をみそめ、そのもとに通うある時、女が侍女に給仕をさせず、自分でご飯を器に盛ったのを見て、男は心変わりし通わなくなる。それでも女は待ち続け、この歌を詠んだ。謡曲「井筒」「高安」でもよく知られている。

「恋清水」の旧蹟の故事は、『伊勢物語』に由来する。その話が、謡曲「井筒」や「高安」の中にとり込まれ、後世の説話ができ上ったのであろう。

◉伊勢物語

『伊勢物語』は、百二十五の小話を集成した歌物語で、それぞれにゆかりの和歌を紹介している。その多くは在原業平を主人公としたものではあるが、民話なども取り込んでいる。

「業平河内通いの古蹟」の話は、『伊勢物語』第二十三段の話に由来している。

主人公は幼なじみで夫婦となった男女であり、男が高安の女の許に通いはじめても、妻は待ち続け、高安の女が自分でしゃもじを持って食事したことに失望し妻の許に帰るというものであった。高安の里には、この失恋した女を主人公とする哀話が伝わっている。

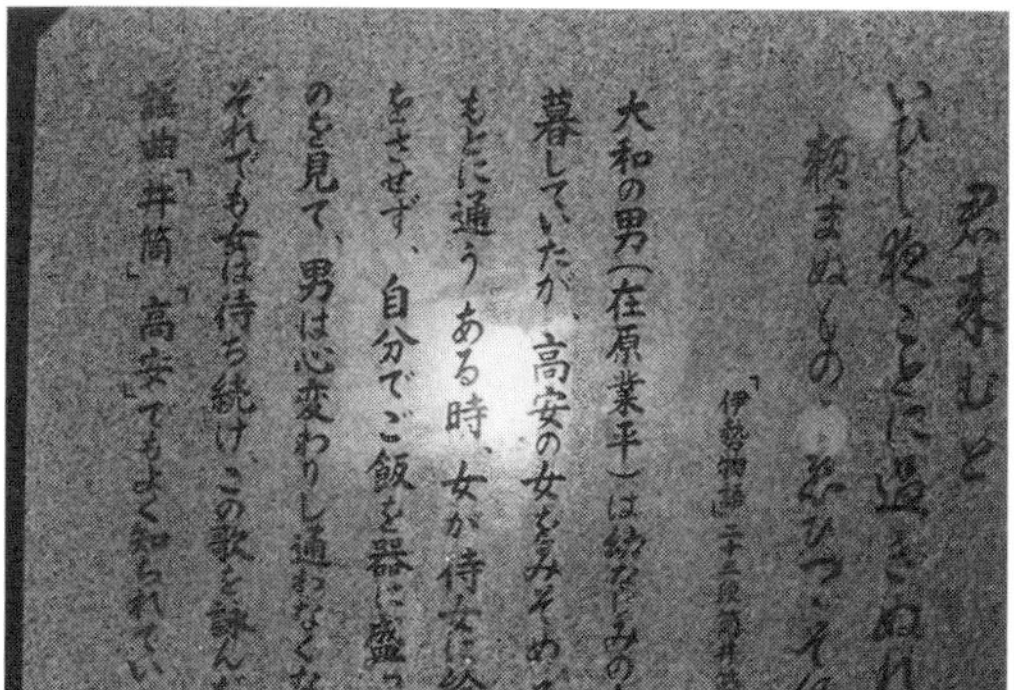

在原業平旧蹟碑（恋清水）

業平《なりひら》朝臣《あそん》
河内《かわち》通《がよ》い

袖ふれし
一よの花の
うつり香を
わが身ちりなん
のちも忘れじ

江戸
千蔭

業平朝臣河内通い（巻之五）

23 高安千塚

●高安千塚…近鉄信貴線・服部川駅より徒歩約20分。

八尾市高安地区に「高安千塚古墳群《たかやすせんづか》」と呼ばれる一帯がある。現在までに一四七基が確認され、すでに破壊されたものを含めるとそれ以上にのぼる。いずれも直径一〇メートルから二〇メートルの小規模な円墳で、すべて横穴式石室を内部主体とする群集墳《ぐんしゅうふん》である。

古墳時代末期の六世紀後半から七世紀に各地に群集墳が見られることは、現代では常識であるが、江戸時代以前の人々にとっては、不思議な「千塚」として話題に上った。

『河内名所図会』の挿絵には、次の文がある。

高安郡の山里、郡川《こおりがわ》のほとりは、千塚とて大古の窟多し。其中より陶器《すえもの》出る。これ、神代よりの品物にして、猿田彦の命の製《つくり》給いしやらん。

すなわち、神代より伝世した陶器が千塚より出土するが、これは猿田彦命《さるたひこのみこと》が製造したものであるとする。

『河内名所図会』には、千塚の古墳を盗掘する人々の絵が描かれ、古墳から陶磁器類・金環・鉄器の類が運び出されている。

近世この辺は、千塚にちなんで千塚村と称された。『大阪府全志』によると、千塚村のみならず、大竹・神立および南方中高安村大窪に至る間に、古墳が最も多いと記されている。

高安郡《たかやすのこおり》の山里《やまざと》、郡川《こおりがわ》のほとりは、千塚《せんづか》とて大古《たいこ》の窟《いわや》多し。其中《そのなか》より陶器《すえもの》出《いず》る。これ、神代《かみよ》よりの品物《ひんぶつ》にして、猿田彦《さるたひこ》の命《みこと》の製《つくり》給いしやらん。

高安千塚古墳（巻之五）

24 久宝寺寺内町

●久宝寺寺内町…ＪＲ関西本線・久宝寺駅より徒歩10分。

久宝寺内《きゅうほうじじない》のもとの地には、慈願寺《じがんじ》という寺があった。慈願寺は、親《しん》鸞《らん》の高弟の一人信願房法心《しんがんぼうほうしん》の創建と伝える寺院であった。

明応年間（一四九二〜一五〇一）、この地を訪れた蓮如が、慈願寺や土豪安井氏の協力を得て、西証寺を造った。その後、蓮如の子実順が継承、その子実真が享禄二年（一五二九）早世したため、近江大津顕証寺住持だった蓮如の子蓮淳《れんじゅん》を迎え、寺号も近松山顕証寺《けんしょうじ》と改めた。

天文八年（一五三九）蓮淳は近江へ帰国、その子実淳が大和川の水を引いた二重の濠を巡らし、濠と濠との間に土塁を造り、四方に木戸門を設ける寺内町を造った。寺内の支配権は久宝寺御坊顕証寺と本願寺にあったが、直接の支配は地元の安井氏が携わった。

慶長七年（一六〇二）東西本願寺分裂の影響を受けて、寺内の住民森本七郎兵衛ら十七人が久宝寺寺内を離れて八尾寺内を開発した。

八尾寺内町も付近に残っている。

『河内名所図会』には、「近松山顕証寺　久宝寺村にあり、浄土真宗にして、本願寺御門跡・御連枝代々住職したまう。久宝寺御坊と称す。」と書かれている。今もかつての寺内町の形態と町屋を多く残し、大阪地域における代表的寺内町遺跡である。

久宝寺御坊顕証寺

久宝寺村《きゅうほうじむら》
御堂《みどう》
顕証寺《けんしょうじ》

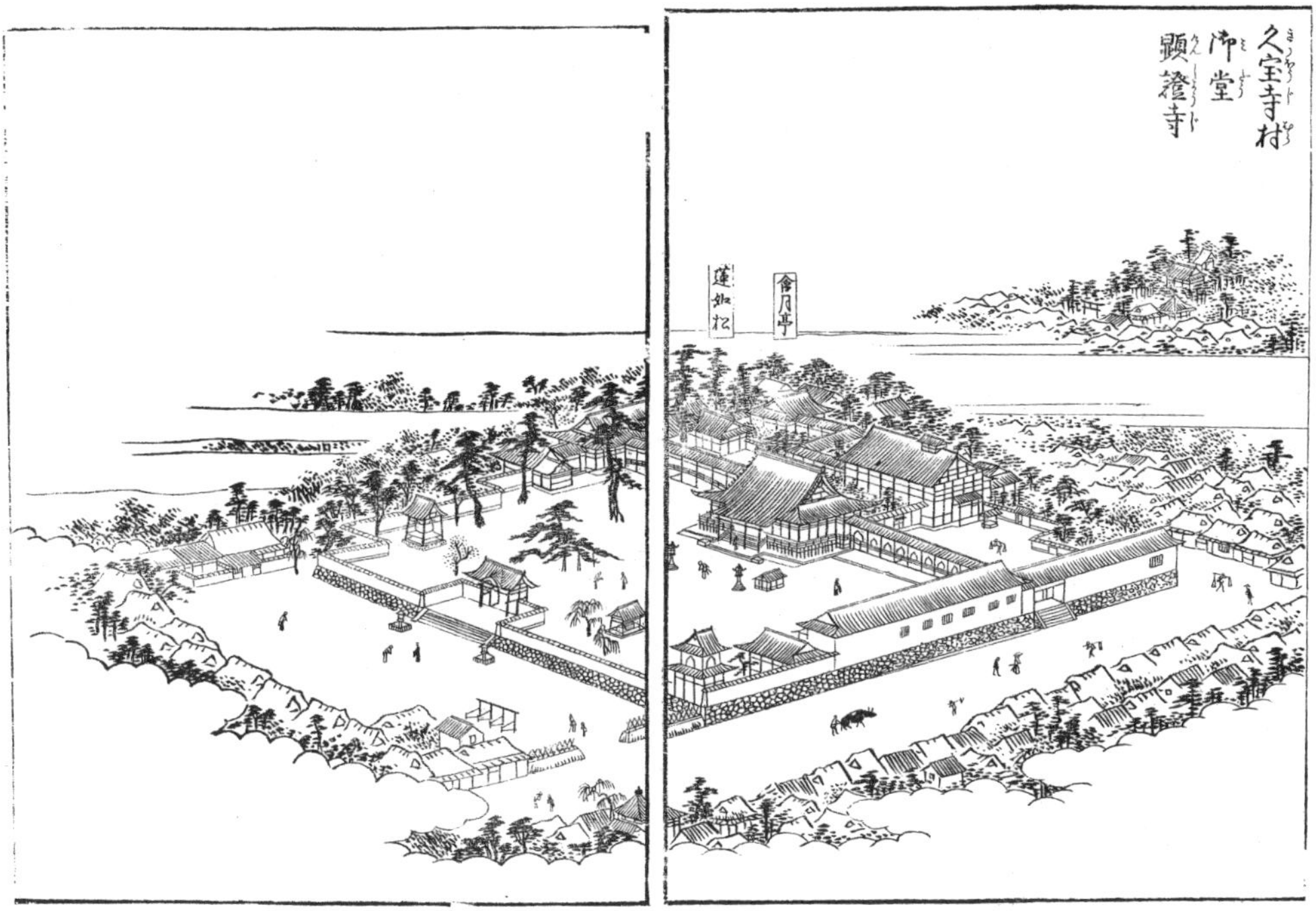

含月亭
蓮如松

久宝寺寺内町（巻之四）

久宝寺寺内町

25 大聖勝軍寺（八尾太子堂）

●大聖勝軍寺…ＪＲ関西本線・八尾駅より徒歩約10分。

八尾市太子堂に下の太子と呼ばれる大聖勝軍寺《たいせいしょうぐんじ》がある。

用明天皇二年（五八七）、崇仏・排仏をめぐる蘇我馬子と物部守屋の戦いが起こった。この戦いで聖徳太子は四天王に戦勝を祈願、物部氏と戦いその身を襲われたが、この寺の地の椋の木の蔭に隠れて難を逃れたため、戦勝後、その地に一寺を建立したのが本寺であると伝えられる。山号神妙椋樹山・大聖勝軍寺という。

近くには「守屋城跡」がある。稲村城《いなむらがき》と号されたという。「太子伝」によると、物部守屋は稲村城を本拠として、矢倉に稲をかけならべ榎にも稲をかけたと伝えられる。

聖徳太子はこれを攻撃するに、物部守屋は矢を放った。矢は太子の鐙《あぶみ》に当ったという。太子は跡見の赤檮《いちい》に命じて、定恵の弓に六つ目の鏑矢を四天王の射させ給う矢として放った所、その鏑矢遠く鳴りひびき守屋の胸板に当たり、守屋は逆さまに木の上より落ちたと伝えられる。

ついで聖武天皇より大聖勝軍鎮護国家寺の号を与えられて寺地十六町余とされたが、南北朝期、元弘・建武の戦乱で、堂宇を消失した。江戸期の延宝六年（一六七八）には、高野山竜光院末寺で、境内地が五反余と記されている。聖徳太子信仰が盛んになった中世以降、大聖将軍寺は下の太子と呼ばれて参詣人でにぎわった。本尊は太子十四歳像である。

三条西公条《さんじょうにしきみえだ》の『吉野詣記《よしのもうでき》』（『群書類従』十八輯所収）に、太子堂勝軍寺に参詣した記事がある。

　これより神廟むくの木のある寺にまいりてかの木のもとをおがみ、本堂へまいり太子の御影開帳はなきよしかたりしかど、案内しれる人、ひそかに申てひらきけり、

へたてをくとはり掲けん椋の木の
むくつけきまでむかう面影　　紹巴
古えのあともこふかきなかとても
こまひきむくる春の若草

ところで、『河内名所図会』は、「右大臣実隆《さねたか》公、天文の春の頃、紹巴をめしつれ給い、吉野、高野へ詣給う」とあるが、これは三条西公条（実隆息）の間違いである。

三条西公条は天文初年、連歌師紹《じょう》巴《は》とともに、吉野山・高野山を歴訪する旅を催し、『吉野詣記』を遺している。

大聖勝軍寺に参詣した公条一行は、椋の大木や本堂に参詣、「聖徳太子十四歳像」を拝観したことを記している。

大聖勝軍寺（太子堂）山門

大聖勝軍寺（太子堂）本堂

下《しもの》太子《たいし》
将軍《しょうぐん》寺《じ》
神妙《じんびょう》椋《むく》

むくの実や
かくれん坊を
なされ跡
浪花八十四翁
魚丈

守屋塚

観音堂

太子堂

椋妙神

庫裏

守屋池

亀井真観寺

鎮守

御影場

26

常光寺（八尾地蔵）

八尾市本町に通称八尾地蔵《やおじぞう》と称される常光寺《じょうこうじ》がある。

聖武天皇勅願所であり、東大寺大仏殿造営をなした僧行基開創と伝え、古くは新堂寺と称した。本尊が延命地蔵菩薩で、人々の信仰厚く、八尾地蔵堂として親しまれた。この地蔵菩薩は、弘仁年間（八一〇〜八二四）に小野篁が刻したと伝えられる。

南北朝動乱で衰微するが、のち復興、将軍足利義満や河内守護畠山政長の保護を受けたことが、「常光寺縁起」に記録されている。

近世になって臨済宗南禅寺末となり、禅宗寺院として法脈を保っている。

『河内名所図会』には、八尾地蔵尊の門前が賑う七月二十四日の地蔵祭の様子が描かれている。この祭は「八尾市《やおのいち》」と呼ばれていた。

●常光寺…近鉄大阪線・近鉄八尾駅より徒歩5分。

常光寺山門

八尾地蔵尊《やおじぞうそん》
常光寺《じょうこうじ》

八尾地蔵尊常光寺（巻之四）

八尾市《やおのいち》

毎歳《まいさい》
七月廿四日ハ、
地蔵祭《じぞうまつり》とて
遠近群参《えんきんぐんさん》す。
六道能化《どうのうげ》の
菩薩《ぼさつ》なれバ、
たのミ奉りて、
善道《ぜんどう》へ導《みちび》き
し給うを
願《ねが》うなるべし。
地蔵尊の
垂迹《すいじゃく》は、
猿田彦命《さるだひこのみこと》
にして、きょう
これを
祭《まつ》るなるべし。

八尾市（巻之四）

猿田彦《さるだひこ》の導《みちびく》は、天照太神《あまてらすおおんかみ》芦原国《あしはらこく》へ降臨《こうりん》の時《とき》導《みちび》き給うも、神仏同躰《しんぶつどうたい》なるべし。

27

葛井寺

●葛井寺…近鉄南大阪線・藤井寺駅より徒歩5分。

葛井《ふじい》寺は、真言宗御室《おむろ》派で、紫雲山三宝院と称した。旧名剛琳寺。

創建は、奈良時代前期神亀二年（七二五）藤井給子が聖武天皇の勅願を受けて造立したと伝えられるが、実際は百済の渡来人葛井連広成夫妻が氏寺として建立したものとされる。

花山法王が四国巡礼の途次、当寺に詣で、

まいるより頼みをかくる藤井寺
花のうてなに紫の雲

と詠んだと伝えられ、西国三十三番札所第五番札所として多くの巡礼を迎えている。

戦国期に荒廃し、それ以前の建物は残っていないが、境内に残る礎石が古代、大寺であったことをうかがわせる。

平成十六年（二〇〇四）中国西安で発見された「井真成墓誌」ゆかりの寺である。

この寺は古代豪族白猪氏が改姓した藤井氏建立の寺と伝えられ、「藤井氏」は「井氏」とも称せられることから、「井真成」は藤井氏一族ではないかと考えられている。

平成十七年（二〇〇五）、墓誌の里帰りの法要も行なわれた。

葛井寺山門

◉井真成墓誌

「井真成墓誌」は、中国陝西省西安（唐の都長安）の郊外工事現場より発見され、平成十六年（二〇〇四）四月に、西安の西北大学が骨董商を通じて購入したという。

平成十六年（二〇〇四）十月に、日本の新聞で「井真成墓誌」発見が一斉に報道された。

「井真成墓誌」の銘文は、次のように口語訳されている。

尚衣奉御追贈の井公の墓誌文ならびに序墓主は、姓は井、字は真成という。生国は日本と号し、その才能は天から授けられたものと称された。そこで遠い国より（中略）中国に馳せ参じてきた。中国では礼楽を踏み行い、衣冠を着ける身分を踏襲し、（中略）誰もならび比べる者がないほどであった。したがって、勉学の努力を続け、道を尋ね学ぶことが未完のうちに、状況が変化し、たちまちのうちに時が過ぎ去って死に至ろうとは、どうしてそのようなことを考えたであろうか。開元二十二年（七三四）正月某日に、官舎にて没してしまったのである。享年は三十六であった。皇帝陛下は心を痛め、礼典によって墓主を追尊した。詔を発して尚衣奉御の地位を追贈し、その葬礼は官にとり行わせた。そこで、その年の二月四日に、万年県の滻水の（東）に埋葬した。礼にのっとったものである。ああ、柩を乗せた白木の車は早朝に引かれてゆき、先導の赤い旗の行くのも哀れである。（中略）肉体はすでに異国の土に埋もれたけれども、霊魂は故郷に帰ることを願うものである。

（石見清裕「井真成墓誌」『日本史の研究』212号、山川出版社、二〇〇六年三月）

葛井寺本堂

葛井寺《ふじいでら》

染紙や
藤の色香の
いくくだり
洛
花紅

葛井寺（巻之四）

反正天王御廟

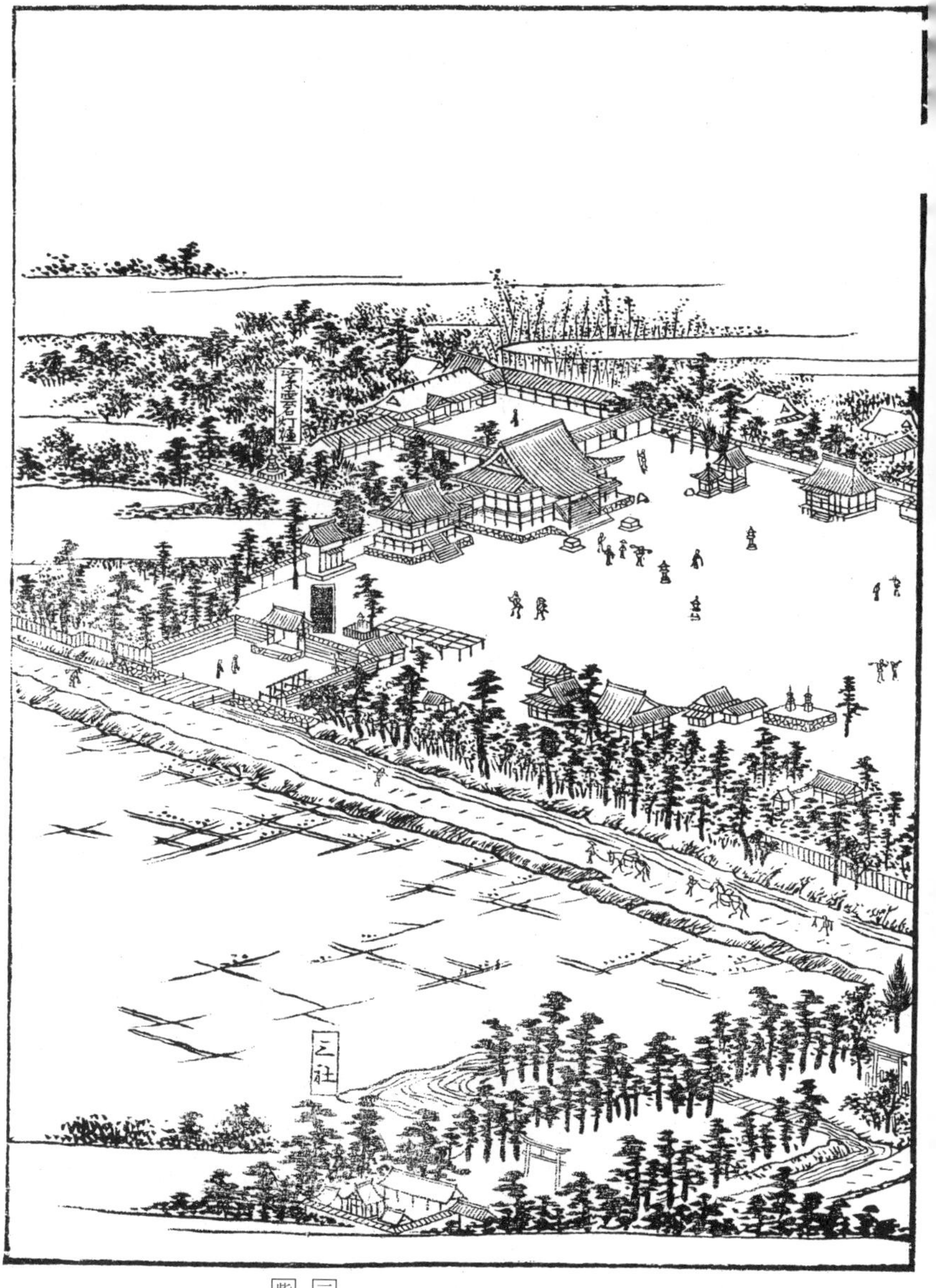

三社

紫雲石灯爐

28

辛國神社

葛井寺の隣に辛國神社《からくにじんじゃ》という神社がある。

「延喜式」にすでにその名があるが、当社の創建は未詳である。

祭神は、天児屋根命《あめのこやねのみこと》・素盞嗚命《すさのおのみこと》・饒速日命《にぎはやひのみこと》の三神であり、もと春日大明神とも称したという。

素盞嗚命は、百済系氏族王氏の祖神辰孫王であると伝える。従って百済系豪族が祖神を祀ったのが起源ではないかと考えられる。

饒速日命はこの地長野原の豪族物部氏の祖神でもと長野神社であったが、いつの頃からか辛國神社に合祀されたといわれる。

一方天児屋根命は、南北朝時代河内守護となった畠山基国《もとくに》が大和から春日神を勧請して祀ったといわれる。それ以降春日大明神と呼ばれていたが、明治になってから辛國神社と改称した。

●辛國神社…近鉄南大阪線・藤井寺駅より徒歩5分。

辛國神社本殿

29 道明寺・道明寺天満宮

●道明寺・道明寺天満宮…近鉄南大阪線・道明寺駅より徒歩5分。

菅原道真《すがわらのみちざね》ゆかりの道明寺《どうみょうじ》・道明寺天満宮はかつては一体として「道明尼寺」と呼ばれている。

『河内名所図会』によると道明尼寺は真言宗で尼寺であると記されている。道明寺天満宮は、菅原道真自作の神影を祀ると書かれている。

この辺は古代土師里《はじのさと》と呼ばれ、菅原道真の菅原氏は土師氏出身であることから、菅原氏の故地である。

道明寺天満宮は、菅原道真・天穂日命《あめのほのひのみこと》・覚寿尼（道真伯母）を祭神として配祀、土師《はじ》神社とも称す。その前身は河内国天夷鳥神《あめのひなどり》であったと伝える。土師氏は野見宿禰《のみのすくね》を始祖とし、天穂日命・天夷鳥命を祖神と仰いだが、やがて菅原姓を名乗り、その中から菅原道真が出た。当社は土師連《はじのむらじ》八島《やしま》が自邸を割いて建てた土師寺（道明寺）に隣接している。平安時代に菅原道真を祀る天神信仰が起こり、伯母覚寿尼の住する道明寺に天神を祀ったのが、当社の起こりと伝える。

道明寺山門

◉菅原道真と梅花

延喜元年（九〇一）太宰府に左遷された菅原道真は、失意のうちに延喜三年（九〇三）九州異郷の地で亡くなる。

道真が生前、太宰府で詠んだ歌

東風《こち》吹かばにほひおこせよ梅の花
主《あるじ》なしとて春を忘るな（『拾遺和歌集』）

はあまりにも有名である。

道真の死後、天災地変や政敵藤原時平の死によって、人々は道真こそ天神であるという信仰を持ち天満天神として各地に祀った。

京都の天神社北野天満宮をはじめ、太宰府天満宮、それに故郷道明寺にも天満宮が祀られたのである。

道真がこよなく愛した梅にちなんで、これらの天神社には梅の木が植えられた。今も春、ちょうど道真の命日二月二十五日頃、梅花が見頃となるので、これらの天神社は梅花の名所ともなっている。道明寺も道明寺天満宮もまた、梅花の名所として有名である。

道明寺天満宮

30 野中寺

●野中寺…近鉄南大阪線・藤井寺駅よりバス、「野々上」下車すぐ。

藤井寺の南方約一・五キロの所に、中の太子と呼ばれる野中寺《やちゅうじ》がある。『河内名所図会』によると、野々上村にあって正式名青竜山《せいりょうさん》野中寺《やちゅうじ》徳《とく》蓮院《れんいん》という。真言律宗で、本尊は聖徳太子御作の薬師仏と書かれている。

野中寺は、出土瓦に庚戌（白雉元年〈六五〇〉）の年紀をヘラ書したものがあり、七世紀中葉建立の古代寺院と考えられる。おそらくこの地域に本拠を置いた船《ふな》氏にかかわる寺と考えられている。東西の建物跡が発見されており、「法隆寺式」の伽藍配置である。西に塔跡、東に金堂跡があり、塔跡には心礎を含めて十三個の礎石、金堂跡には十六個の礎石が残っている。中世には、聖徳太子信仰の一拠点となり、中の太子の称で親しまれた。

寺伝によると、聖徳太子の命により、蘇我馬子《うまこ》が造立したという。船氏は百済王氏の一族で、船に関する税を担当したという。この辺が豪族船氏の本拠地で、中央の蘇我氏と結んで造立した可能性が高い。

隆盛時代には、南大門・中門・金堂・三重塔からなる法隆寺式伽藍配置であった。しかし南北朝期に戦火がかかり、堂宇ことごとく廃寺となった。寛文年中、政賢覚英《せいけんかくえい》の志を受け、慈忍慧猛《じにんえいもう》の尽力で再興された。

野中寺

野《の》上《うえ》
野《や》中《ちゅう》寺

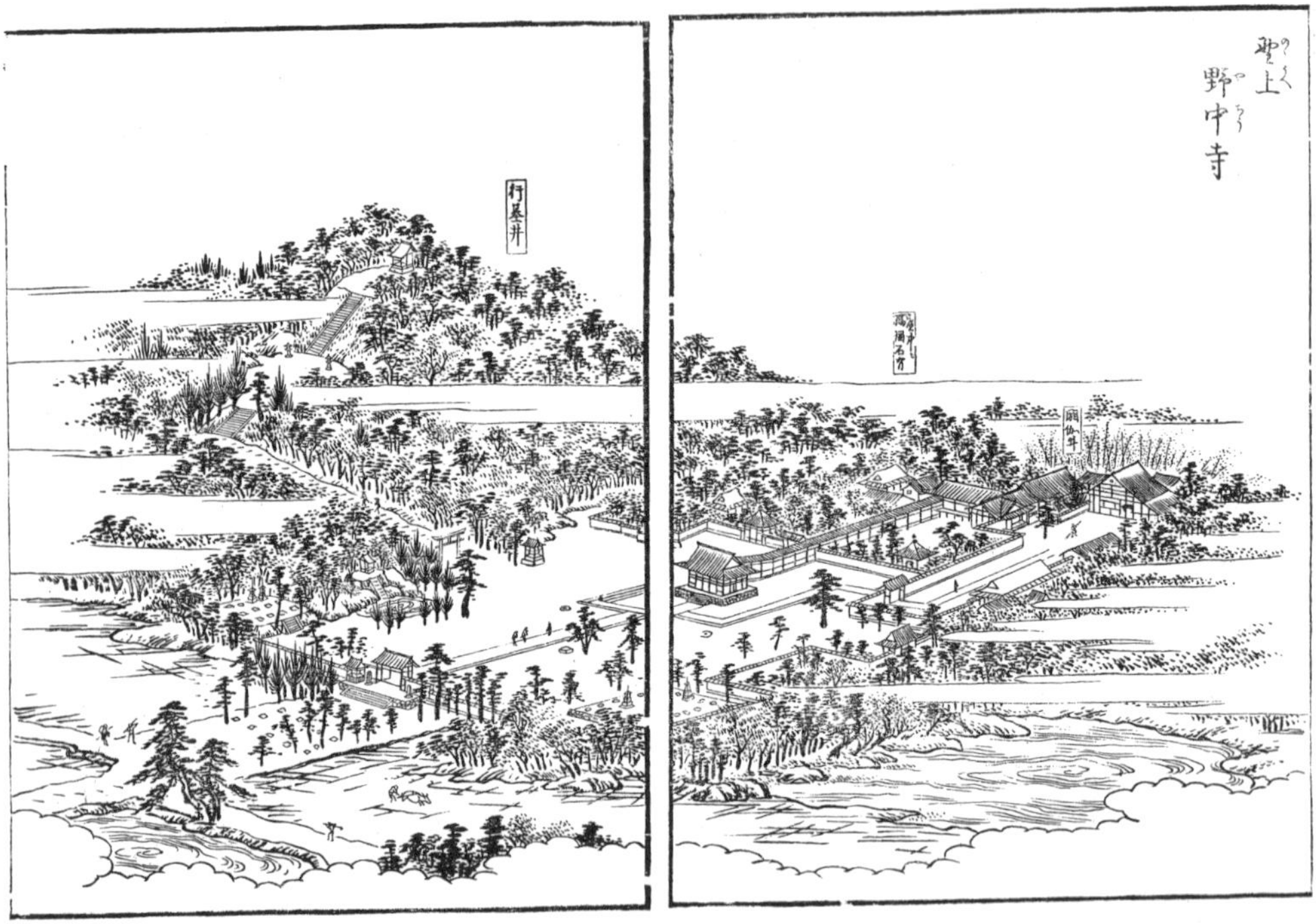

閼伽井

屋中ニ瑪瑙石有

行基井

野中寺（巻之四）

31 柴籬宮（柴籬神社）

●柴籬神社…近鉄南大阪線・河内松原駅より徒歩10分。

近鉄河内松原駅の西側に柴籬宮《しばがきのみや》がある。この地は、反正《はんぜい》天皇が都とした、丹比《たじひ》柴籬宮の跡といわれる。

仁賢天皇の勅命で造営され、正殿に反正天皇、相殿に菅原道真、依羅《よさみの》宿禰《すくね》を祀っている。

反正天皇は五世紀の大王と推定され、その本拠地は南河内にあったと考えられる。堺市三国ケ丘にある反正陵（田出井山古墳）は古墳中期の前方後円墳で、全長一四八メートル、後円部径七六メートルで周濠が巡らされている。

宮殿は、反正天皇元年「都於河内丹比、是謂柴籬宮」（『日本書紀』）とあり、この地が往古の柴籬宮と伝えるが、宮都自体は未だ発見されていない。

柴籬宮は往時は広大な社地を持ち、観念寺という神宮寺もあった。明治の神仏分離により、神宮寺は廃寺となって、社殿を中心とした境内地を残すのみとなった。なお明治からは付近の大塚山にあった天神社も合祀されている。『河内名所図会』には、大塚山の天神社も描かれている。

柴籬神社

柴籬宮旧跡《しばかきのみやのきゆうせき》

菊咲て
其いにしえの
匂い哉

螺甲

観音

天満宮

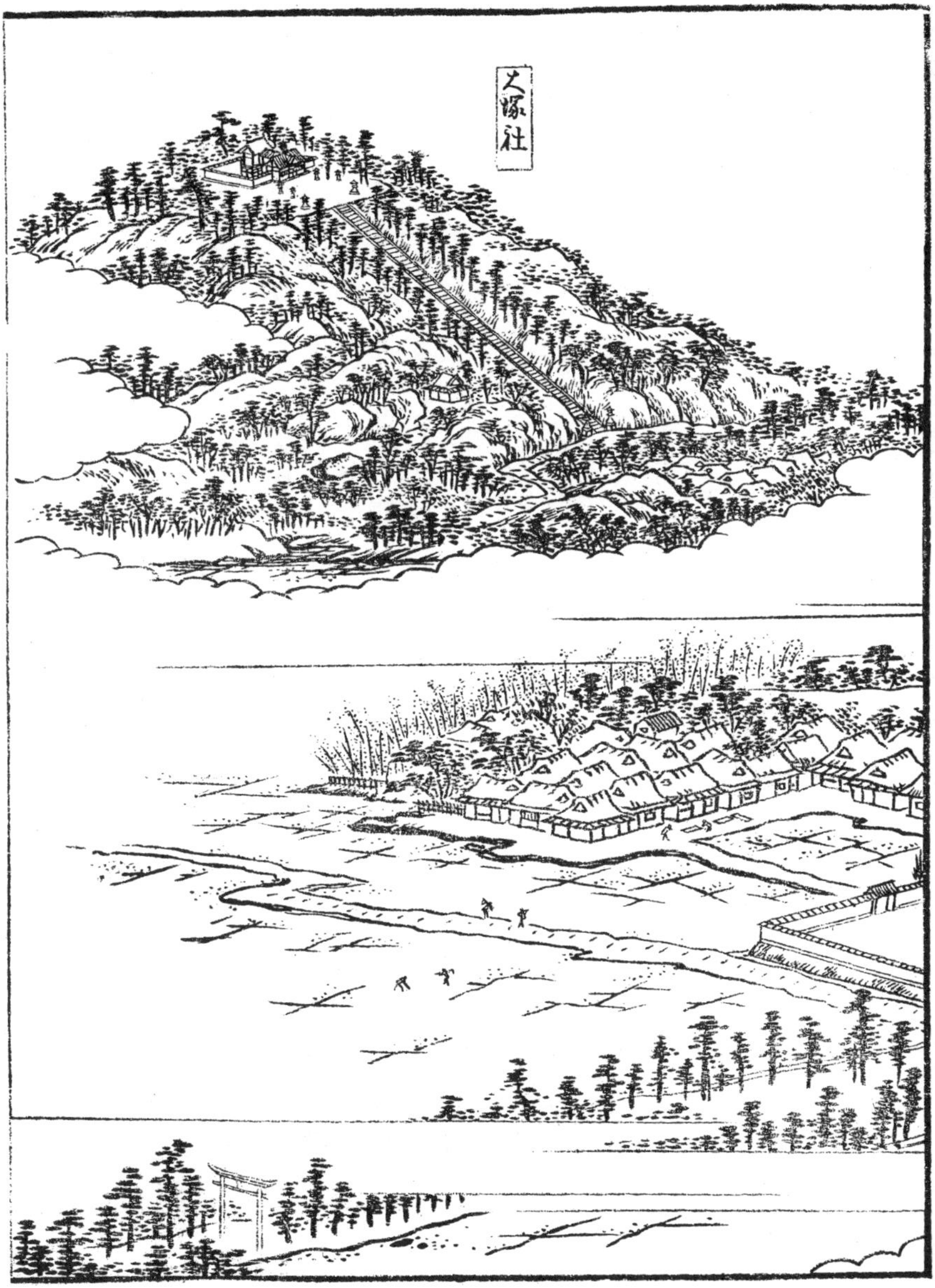

大塚社

32 狭山池

●狭山池…南海高野線・大阪狭山市駅より徒歩10分。

狭山池の歴史は古く、その開削は崇神朝に遡るといわれる。『日本書紀』には、崇神天皇六十二年（三世紀後半）に狭山池を開いたとある。しかし、池畔の段丘に見られる須恵器生産の遺跡や発掘調査の結果から、七世紀頃までに造営されたと考えられている。

その後、奈良時代の僧行基と鎌倉時代の俊乗坊重源《ちょうげん》によって、大規模な修造が行なわれた。

僧行基は、天平三年（七三一）二月、狭山池院と尼院を建てている。天平宝字六年（七六二）には、延べ八万三千人を動員して修復している。

重源は、建仁二年（一二〇二）八十二歳の時、狭山池を修造した。重源の修造には、老若男女貴賤をとわず石を引き堤を築いたという。この修造は「重源狭山池改修碑」に刻まれていた。片桐且元による修造の時、石碑は堤に埋められたが、近年発見された。

建仁三年（一二〇三）、重源の修造では、周辺の古墳から出土した家形石棺で樋管を造って池に伏せている。石棺の蓋は、後世多数発見されて「亀の甲」と呼ばれていた。

戦国期の永禄年間（一五五八～七〇）、畠山氏の家臣安見美作守時重によって行なわれた修築は成功せず荒廃が進んだが、慶長十三年（一六〇八）豊臣秀頼の修功として片桐且元によって、摂河泉三国の水下農民を動員、近世最

狭山池

大の普請が行なわれた。

現在の狭山池は、池の面積は約三六万平方メートル、南河内から中河内一帯を潤す大池である。一九八八年からの大改修にともなう発掘調査で築造当初の東樋（コウヤマキの丸太をくり貫いた樋管）が発見され、それを年輪年代測定法で測定した結果、推古二十四年（六一六）頃の築造であることが判明した。推古期に完成した狭山池の面積は約二六万平方メートル、最大貯水量は約八〇万立方メートルで、灌漑される範囲は中河内から住吉大社付近まで及んだと推定されている（和田萃『飛鳥』岩波新書）。

『河内名所図会』には、広大な狭山池が月の名所として筆致たくみに描かれている。

現在の狭山池は、狭山池公園として整備され、春夏秋冬、美しいたたずまいを見せている。

◉狭山池博物館

狭山池博物館は、狭山池の古代堤防を保存・展示している。古代の構築法が如実に実見できる。さらに俊乗坊重源によって修復された建仁二年（一二〇二）の「重源狭山池改修碑」が展示されている。これは平成の大修築時に堤防に埋もれていたのが発見されたもので、重源の修復を剋明に記録している。また豊臣秀頼時代片桐且元によって修復された時代の堤防道構や水路のための石組も、保存・展示されている。博物館は、建築家安藤忠雄氏の設計になるもので、水の博物館をイメージして、墳水や水流をたくみにとり入れている。

狭山池《さやまのいけ》

くみ分る
末いかばかり
ひろからん
狭山の池の
水のこころは
本房

狭山池（巻之四）

短夜《みじかよ》や
月かたむけど
池《いけ》の中《なか》

湘夕

33 金剛寺

●金剛寺…南海高野線または近鉄長野線・河内長野駅よりバス、「天野山」下車すぐ。

河内長野市天野町に天野山金剛寺《あまのさんこんごうじ》がある。『河内名所図会』は、二枚の挿絵と長文でこの寺を紹介する。

奈良時代の行基《ぎょうき》開創と伝え、平安末の永万年間（一一六五～六六）阿観《あかん》が再興し、治承二年（一一七八）に金堂が建立されたと伝える。鳥羽院皇女八条院の祈願所となり、八条院の侍女大弐局《だいにのつぼね》・六条局《つぼね》が阿観《あかん》に帰依して出家、それぞれ浄覚《じょうかく》・覚阿《かくあ》と改名、以来女人高野とよばれる。

ついで延元元年（一三三六）後醍醐天皇勅願所として南朝方の帰依厚く、後村上天皇が摩尼院《まにいん》・食《じき》堂《どう》を行宮《あんぐう》として南朝方の行在所《あんざいしょ》ともなった。一方北朝の光厳・光明・崇光の三上皇が一時観蔵院《かんぞういん》に幽閉され、北朝方の行在所としての時期もあった。現在、境内を歩くと南北両朝の行在所が遺されており、遠く南北朝時代に思いをはせることができる。

その後織田信長、豊臣秀吉、江

金剛寺本堂

金剛寺北朝行在所

戸幕府の保護を受け法灯が守られて来た。室町時代に「天野酒《あまのざけ》」の生産も行なわれ銘酒として親しまれている。

『河内名所図会』金剛寺の挿絵には、「後村上帝皇居天野殿観月亭《つきみてい》」の様子が描かれ、「南帝より伊勢太神宮に奉幣使を立らる。御門《みかど》三種の神器を御拝あって御製」として、次の二つの和歌を掲げる。

四の海の波もおさまるしるしにて三ツの宝を身にぞ伝ゆる　後村上帝御製

九重《ここのえ》の今もますみの鏡こそなお世をてらす光也けり　同御製

金剛寺山門

摩尼院南朝行在所

天野《あまの》伽藍《がらん》

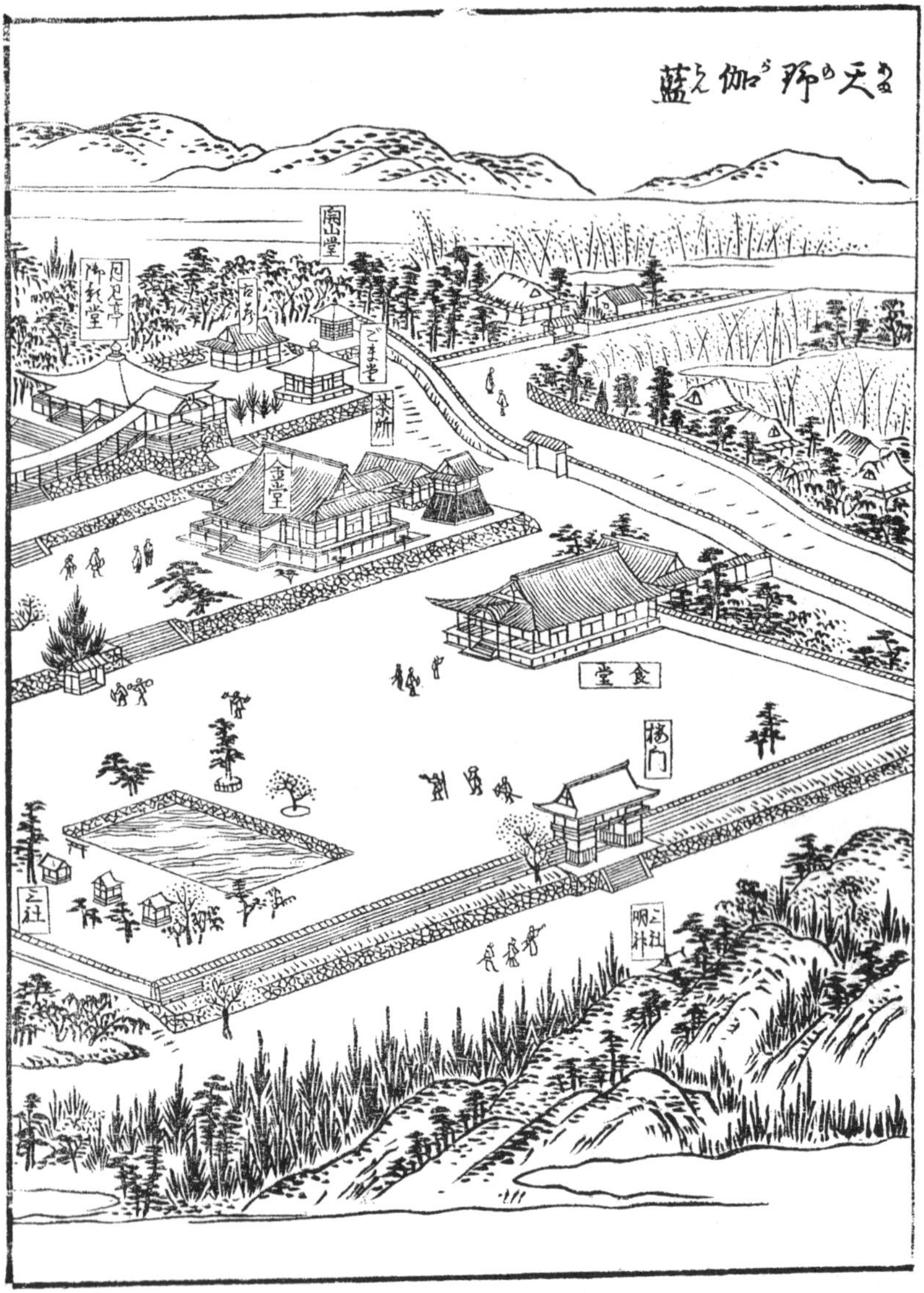

食堂
楼門
三社明神
茶所
ごま堂
開山堂
金堂
古蔵
月見亭 御影堂
三社

閼伽井
宝院
五本桜
求聞持堂
やくし堂
宝蔵
まきのお道

後村上帝《ごむらかみていの》
皇居《こうきよ》
天野殿《あまのどの》
観月亭《つきみてい》

南方紀伝云、
南帝より
伊勢太神宮に
奉幣使《ほうへいし》を立らる。
御門《みかど》三種の
神器《しんき》を御拝《ごはい》
あって御製《ぎよせい》、

四の海の
波もおさまる
しるしにて
三ツの宝《たから》を
身にぞ伝ゆる
後村上帝
御製

九重《ここのえ》の
今も
ますみの
鏡《かがみ》こそ
なお世をてらす
光也けり

同御製

34 観心寺

河内長野市の高野山真言宗観心寺も名刹として『河内名所図会』は、三枚の挿絵と長文で紹介している。役小角《えんのおづぬ》創建、空海開創と伝え、本尊は如意輪観世音菩薩《にょいりんかんぜのんぼさつ》である。観心寺文書によると、空海の弟子実恵《じつけい》（東寺二世）が建立したとあり、貞観十一年（八六九）定額寺《じょうがくじ》となっている。

南北朝期には、地元の楠木氏一族の庇護を受け、後醍醐・後村上天皇ら南朝方の拠点ともなった。

境内には「楠木正成首塚」、山中には「後村上天皇檜尾陵」が存在する。楠木正成が建武中興の成功を祈って造立したという「建掛塔」（国重文）がある。金堂（国宝）ほか多くの堂舎が国重要文化財であり、本尊の如意輪観音座像（国宝）ほか、白鳳期の金銅観世音菩薩などが有名である。

●観心寺…南海高野線または近鉄長野線・河内長野駅よりバス、「観心寺」下車すぐ。

観心寺山門

観心寺門前にある楠木正成像

観心《かんしん》寺本堂

楠河州墓
勤王汗馬出轅門
酬得一朝雨露恩
莫道南天将星落
余光千載照乾坤
吉田質

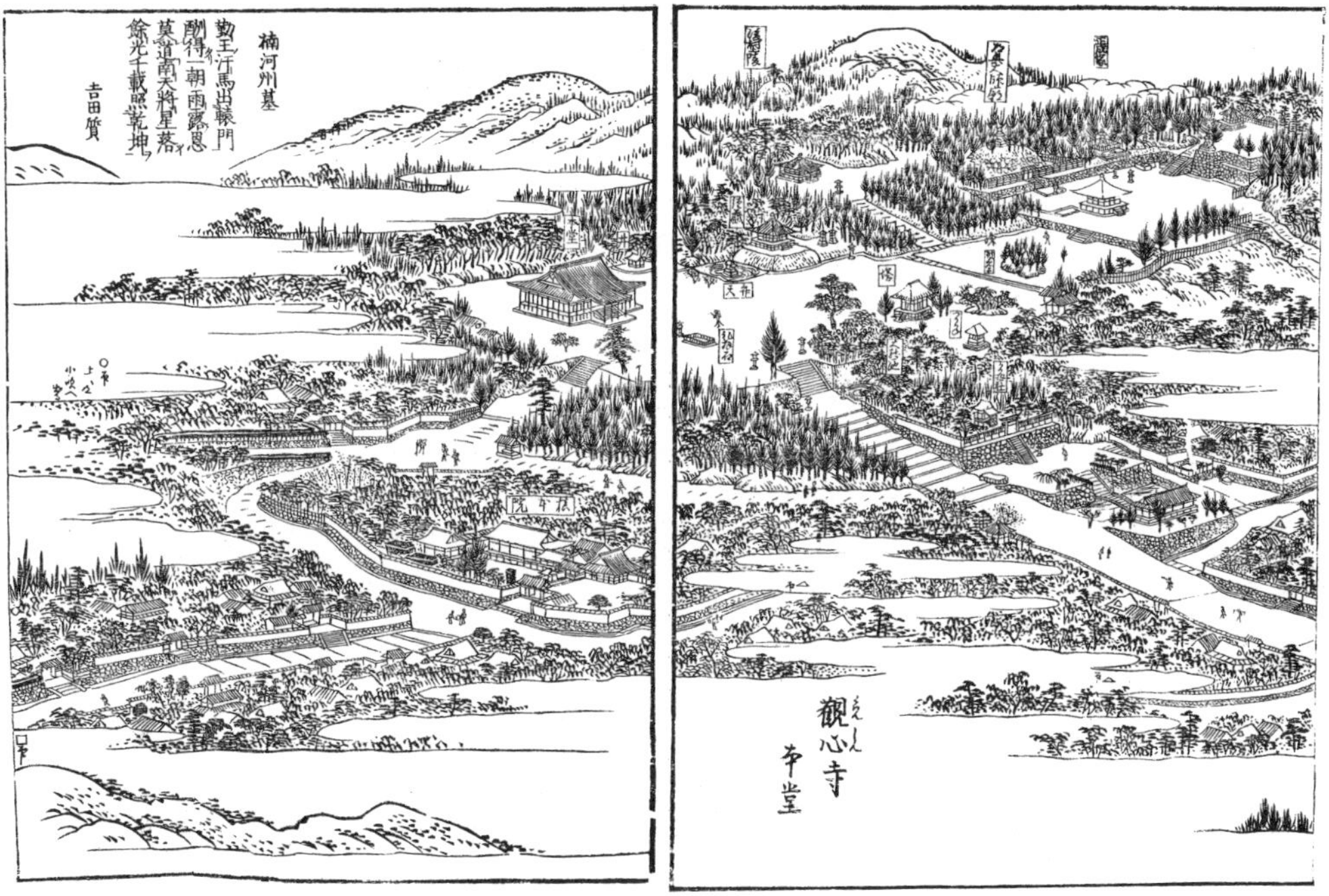

正成塚
道興大師廟
□之本
かりも社
つりがね
塔
大龍池
後村上陵
経蔵
弁天
礼拝石
井
本堂
槙本院

観心寺（巻之一）

35

河合寺

河内長野市河合寺にある真言宗御室派宝珠峰山河合寺は、皇極二年（六四三）蘇我入鹿《そがのいるか》建立と伝える古刹である。空海も一時当寺に住して、多数の僧坊を建立し、丹生・高野二神などを祀ったと伝える。

寛永十年（一六三三）には観心寺末寺、延宝年間（一六七三〜八一）には高野山霊山院末寺であったが、宝暦十一年（一七六一）仁和寺末寺となって現在に続いている。

『河内名所図会』には、江戸期の河合寺が描かれている。そこには本堂・護摩堂・鎮守社が描かれ、現在よりもはるかに広い寺域であったことがわかる。

現在もその景観を残し、周辺は桜の名所として公園化され、多くの人々が訪れている。

●河合寺…南海高野線または近鉄長野線・河内長野駅よりバス、「河合寺」下車すぐ。

河合寺山門

河合寺《かごうじ》

楠公《なんこう》遺《い》愛碑《あいのひ》
服元喬《ふくげんきよう》撰《せん》
鳥石《うせき》山人筆

いしふみの
苔は古びす
かんこどり
洛 亀房

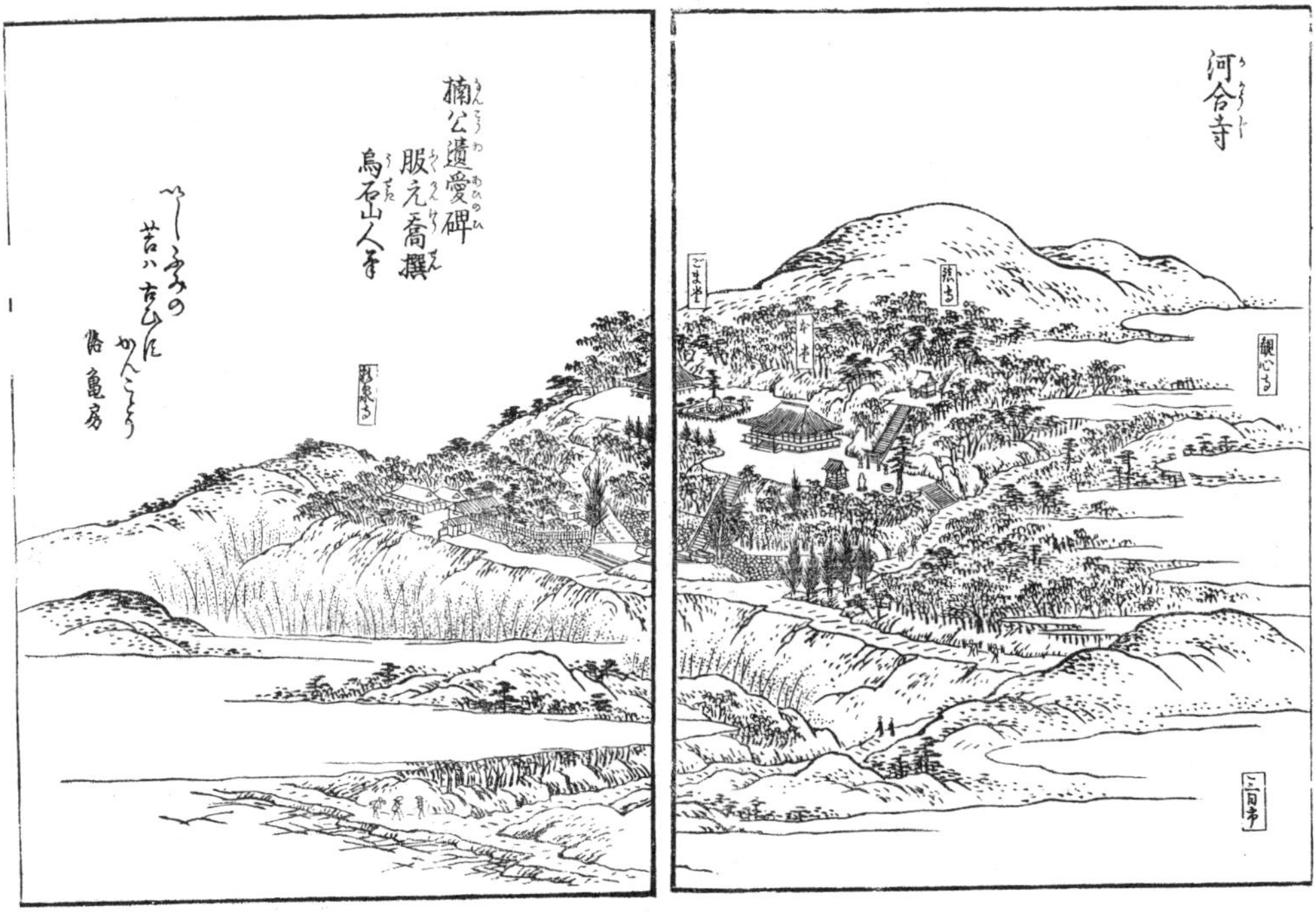

観心寺
三日市
鎮守
本堂
ごま堂
龍泉寺

河合寺（巻之一）

36 岩湧寺

河内長野市岩湧山にある岩湧寺《いわわき》は、現在融通念仏宗《ゆうずうねんぶつ》極楽寺末寺であるが、江戸時代までは、修験道《しゅげんどう》葛城二十八宿の一宿坊寺院であった。葛城二十八宿とは、紀州友ケ島を起点に和泉・大和の葛城連峰を踏破する修験廻峰行《かいほうぎょう》の地であり、役小角《えんのおづぬ》開創の伝承を持つ宿坊である。犬鳴山七宝瀧寺や金剛山寺・牛滝山大威徳寺もその一つである。現存の本堂・客殿は豊臣秀頼寄進、多宝塔は淀君寄進と伝えられている。

嘉永三年（一八五〇）六月刊の『葛嶺雑記《かつれいざつき》』には、葛城二十八宿が描かれている。その中に第十五宿として岩湧寺がある。

岩湧寺
同国郡（河内国錦部郡）加賀田谷、宗門天台、若王子末、領主膳所《ぜぜ》侯、
本堂十一面、神変大士、二重塔、経塚、妙、従地湧出品第十五之地、

岩湧寺は、江戸時代若王寺末で天台宗であった。聖護院系の修験の寺であった。

●岩湧寺…南海高野線または近鉄長野線・河内長野駅よりバス、「神納」下車徒歩60分。

岩湧寺本堂

岩湧寺多宝塔

37 烏帽子形八幡神社（烏帽子形城跡）

●烏帽子形城跡…近鉄長野線・河内長野駅より徒歩17分。または同駅よりバス、「上田」下車徒歩5分。

祭神は素盞嗚命・足仲彦命・神功皇后・応神天皇。当社は烏帽子形《えぼしがた》山の東山腹にある。創始年代は不明であるが、かつては烏帽子形城の守護神として祀られていたものと考えられる。

文明十二年（一四八〇）に本殿が石川八郎左衛門尉によって造営された。その後荒廃したが、元和年間（一六一五〜二四）に当地に二千石をもって移封された甲斐荘《かいのしょう》喜右衛門正房の子正保が社殿を一部修復している。当社には徳寿院高福寺と称する神宮寺があって、楠木正成の信仰厚く、大般若経転読が行なわれたという。明治になって神宮寺は廃された。

烏帽子形城跡

◉烏帽子形城

南北朝期から戦国期の城郭。河内長野市喜多町に所在。標高一八二メートルの烏帽子形山にある山城。当城は、元弘二年（一三三二）に赤坂城の出城として楠木正成が築いた城とされ、正成の武将高向《たかむく》氏が拠った所といわれる。大永四年（一五二四）に、畠山一族の抗争で、畠山稙長《たねなが》が当城に拠り、仁王山城に籠る畠山義英《よしひで》攻略の拠点とした。さらに当城は、畠山高政《たかまさ》と三好三人衆の抗争などの舞台となり、永禄十年（一五六七）に根来《ねごろ》衆徒、元亀三年（一五七二）には、三好三人衆に攻められている。織田信長の畿内進攻以後、橘長治が城主となって入城、長治はキリシタンであり、領内に約三〇〇名の信徒がいたという。その後長治は徳川家康の家臣となって当地を離れたため廃城されたらしい。

ところが天正十二年（一五八四）小牧長久手の戦闘中の豊臣秀吉は留守中の大坂南部防御を目的として急拠当城の修理を行なっている。

城跡は、西条川・三日市川の合流点に位置し、東方を高野街道が走る軍事・交通上の要地である。遺構は、北東から東へ延びる尾根の山頂部を長方形に削平しており、それを本丸とした。本城を中心として西と北東の尾根の先端部には、それぞれ西の段、北の段を配している。また東西南の三方斜面には濠跡に類するものが見られる。さらに街道に面した山麓部には、烏帽子形八幡神社があり、山城として詰の城に対する居館の関係が推定できるといわれる。

◉河内畠山氏

室町時代の河内守護は畠山氏である。この畠山氏は、室町中期には、二家に分裂してしまう。

両畠山氏の分裂・抗争は、管領畠山持国《もちくに》の後継問題に始まる。持国の跡目は、嘉吉三年（一四四三）頃に、弟の持富《もちとみ》に一旦定められている。しかし、その後実子義就《よしなり》を跡目とするよう持国が決定したらしい。畠山家内部は、持富派と義就派に分裂し、抗争が始まった。持富派は後に持富の子弥三郎を立て、細川勝元の支援を受けた畠山弥三郎と義就の対立が続いた。「大乗院日記目録」によると、弥三郎の死後、弥二郎政長《まさなが》が立てられている。

応仁の乱の頃は、畠山政長派と畠山義就派の合戦が激しくなっている。

明応二年（一四九三）閏四月、畠山政長は細川政元・畠山基家《もといえ》の攻撃を受け、滅亡する。

しかし政長の子尚順《ひさのり》は紀州に逃亡、上洛を果たした義就の後継基家との抗争が続く。

その後畠山尚順の跡目は稙長《たねなが》に受け継がれその弟長経《ながつね》、弥九郎、晴熙《ひろ》らが高屋《たかや》城主として継承する。一方畠山基家の跡目は、義英《よしひで》、義堯《よしたか》その弟在氏《ありうじ》へと継承され、両派は河内国の争奪を、織田信長の進出の頃まで続行する。

烏《え》帽《ぼ》子《し》形《がた》八《はち》幡《まん》宮《ぐう》

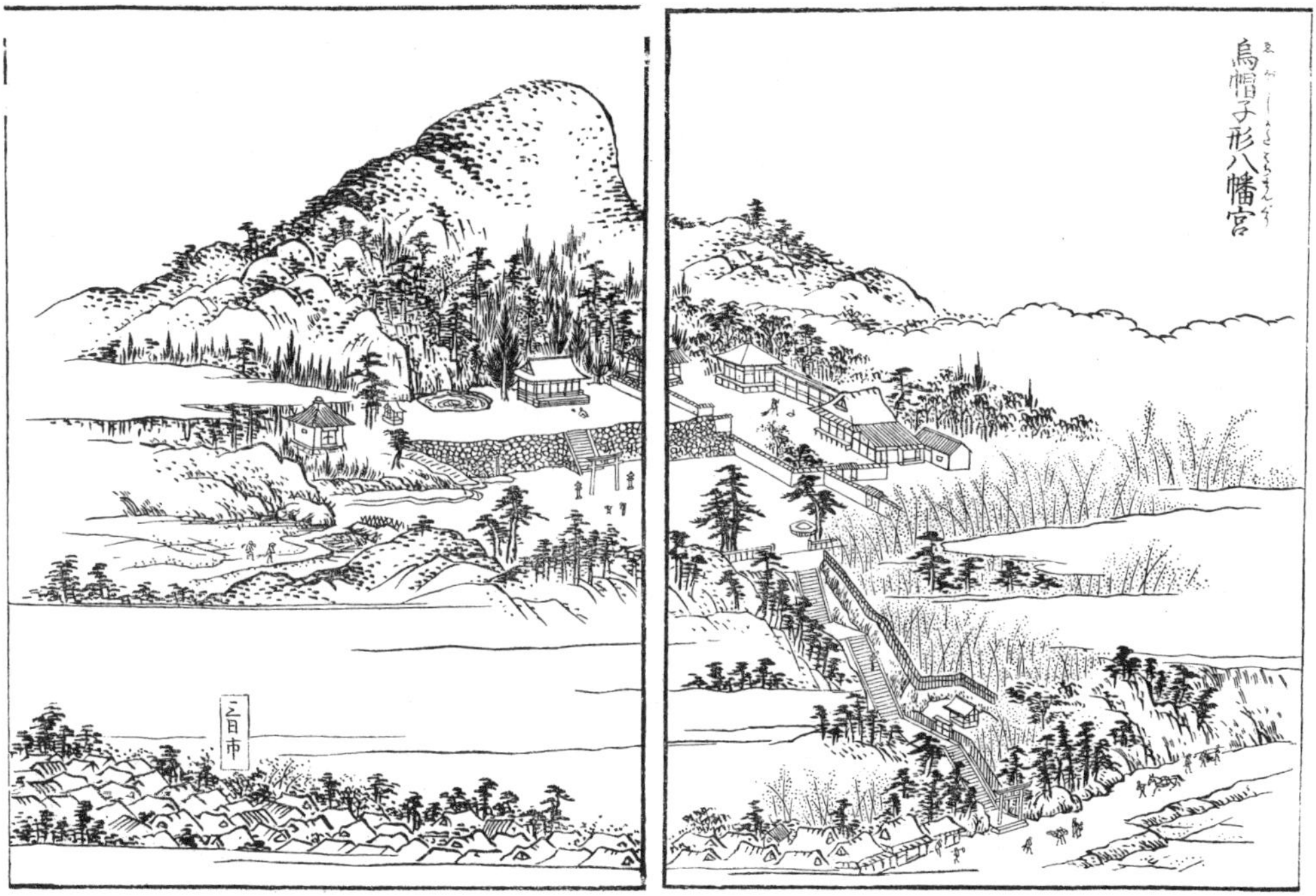

三日市

烏帽子形八幡神社（巻之一）

38 叡福寺

●叡福寺…近鉄長野線・喜志駅よりバス、「太子前」下車すぐ。

南河内郡太子町にある叡福《えいふく》寺は、上の太子ともよばれる。「聖徳太子御廟」のあるところから、文字通り太子信仰のメッカであり、周辺には聖徳太子時代のさまざまな遺跡も存在する。下の太子は八尾市の太子堂大聖勝軍《たいせいしょうぐん》寺、中の太子は羽曳野市野々上の野中《やちゅう》寺である。

上の太子叡福寺は、石川寺・磯長《しなが》寺・御廟寺とも呼ばれ、真言系太子宗磯長山聖霊院と号し、本尊は如意輪観音である。

推古天皇三〇年、聖徳太子が当地に埋葬された後、太子の墓を守護するため坊舎が建立されたのを起源とし、神亀元年（七二四）、聖武天皇の勅願で伽藍が整備されたと伝えられる。東の伽藍を転法輪寺、西の伽藍を叡福寺と称した。弘仁元年（八一〇）に空海、建久二年（一一九一）には親鸞が参詣、また寛元四年（一二四六）には、西大寺叡尊がこの地で授戒を行なっている。

豊臣秀頼が七〇石を寄進、伽藍の修造を行ない、江戸幕府によっても寺領七〇石が安堵されている。

叡福寺遠景

◉聖徳太子墓

内部主体は切石を用いた横穴式石室で、全長一二・六メートル。構造的には奈良県明日香村の越岩屋古墳と類似するものと推測されている。三棺があり、「聖徳太子伝私記」以来、奥棺を太子の母穴穂部間人《あなほべのはしひと》皇后、東棺を太子自身、西棺を太子の妃膳臣《かしわでのおみ》の娘のものと比定されている。（『角川日本地名大辞典27大阪府』）

◉聖徳太子

聖徳太子不実在説もあるが、私は実在説をとる。まず河内叡福寺にこの墓が実在する。叡福寺の歴史をひも解くと、この墓は太子の墓である可能性が高い。

聖徳太子は、父は用明天皇、母は穴穂部間人皇女の間に、五七四年上之宮（桜井市）で生まれたと伝えられる。五九二年、推古天皇が即位すると、聖徳太子を皇太子として、摂政の地位につけた。

太子の功績の第一は、仏教を正式に受容したことである。それゆえ、日本仏教の開祖として後世の尊崇が高まる。聖徳太子という呼称も後世生まれたものである。

太子の住まい斑鳩宮は、今の法隆寺東院の地であり、発掘の結果掘立柱建築が確認されている。斑鳩宮跡に法隆寺が営まれたことがわかる。

憲法十七条を制定したのも太子と思われる。そこには外来の儒教や仏教の思想が導入されてはいるが、日本的倫理感が創成されている。

「三経《さんきよう》義疏《ぎそ》」という仏教教義書を作ったのも太子といわれるが、これには偽作説もある。「八人の人の言うことを同時に聞き分けた。」などの太子信仰が高まるのは、後世のことである。

聖徳太子墓

上太子《かみのたいし》諸堂《しょどう》

石仏

高屋連塔

願蓮上人塚

阿みだ堂

了雄上人塚

大師堂

弁天

多宝塔

本堂　鎮守　名木　太子堂　御廟　磯長山　めのうの碑

39 常林寺跡（飛鳥戸神社）

●常林寺跡（飛鳥戸神社）…近鉄南大阪線・上ノ太子駅より徒歩10分。

近鉄上ノ太子駅近くの飛鳥戸《あすかべ》神社の神宮寺であった常林《じょうりん》寺は、麻福田《まふくた》麿《まろ》（丸）の古跡である。

麻福田麿（丸）とは、南都元興《がんごう》寺の奈良時代の名僧智光《ちこう》の幼名である。『河内名所図会』によると、智光は一夜、阿弥陀如来の霊夢をみて、極楽世界に行った。その極楽浄土を描いた図が元興寺に残り、「智光曼荼羅」といわれた。その智光ゆかりの寺が、飛鳥戸神社の神宮寺であった常林寺であるという。常林寺は行基の開創であるとも記している。

岸和田市稲葉町の麻福山大門坊極楽寺も智光法師ゆかりの寺と伝えられ、『和泉名所図会』で紹介されている。

飛鳥戸神社

智光は幼名を麻福田麿といい、河内国稲葉村（現岸和田市稲葉町）に生まれたという。

幼時、貧しい生活にあって、長者の娘の姫君に恋慕する。これを聞いた姫君は、書を学ぶことをすすめ、さらには学僧となることを求める。智光は奈良に出て、元興寺の学僧として名をはせたが、智光の修業中姫君は病のため死去してしまった。

のちに智光は、極楽浄土へ行った法師として有名となるが、実はこの姫君は、行基の化身であったという話が伝わる。

智光は行基の法統を継ぎ、元興寺で亡くなった。

河内飛鳥の常林寺は行基開創の寺であり、智光が常林寺を継ぎ、住持していた可能性はある。『河内名所図会』は、常林寺は行基が開創、その本尊は智光が念じた仏像と伝えている。

飛鳥戸神社を訪ねてみた。近鉄上ノ太子近くの飛鳥町の集落の中程に飛鳥戸神社があった。「延喜式内社」の古い歴史を持つ神社で、飛鳥部連《あすかべのむらじ》一族の氏神であったと伝えられる。

しかし、千数百年の星霜により、今は小さな社殿一宇を残すのみとなった。かつてここには神宮寺常林寺があったが、今は付近に「寺山」と呼ぶ地が残るにすぎない。

常林寺は廃寺となるが、幸い『大阪府全志』が詳しい記録を残してくれている。

それによると現在字田中にある融通念仏宗《ゆうずうねんぶつしゅう》常念寺の本尊阿弥陀仏が、もと飛鳥山常林寺中三昧院の本尊であった。その常林寺は、聖武天皇の時代、僧正行基の開創で本尊は智光上人の念持仏であったという。

しかし、常林寺は荒廃したため宗通が常林寺の本尊が小堂に残っていたものを移建して現在の常念寺を寛永八年（一六三一）に創建したという。

40 西琳寺

近鉄古市《ふるいち》駅のすぐ近く、古市の集落の中央部に古代寺院西琳寺《さいりんじ》がある。

かつては広大な寺地を有したと思われるが、今は集落の一角に、小寺院として残るのみである。

王仁《わに》博士の子孫文首《ふみのおびと》阿志高《あしこ》が欽明天皇二十年（五五九）に、丈六阿弥陀像を安置して創建したという。背景には、河内王朝を支えた渡来氏族河内文氏《ふみうじ》があることが想像できる。河内古市の辺は、古代の宮都として河内王朝の中心地であったと考えらえる。

山号は向原山、別名を古市寺ともいい、高野山真言宗寺院である。

昭和二十四年（一九四九）大阪府によって実施された発掘調査では、創建時東西一町、南北一町半の寺域を有し、竹之内街道に正対し、法起寺式伽藍配置であったことが、明らかにされている。

●西琳寺…近鉄南大阪線・古市駅より徒歩10分。

西琳寺

41

誉田八幡宮と応神天皇陵

●誉田八幡宮と応神天皇陵…近鉄南大阪線・古市駅より徒歩10分。

河内古市《ふるいち》の周辺で、ひときわ巨大な古墳が伝応神《おうじん》天皇陵である。全長四一五メートルであるが、墳丘の土量は仁徳天皇陵を超えており体積は日本最大の古墳である。

その御陵のかたわらに応神天皇らを祭神として祀るのが、誉田《こんだ》八幡宮である。祭神は応神天皇・仲哀天皇・神功皇后と住吉三神であると伝えられる。

この付近が古代応神朝時代の中心地であったことをうかがわせる。

創建は欽明天皇二十年、天皇が任那《みまな》の再興を発願して、応神天皇陵後円部頂上に神廟を設け、奈良中期ごろ行基により陵南の地に長野山護国寺が創建され、永承六年（一〇五一）後冷泉天皇の行幸にあって、新社殿を南一町の現在地に遷し再建したという（『誉田八幡宮縁起』）。

江戸期には「藤地車《だんじり》」が曳かれ、祭礼がにぎわったことが、『河内名所図会』からしのぶことができる。

河内古市は、伝応神陵をはじめ多くの大王級陵墓が存在し、古代王権の本拠であった。この地を本拠とした政権を「河内王朝」と呼ぶ説もある位である。

古代王権の本拠地であった河内古市は、大和・河内・和泉を結ぶ交通の要衝であったために、中・近世において

誉田八幡宮

も経済拠点であった。古市の名は市の立ったことに由来する。室町後期守護大名畠山氏の本拠も、ここであり、誉田城・高屋城などが築かれた。

◉応神天皇

誉田御廟山古墳は応神天皇陵と考えられており、体積で仁徳天皇陵（大仙陵）を上まわる古市古墳群最大の古墳である。

『日本書紀』によれば、応神天皇は、父を仲哀天皇、母を神功皇后に筑紫国蚊田で生まれた。その宮は難波の大隈宮で、応神天皇第四皇子が仁徳天皇となる。

『日本書紀』では崇神天皇の系譜を引くが、九州生まれであることなどから、もともと九州の豪族で、東遷して大和の王朝を破り、河内に新たな王朝を築いたとも考えられる。この「河内王朝説」に立つと、この先祖は大陸から渡って来た渡来系の集団につながる、というのである。

いずれにしても応神天皇は実在した最初の天皇ともいわれ、「誉田天皇（ほむたのすめらみこと）」ともいう。「宋書」に登場する倭の五王（讃・珍・済・興・武）の中では、最初に書かれた讃に当たると考えられている。

◉河内王朝

河内王朝といわれるのは、次の十一代の天皇の時代である。

応神天皇陵

諡号	陵墓（所在）	宮号（所在）
応神	恵我藻伏崗陵（河内・志紀）	軽嶋明宮（大和・高市）
		難波大隈宮（摂津・西成）
仁徳	百舌鳥耳原中陵（和泉・大鳥）	難波高津宮（摂津・東生）
履中	百舌鳥耳原南陵（同右）	磐余稚桜宮（大和・十市）
反正	百舌鳥耳原北陵（同右）	丹比柴籬宮（河内・丹比）
允恭	恵我長原北陵（河内・志紀）	遠飛鳥宮（大和・高市）
安康	菅原伏見西陵（大和・添下）	石上穴穂宮（大和・山辺）
雄略	丹比高鷲原陵（河内・丹比）	泊瀬朝倉宮（大和・城上）
清寧	河原坂門原陵（河内・古市）	磐余甕栗宮（大和・十市）
顕宗	傍立磐林丘南陵（大和・葛下）	近飛鳥八釣宮（大和・高市）
仁賢	稙生坂本陵（河内・丹比）	石上広高宮（大和・山辺）
武烈	傍立磐林立北陵（大和・葛下）	泊瀬列城宮（大和・城上）

河内王朝は、応神朝に始まるといわれる。応神の後継仁徳以降、その子孫が天皇となるが、允恭天皇から武烈天皇まで歴代は、大和に宮都を設けている。ただしその多くが河内に陵墓を造っている。（門脇禎二「応神朝と河内」『古代を考える河内飛鳥』吉川弘文館、一九八九年）

応神天皇陵

誉田《こんだ》本社《ほんしゃ》

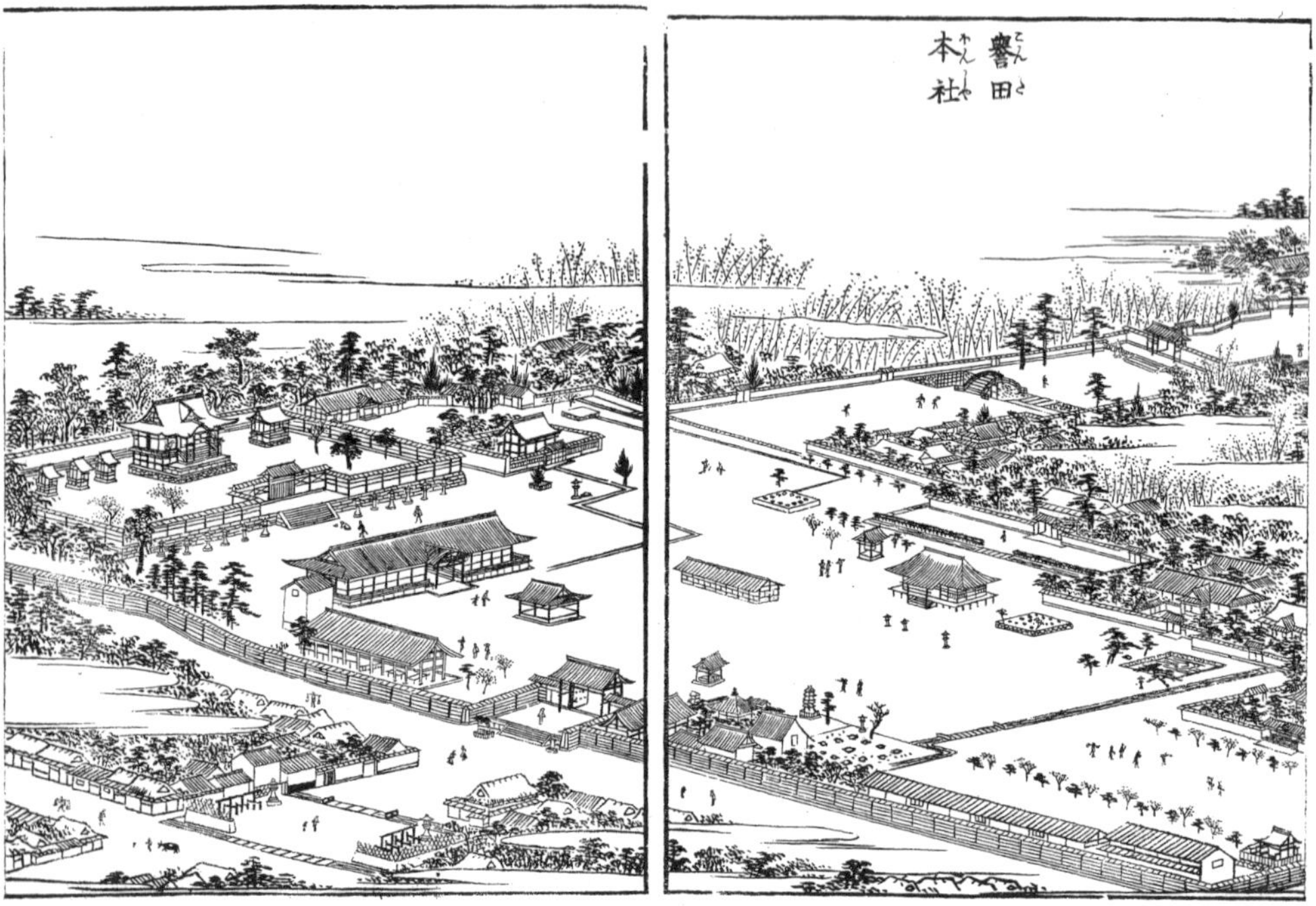

誉田八幡宮（巻之三）

応神《おうじん》天皇《てんのうの》陵《みささぎ》

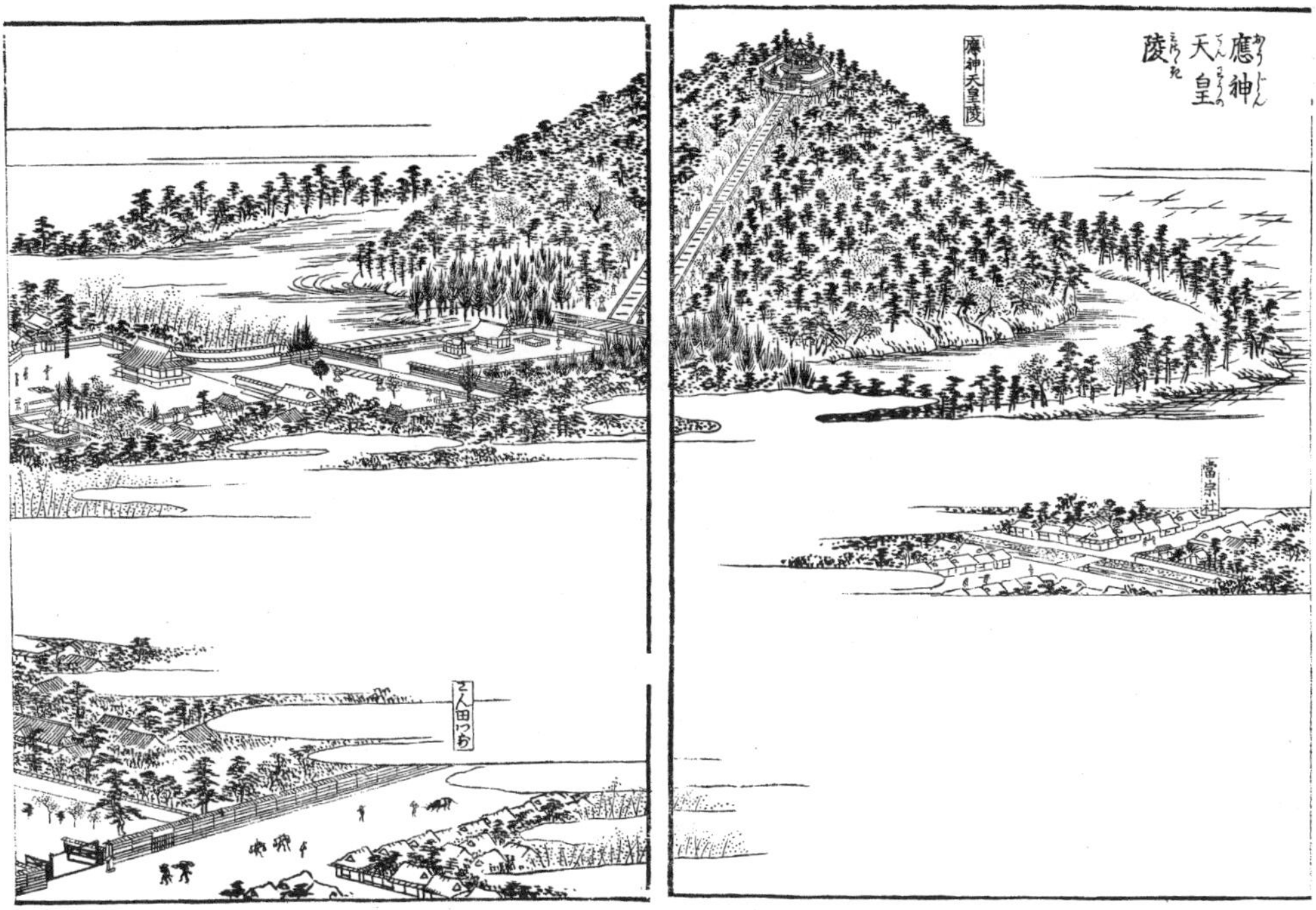

当宗社

応神天皇陵

こんだ門前

応神天皇陵（巻之三）

誉田例祭《こんだまつり》
車楽《だんじり》

誉田《こんだ》の車楽《だんじり》は
古風《こふう》にして
外《ほか》の囃子《はやし》とは
違《ちが》う也。これ
だんじりの
始《はじま》り也
とぞ

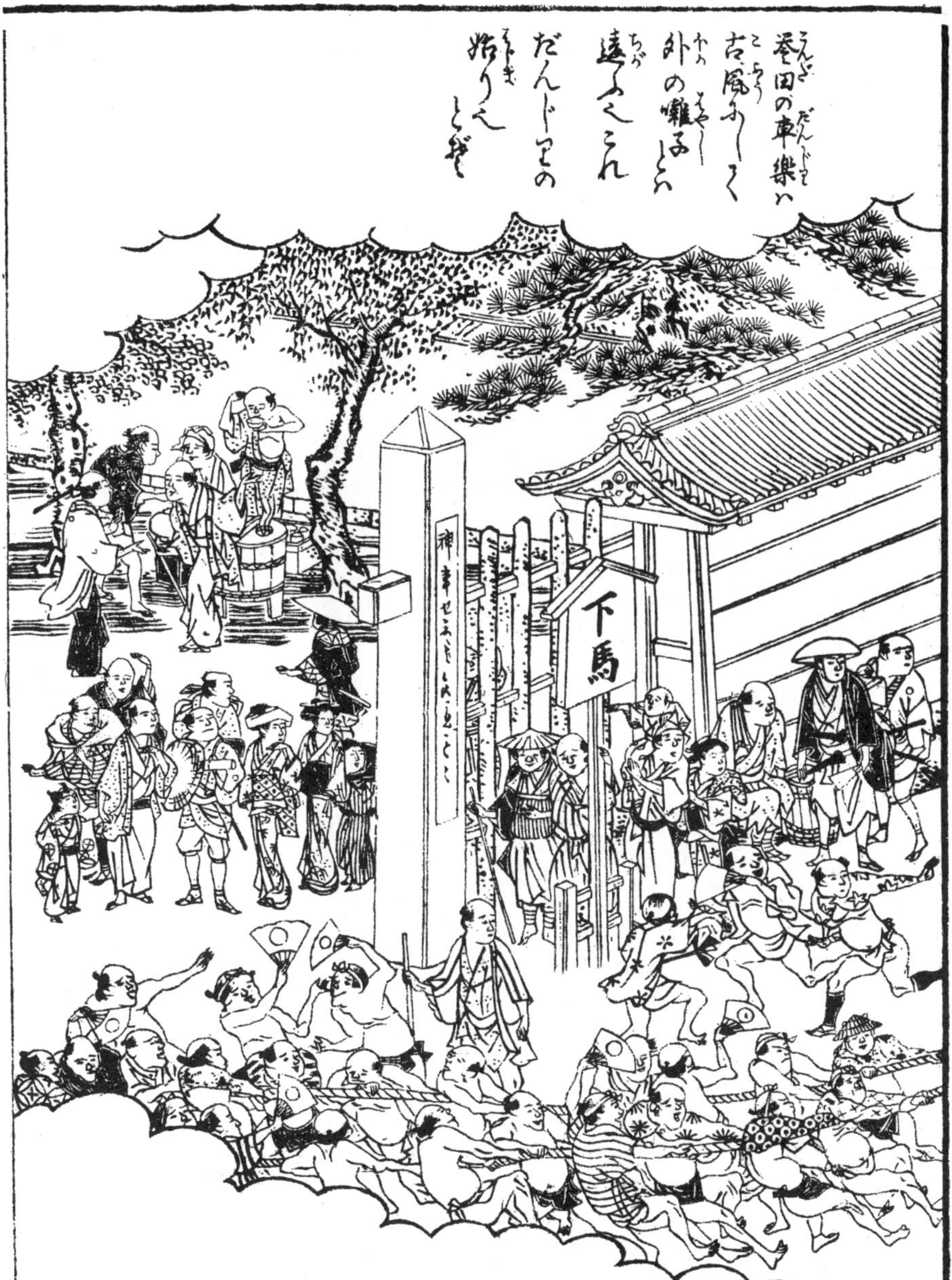

42 壺井八幡宮

●壺井八幡宮…近鉄長野線・喜志駅よりバス、「太子四つ辻」下車徒歩15分。

壺井八幡宮は羽曳野市の石川沿い、旧壺井村にある。

壺井は、神社石段下にある古井戸で、河内源氏の祖頼義《よりよし》・義家《よしいえ》父子の故事が伝えられる。

奥州征討の時、渇に苦しんだ頼義・義家父子は、八幡大菩薩に祈りを捧げ、巌間を穿った所、たちまち清泉を得て、喉をうるおし、勝利を得た。この清水を壺に入れて持ち帰り、ここに井戸を掘り、壺を底に埋めたため壺井と号するようになったという。

神社は、源頼義が康平七年（一〇六四）五月、石清水八幡をここに勧請したのを始まりとする。

天仁二年（一一〇九）八月には、源義家《よしいえ》の五男義時《よしとき》が、源頼《より》信《のぶ》・頼義・義家の霊を祀り、境内摂社とした。

境内の南東に位置する大楠は、源義時が植えたものといわれ、大阪府の天然記念物となっている。

壺井八幡宮

壺井の井戸（河内源氏発祥地）

壺井《つぼい》八満宮《はちまんぐう》

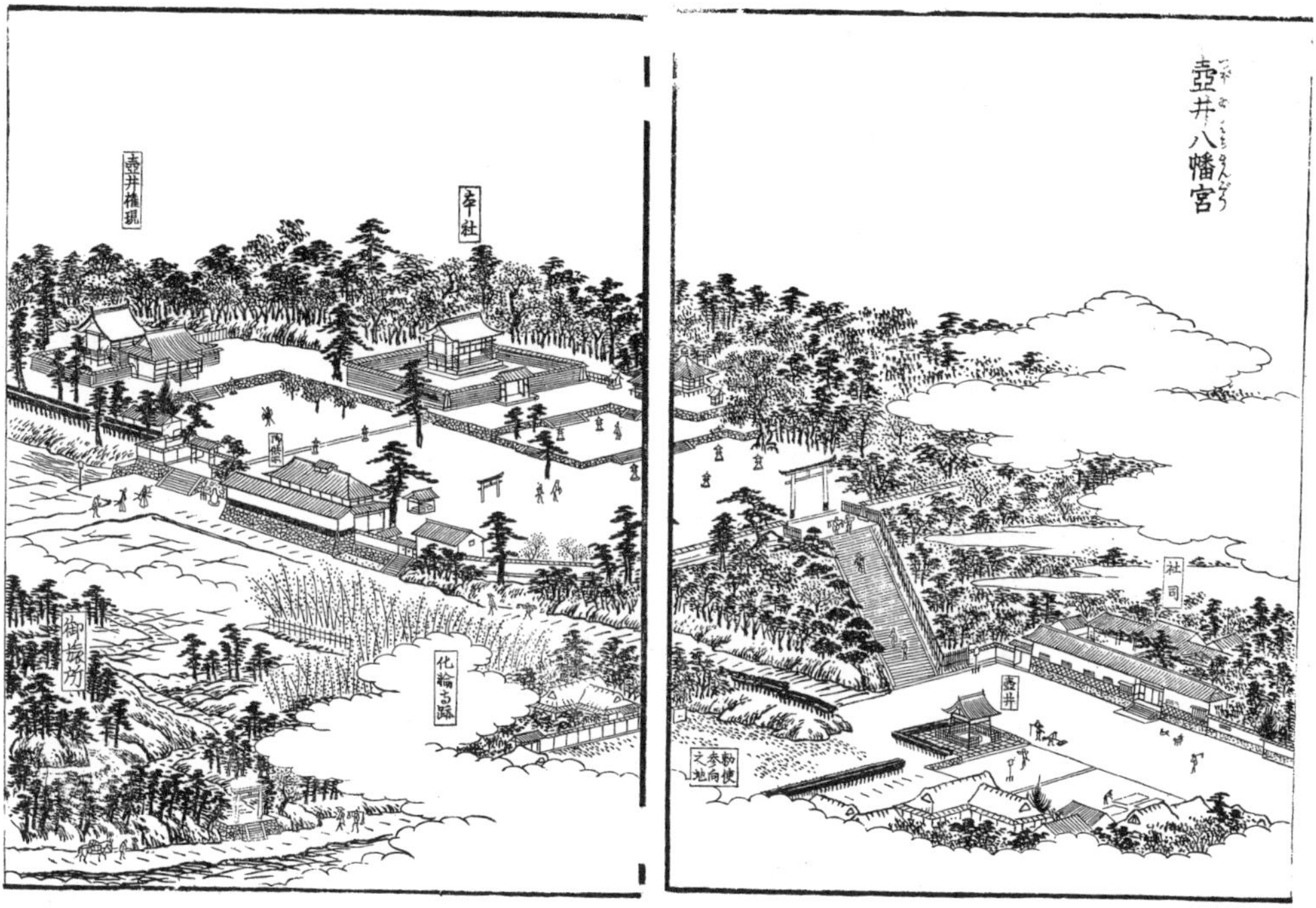

御旅所　壺井権現　御供所　化輪寺跡　本社　勅使参向之地　壺井　社司

壺井八幡宮（巻之三）

43

通法寺と源家三代

●通法寺と源家三代…近鉄長野線・喜志駅よりバス、「太子四つ辻」下車徒歩10分。

壺井八幡宮から南へ一〇〇メートルの地に通法寺《つうほう》跡がある。通法寺も同じく河内源氏ゆかりの寺であった。

この地に本拠を置いた河内守源頼信は、その城館を建てた。その子源頼義は、この地を相伝して、その一角に一寺を建立、通法寺とした。付近には仁海上人の故地があり、その寺跡を継いだという。

かつての広大な通法寺境内には、河内源氏三代、すなわち源頼信・源頼義・源義家の墓が残っている。

通法寺はもと真言宗豊山派《ぶざんは》長谷寺の末寺であった。山号を石丸山という。

寛保四年（一七四四）に著された『通法寺荒廃記』によれば、河内源氏の祖源頼信が、狩に出た時に拾得した千手観音《せんじゅかんのん》を本尊とし、石丸の邸宅を寺としたという。ついでその子頼義が真言宗の仁海《にんかい》や浄土教の源信《げんしん》に帰依、当寺に寺田を寄進し、遺言によって救世《ぐせ》大士殿の下に葬られたという。

鎌倉末期の元弘三年（一三三三）、楠木正成と北条方の戦で焼失したが、室町期には足利将軍家の保護を得て再興した。しかし、天正年間（一五七三〜九二）織田・松永両軍の戦闘で再び焼失、元禄年間（一六八八〜一七〇四）になってから将軍徳川綱吉《つなよし》が柳沢吉保《よしやす》らに復興を命じ、寺領二千石を与えられた。

通法寺跡

明治四年（一八七一）寺領は上地され、明治六年廃寺となった。

◉源家三代

源頼信・頼義・義家を河内源氏の祖とし、源家三代という。

源頼信（九六八〜一〇四八）は、河内源氏の祖とされ、河内守をきっかけに、河内国石川地方に勢力を扶植した。

その子源頼義（九八八〜一〇七五）は、長元四年（一〇三一）父とともに平忠常の乱を平定した。相模守・武蔵守・下野守などを歴任、天喜元年（一〇五三）鎮守府将軍となった。

康平五年（一〇六二）には前九年の役を平定した。鎌倉に石清水八幡宮を勧請《かんじょう》して源氏の氏神としたことでも知られる。

源義家（一〇三九〜一一〇六）は、頼義の子で、前九年の役では父に従った。永保三年（一〇八三）陸奥守兼鎮守府将軍となったが、出羽清原氏の内紛に介入して、後三年の役が起こり、ようやくそれも平定した。

このように源家三代は、河内を本拠として関東・東北の平定に活躍、中央の武家としての地位を確立した。

通法寺　源頼義墓

通法寺《つうほうじ》源家武将《げんけぶしょう》の廟墓《びょうぼ》

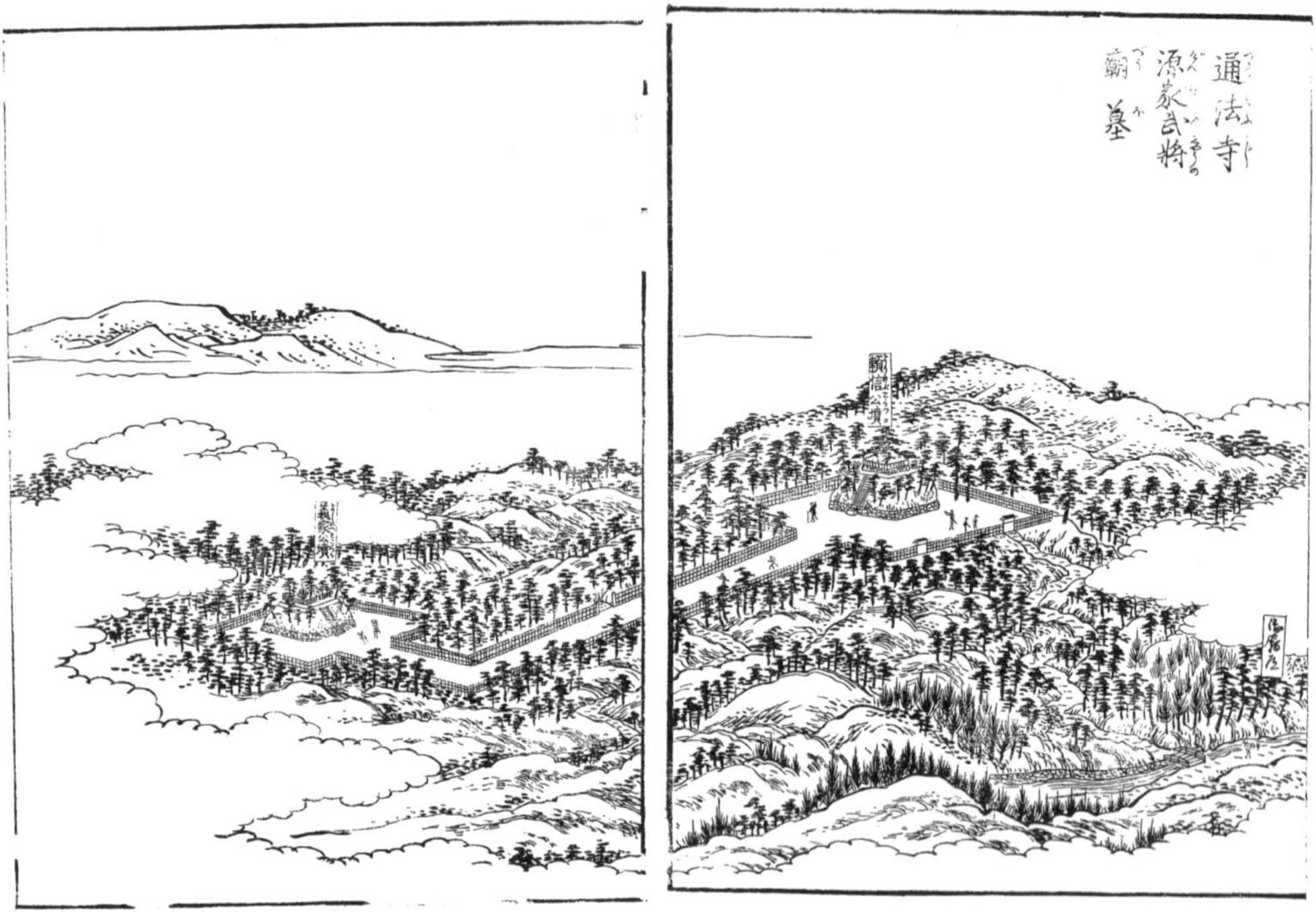

御廟道

頼信公墳《よりのぶこうつか》

義家公墳《よしいえこうつか》

通法寺源家武将の廟墓（巻之三）

44 杜本神社（金剛輪寺跡）

●杜本神社（金剛輪寺跡）…近鉄南大阪線・駒ケ谷駅より徒歩5分。

羽曳野市駒ケ谷にある杜本《もりもと》神社は、延喜式内社で、祭神は経津《ふつ》主《ぬしの》命《みこと》と経津主姫命《ふつぬしひめのみこと》である。『角川日本地名大辞典27大阪府』（角川書店）によると、当宗神社と同様当宗忌寸《いみき》の祖神を祀ったのが起源ではないかと推定されている。

この杜本神社の神宮寺が金剛輪寺である。『河内名所図会』には、盛時の金剛輪寺が描かれている。推古天皇祈願、聖徳太子開基と伝えられる。南朝との関係が深く、後醍醐天皇が祈禱の綸旨を下した。正平四年（一三四九）十一月十二日付「後村上天皇綸旨」によれば、それまで安養寺と号していたが、金剛輪寺の勅号を受けている。織田信長の高屋城攻めの際には、兵火を受け焼失したという。江戸期の宝暦八年（一七五八）住職の覚峰により中興され、『河内名所図会』のように盛えたが、明治初年の「神仏分離令」により廃絶、現在一宇の堂舎を残すにすぎない。

駒ケ谷の集落のほぼ中央に現在の社殿が存在する。現地を訪れるとこの社殿を含む丘陵全体に金剛輪寺が拡がっていたことがうかがわれ、江戸時代『河内名所図会』のような景観があったことがわかる。

金剛輪寺跡

駒谷《こまがたに》
金剛輪寺《こんごうりんじ》

タキマチコシ
日蓮上人塔
楠ツカ
釈迦堂
馬屋
猿田彦
本社
天照大神

覚峯師を
訪うて
かしの実の
ひとりかくるる
山住の
友とやここに
なくほととぎす
籬島

本堂

永手墓

45 高屋城跡

●高屋城跡…近鉄南大阪線・古市駅より徒歩10分。

高屋《たかや》城は羽曳野市古市にある中世城郭で、築山古墳（安閑天皇陵）を利用した平城であった。高屋城の築城は明応初年頃と考えられる。

明応二年（一四九三）、足利義材・畠山政長に攻められた畠山基家は、誉田城の南方に当城を築き、本拠を移した（『大乗院寺社雑事記』）。

しかし天正三年（一五七五）、織田信長に攻められて高屋城は落城、以後廃城となった。

高屋城は築山古墳を本丸に周辺を城郭化したもので、中世平城である。周溝と土塁をめぐらし、守護屋形としての政庁もあったものと推定されている。

発掘調査の結果、多数の居館が発見された。それぞれの建物に便所跡もあり、武家屋敷と推定されている。高屋城は平時・戦時に対拠できる構造で

安閑天皇陵（高屋城跡）

あったと思われる。

『河内名所図会』は次のように記しているが、畠山義深築城説には疑問が残る。

◉『河内名所図会』高屋古城《たかやのこじょう》

安閑帝陵の北につづく。東西四拾八間、南北弐拾壱間。城址に石像の不動尊を安置す。伝えて云う、応永年中、畠山義深、初めて当国を領し、ここに城を築く。明徳年中、其の子基国、南朝の余を招降し、国士《くにさむらい》和田・隅屋《すみや》・甲斐等、多く麾下《きか》に属す。是《ここ》に於いて、家臣、遊佐、安見、木沢等をして、守護代とす事は、「明徳記」、「応仁記」に詳《つまびらか》なり。天正中、畠山尾張守高政、ここに居城し、松永久秀に力を勠《あわ》す。織田侯、信貴山久秀を亡《ほろぼ》すの時、高政も亦《また》、倶《とも》にここに滅ぶ事は、「信長記」に見えたり。

『河内名所図会』の文章は、以上の如くである。応永年中（一三九四～一四二八）畠山義深によって築城とあるが、史料による確認はできない。確実な史料は、明応二年（一四九三）の『大乗院寺社雑事記』で、畠山基家による籠城が確認できる。

『大乗院寺社雑事記』明応二年三月一日条に、

去る月(二月)十五日卯剋、大将軍(足利義材)御出陣、八幡之善法寺に至り給う、諸大名各随い奉る、葉室中納言(光忠)ならびに松殿中将、高倉兵衛佐以下公家之輩也、同廿四日(二月)暁天、河内国橘・嶋正覚寺に至り御出陣、諸大名共随い奉る、畠山左衛門督政長陣所也、敵方畠山次郎基家之高屋城、誉田と其の間三里也、

とあって、畠山基家が高屋城に籠城している。

従って室町初期に何らかの城郭があって、この段階で畠山基家が修築した可能性が高いであろう。これ以降、戦国期を通じて、高屋城は河内国支配の重要城郭として利用されている。

46 富田林寺内町

●富田林寺内町…近鉄長野線・富田林駅より徒歩10分。

『河内名所図会』は、「富田林興正寺御堂、此地葡萄の名産」として富田林寺内町を紹介する。

永禄年間の初め頃、本願寺一家衆の京都興正寺第十六世の証秀《しょうしゅう》上人が、南河内一帯を支配していた守護代の安見直政《やすみなおまさ》（一説には三好長慶）から富田の「荒芝地《あれしばち》」を銭百貫文で買収、ここに興正寺別院を建立、上人の指導のもと、近隣四カ村の有力百姓が中心となって開発が行なわれた。

町割は東西南北に整然と六筋七町（のちに六筋八町）が造成された。

元禄期には、豊富な河内米と石川谷の良水に恵まれ酒造業が発展した。

「一に杉山、二に佐渡屋、三に黒さぶ金が鳴る」

「富田林の酒屋の井戸は、底に黄金の水がわく」

と謡われた「杉山」「佐渡屋」はともに酒造業で栄え、「黒さぶ」は木綿問屋黒山屋のことであった。俗謡は寺内町の繁栄ぶりを伝えている。

幕末の嘉永六年（一八五三）、長州の吉田松陰《よしだしょういん》が江戸遊学の途中、佐渡屋（仲村家）に二十数日滞在、河内木綿の織機の様子や仲村家が所蔵する美術品を鑑賞したことを日記に詳しく書いている。同時に各地の知名の士を訪ね、諸国の情報を得ていた。幕末の動乱期、都市富田林には様々な情報が入っており、松陰もその情報を活用して未来への構想をねったのであろう。

富田林　杉山家

◉杉山家

杉山家は寺内町創立以来の旧家で、代々「杉山長左衛門」を名乗り、江戸時代を通じて富田林八人衆の一人として町の経営に携わった。貞享二年（一六八五）に酒造株を取得した後は、造り酒屋として成功し、当初三十石であった酒造石高は、元禄十年（一六九七）に四百石、天明五年（一七八五）に千百三石と著しい発展を遂げた。

江戸時代の屋敷図によると、杉山家の屋敷地は町割の一画を占める広大なもので、その中に主屋を始め酒蔵・釜屋・土蔵など十数棟が軒を接して建てられており、その繁栄をしのぶことができる。昭和五十八年（一九八三）十二月二十六日国の重要文化財に指定された。

◉石上露子

本名杉山孝《たか》、明治十五年（一八八二）杉山家の長女として生まれた。幼児期から古典や漢籍・琴などに親しみ、短歌では二十二歳の時、『明星』でデビューした。古典の教養をもとに、華麗さの中に深い憂いを漂わせた作風で有名である。明治三十六年（一九〇三）に『新詩社』の社友になり、与謝野晶子・山川登美子・茅野雅子・玉野花子とともに「新詩社の五才女」と称された。

石上露子《いそのかみつゆこ》の詩の中で有名なものが、『明星』に掲載された「小板橋」である。これは、初恋の人長田正平への思いを語ったものと考えられている。旧家杉山家の継承を運命づけられた露子は、片山荘平を養子に迎えて結婚、長男善郎・次男好彦をもうけている。しかし、長男善郎は結核で死去、終戦を待たず昭和二十年夫が死去、次男好彦も無事復員したものの自死、孤独な老後を送った。富田林の旧家杉山家に生まれ、豊かな才能を持った露子であったが、自我をのびのびと解放しようとしていた当時の時代精神へ自己を伸ばすことができず、旧家の後継者としての現実と葛藤しながら作品を残し、七八歳の生涯を閉じた。（松村緑編『石上露子集』中央公論社、一九五九年。『富田林市史』第三巻、二〇〇四年）

富田林《とんだばやし》
興正寺《ごうしょうじ》御堂
此地葡萄《ぶどう》の
名産《めいさん》

富田林寺内町（巻之二）

石川

白露《しらつゆ》に
味《あじ》の付たる
葡萄《ぶどう》
かな

文素

47 弘川寺

●弘川寺…近鉄長野線・富田林駅よりバス、「河内」下車徒歩5分。

南河内郡河南町にある真言宗醍醐派の弘川《ひろかわ》寺は、西行法師ゆかりの寺である。

弘川寺は天智天皇四年（六六五）、役小角《えんのおづぬ》によって開創され、天武天皇時代には祈雨の修法により勅願所とされたと伝える。空海が諸堂を再建して、鎌倉期には、後鳥羽上皇の病気平癒《へいゆ》の祈願により、勅額を得たとされる。

鎌倉時代の歌人で、『新古今和歌集』などに多数の和歌を残す西行法師は、ここ弘川寺で入寂したと伝えられ、寺内には西行を祀った西行堂が現存する。

西行は文治五年（一一八九）秋、弘川寺に入寺し、翌建久元年（一一九〇）二月十六日に没したと伝えられる。

願はくは花の下にて春死なむ
　そのきさらぎの望月のころ

その願い通り、旧暦二月中旬、花の下にて当寺で死去した。

四月のある日弘川寺を訪ねて見た。ちょうど境内の桜は今を盛りと咲いていた。本堂前のしだれ桜は趣きがあり、境内の旧木は天を覆うように咲きほこっていた。

弘川寺西行堂

西行が願った「花の下にて春死なむ」を感じることができた。
裏山への途上に、似雲法師が建てたという「西行堂」がある。
歌僧似雲法師は、『五畿内志』の編纂者並河誠所から西行上人終焉の地は藤原俊成の歌集『長秋詠草』の所載により、河内国弘川寺であることを教えられ、享保十七年（一七三二）二月十六日ここ弘川寺で西行の古墳を発見したと伝えられる。似雲法師は、この寺に「西行堂」を建立し、境内に「花の庵」を建てて住み、八十一歳の生涯を西行の顕彰に尽したと伝えている（「案内誌」弘川寺発行）。

◉西行法師

西行は俗名を藤原義清《よしきよ》という（憲清・則清・範清ともいう）。藤原秀郷《ひでさと》の後裔で、代々左衛門尉に任ぜられ、佐（左）藤と呼ばれた。

義清は、佐藤康清を父とし、今様・蹴鞠《けまり》にすぐれた源清経《きよつね》の女を母として、元永元年（一一一八）に生まれ、鳥羽院の下北面に任ぜられ、和歌・流鏑馬《やぶさめ》・蹴鞠などに才能をあらわした。保延六年（一一四〇）遁世している。その契機は無常観によるとも上﨟局に対する失恋によるとも伝えられる。

遁世後、嵯峨・東山などに庵を結び、鞍馬寺などで修行にはげみ、その後能因法師の跡を慕い陸奥国に旅した。帰洛後、高野山・吉野山などを訪ね、讃岐国にも赴いている。

弘川寺西行墳

弘川寺《ひろかわでら》

弘川寺（巻之二）

表門

大師堂

似雲房

鎮守社

大黒石

西行塚にて

萍《うきくさ》の
花にも
見えて
水の泡
籬島

似雲塚
西行塚
本堂
虚空房

48 高貴寺

●高貴寺…近鉄長野線・富田林駅よりバス、「平石」下車徒歩約10分。

南河内郡河南町平石にある高貴寺《こうき》は、葛城修験道《しゅげんどう》の山岳寺院の一つである。

文武天皇の命で役《えんの》小角《おづぬ》が開創したと伝え、葛城二十八宿の内の二十五番香花寺といわれる。空海が当寺山中で修行中、高貴徳王菩薩が現れたことから現寺号に改めたという。南北朝動乱に、後醍醐天皇追討をはかる北条高時軍の放った兵火にかかり諸堂宇を焼失、以後長く金堂などを残すのみであったが、江戸時代の安永五年（一七七六）正法律の開祖慈雲《じうん》尊者が復興した。文化元年（一八〇四）当寺より出された「宗門御改証文」では、止住の僧侶は慈雲尊者以下十八名と記されている。明治六年（一八七三）、高野山金剛峯寺の末寺とされる。

現在寺内には、「永仁五年丁酉五月三日比丘道□」在銘の十三重石塔と応仁二年（一四六八）在銘の石造灯籠が残っている。

高貴寺を金剛山から行者道沿いに訪ねてみた。山中の行者道は、さらに葛城山・二上山へと連なっている。昼なお暗き山道に、葛城修験道の山伏たちの活動を偲ぶことができる。

高貴寺山門

高貴寺学寮

49 千早城・赤坂城

◎千早城

●千早城跡…近鉄長野線・富田林駅よりバス、「金剛山登山口」下車徒歩15分。

『河内名所図会』には、「千早城址」が挿絵入りで紹介される。

千早《ちはや》城は、千早川の渓谷を利用し、北に北谷、東南に妙見谷、東に風呂谷があって、四方ほとんどが深い谷に囲まれ、ただ、わずかに城の背後のみが一条の山路によって金剛山頂に連絡するという要害の地である。この城は、元弘二年（正慶元〈一三三二〉）四月、赤阪城に火を放ち落ちかくれた楠木正成が再起のため築城したものである。

翌元弘三年（一三三三）二月、楠木正成はこの千早城に拠り、北条氏の大軍を受けて、奇策を用い大いに敵を悩ませた名高い攻防の舞台である（『日本城郭大系12』新人物往来社、一九八一年）。

◎赤坂城

●上赤坂城跡…近鉄長野線・富田林駅よりバス、「千早赤阪村役場前」下車徒歩50分。
下赤坂城跡…近鉄長野線・富田林駅よりバス、「千早赤阪中学校前」下車徒歩5分。

『河内名所図会』は、「赤坂城址」も紹介している。

赤坂《あかさか》城には、上・下の二城があったが、楠木正成が元弘元年（一三三一）、最初に挙兵したのは下赤坂城であった。この城は、堀も浅くあまり堅固でなかったため、幕府軍の攻撃を受けてまもなく落城した。

元弘二年（一三三二）末、再挙した楠木正成は、まず下赤坂城を奪回したが、ここに拠点をすえず、上赤坂城と千早城を築いて戦った。上赤坂城は、金剛山西側尾根の突端部に築かれた堅固な山城であり、千早城も金剛山の上方の三方が谷に囲まれた尾根の先端に位置する要害である。

正成は、千早城を詰城、上赤坂城を本城、下赤坂城を前城とし、その上、嶽山城（竜泉寺城）、金胎寺城をはじめ南河内の各所に出城や要害をいくつも設けて戦った。『太平記』や『楠合戦注文』などによると、堀を深く掘り、櫓を構え、さらに鹿垣・逆茂木などをもって千早城の防衛体制を堅固にし、敵が攻めてくると、山上から巨材や大石を投下したり、石礫を飛ばしたり、油を注ぎかけて投松明で焼いたり、藁人形に武具を着せて敵の目をあざむいて威嚇したり、予想外の戦法で激しく抗戦したと伝えられる（『図説大阪府の歴史』河出書房新社、一九九〇年）。

上赤坂城は、千早赤阪村の桐山集落の外れから城坂と呼ばれる険しい坂路を数百メートル登った山頂付近に造られていた。今日では山林や蜜柑畑などによって城跡は崩壊しているが、本丸・二の丸・出丸の跡などの面影を残している。

元弘三年（一三三三）一月、鎌倉の大軍は、三手に分かれて楠木氏の本城と目された上赤坂城を攻撃した。この時、城兵は平野将監以下わずかに三百余人であったが、攻撃方は阿蘇治時以下約八万人であったという。寄手は本間又一郎一族が先陣となり、第一・第二・第三の木戸を打ち破り、四の丸の木戸口に接近した時、一挙に城兵が鏃をそろえて射下したために死傷者が続出し、ついに引き退くにいたったと伝えられる。

下赤坂城は、千早赤阪村森屋の千早赤阪中学校裏手にあった。現在では当時の面影をうかがうのは困難であるが、本丸・二の丸・三の丸と、本丸の北方にやや低く出丸が構えられていた。

元弘元年（元徳三〈一三三一〉）、後醍醐天皇は楠木の館に赴こうとしたが、途中で捕えられた。そこで楠木正成は護良親王を奉じて当城に拠ったのである。

笠置の城を陥れた鎌倉勢は、勢いに乗じて下赤坂城に攻め寄せてきた。下赤坂城はにわかづくりの上に大軍を前に、十月二十一日夜、正成は折からの暴風雨に乗じ城に火を放って、護良親王らと共に金剛山中に落ち隠れた。

翌元弘二年（正慶元）四月、楠木正成は再起し、鎌倉方の湯浅定仏を奇襲、ふたたび下赤坂城を奪回した。約一年後、ふたたび当城は鎌倉勢のため落城したが、建武の中興となり、鎌倉幕府は滅亡した（『日本城郭大系』新人物往来社、一九八一年）。

◉楠木正成

楠公さんでなじみの楠木正成は、年輩の方々には、よく知られた人物である。

しかし、実像は、よくわからない。その活躍は、『太平記』に多く現れる。

『太平記』は楠木正成を河内国金剛山の西に住み弓箭をとって名をなした者と記している。正成の本拠地が金剛山の麓、河内国千早赤阪村付近にあったと推定できる。

正成の正体は謎のままである。「楠河内入道」が播磨国大部庄に乱入したり、「楠木兵衛尉」が和泉国若松庄に出没したり、「悪党」と呼ばれるその一党の動静が史料に現れる。「悪党」とは、鎌倉幕府や荘園領主が呼称した新興の武士であり、鎌倉末期から南北朝期に現れる。陸上や海上の交通・交易で勢力を持ったり、商工業を営んで富をなすこともあった。武力を持って、旧支配体制である幕府や荘園領主の支配に抵抗したため、彼等から「悪党」と呼ばれたのである。

楠木正成は「赤坂」の地名にもあるような水銀の原料となる辰砂の採掘や売買に関係して富をなしたのではないかと考えられる楠木一族の出身である。

その教養は、若い頃河内長野の金剛寺や観心寺で磨いたものと思われ、宋から伝来した朱子学等も学んでいたものと推定できる。

後醍醐天皇の討幕運動に一早く応じたのも「君臣道徳」を重んじる朱子学の影響がみてとれる。

やがて、「建武の中興」でとり立てられ、都の武士団の一角を占めるが、「建武の中興」が復古的色彩をおびると、彼等新興武士団の地位はおびやかされることにもなった。

足利尊氏らが「建武の中興」に反旗をひるがえし、のちの室町幕府を創出するが、楠木正成・正行父子は最期まで後醍醐天皇への忠誠をひるがえすことはなかった。そのことが『太平記』の忠臣として、後世まで名を残すことになったのである。

金剛山《こんごうせん》千《ち》早城《はやじょう》
水分村《すいぶんむら》
楠　正成《くすのきまさしげ》
出　誕古跡《しゅったんのこせき》

其二

千早城（巻之二）

千早村

竜王社

嶋滝

水赤坂

風呂谷

此所に五所の秘水あり

本丸跡

古松大木繁し

楠家臣戦死塚

八まん社

千人隠れ

楠誕生屋敷跡

金剛山

楠石塔

伽藍坊中

千早城跡より絶頂伽藍まで廿八丁

つつじが滝

千早城《ちはやのじょう》闘戦《とうせん》

50 寄手塚・身方塚

●寄手塚・身方塚…近鉄長野線・富田林駅よりバス、「森屋西口」下車徒歩10分。

千早赤阪村森屋地区の惣墓の中に、楠木正成が建立したといわれる寄手塚《よせてづか》（敵塚《てきづか》）・身方塚《みかたづか》がある。

元弘の変の千早城・赤坂城の合戦では、楠木方の味（身）方のみならず、敵方（寄手）にも多くの犠牲者が出た。正成は敵・味方の戦死者を憐んで、ここに寄手塚・身方塚を造ったという。

森屋村の惣墓の地として、現在まで守り続けられ、花がたえない。

◉『太平記』の記述

『太平記』は赤坂城・千早城の合戦のことを次のように書いている。

攻め上った鎌倉勢寄手二十万騎は、赤坂城を取り回いて攻撃した。しかし城中静まり返り矢の一矢もしかけてこないので、四方の塀に手をかけ上り越えようとした。楠木勢は塀を二重にこしらえ、四方の塀の釣縄を一度に切って落したため、寄手千余人がなだれ落ち、さらに大木・大石を投げかけたた

寄手塚

身方塚

め、七百余人が討死したという。

さらに寄手は、千早城を攻撃した。

鎌倉方の軍勢は千早城は回り一里にもみたぬ小城なりとあなどって、我先にと城の木戸口の辺まで楯をかざし連れだって攻め上った。

これに対し静まりかえっていた正成の軍隊は、城中高櫓の上より大石を次々と落したので、鎌倉方は四方の坂をころび落ち、落ち重なって死傷者を出し、一日が内に五・六千人もの犠牲者を出すに至ったという。

また千早城を攻めた鎌倉方五・六千人が橋を渡り我先にと前に進んだ所、楠木方はかねて用意していた投松明《なげたいまつ》の先に火を付けて、橋の上に薪を積むが如く投げ集めたため、橋が焼け上り、数千人の兵が猛火の中に落ち重なって一人残らず焼死してしまったとも書いている。

森屋村《もりやむら》
敵塚《てきづか》
味方塚《みかたづか》

敵塚

味方塚

寄手塚・身方塚（巻之二）

51 二上山

●二上山…近鉄南大阪線・二上神社口駅より徒歩約60分。

河内国と大和国の国境に二上山（尼山嶽）がそびえる。双方の地から、二つの頂上が連なる二上山の姿を見ることができ、『万葉集』の時代から、二上山《ふたかみやま》として歌に詠まれた。

山上には、万葉時代の悲劇の皇子大津皇子《おおつのみこ》の御陵があり、姉大伯皇女《おおくのひめみこ》の悲しい哀歌が知られる。

うつそみの人なる我《あれ》や明日よりは
　二上山を弟《いろせ》と我《あ》が見む　大伯皇女（『万葉集』巻二―一六五）

一方、この山は金剛鑽《こんごうしょう》（金剛砂）の産地として『河内名所図会』に紹介されている。

二上山は、古代では「ふたがみやま」といわれ、中・近世には「にじょうがたけ」、近代以降「にじょうざん」といわれるようになった。

大和檜原《ひばら》神社は、元伊勢とも称され古来伊勢神を祀る神社であった。この檜原神社の真西、夕日の落ちる方向が二上山であった。特に彼岸には、朝日は三輪山の頂上から上り、二上山の雄岳と雌《め》岳の間に沈むのである。古来、両山とも神聖な山としてあがめられた。

現在も山の辺道の途上檜原神社の鳥居から眺める夕日の二上山が美しい風景として、多くの人々から愛されている。

◉大津皇子の悲劇

天武天皇の皇子草壁皇子《くさかべのみこ》と大津皇子《おおつのみこ》が、政治の上でも石川郎女《いしかわのいらつめ》をめぐる恋愛でも対立していた時、天武天皇は病いに臥し、朱鳥元年（六八六）九月九日逝去した。

十月二日、河島皇子が大津皇子の謀反を密告した。同日、八口朝音橿ら三十余人と共に捕えられ、翌三日、早くも大津皇子は訳語田《おさだ》（桜井市）の舎で殺害された。時に二十四歳、妃山辺皇女は髪をふり乱し、素足のまま駆けつけて殉死したという。

姉大伯皇女《おおくのひめみこ》は、二上山の山陵を見て、

うつそみの人なる我《あれ》や明日よりは
二上山を弟《いろせ》と我《あ》が見む

と詠んでいる。

◉二上山の金剛鑽

『河内名所図会』は、二上山を二上嶽《にじょうがたけ》として「二峯ありて、男嶽《おだけ》、女嶽《めだけ》と呼ぶ」とする。また「名産金剛鑽《こんごうしょう》」を紹介して、その採掘の挿絵を載せている。

二上山の渓流でとれる金剛鑽（金剛砂）は、玉石類の加工に用いられた。人々は二上山の渓流から金剛鑽を撰び取って京坂方面へ販売した。玉匠はこれを用いて、水晶《すいしょう》・瑪瑙《めのう》・琥珀《こはく》の類の玉石を切ったり磨いたりしたという。

金剛鑽は含石榴石《がいざくろいし》黒雲母安山岩が長年月の間に風化し、支谷を通じて下流におし流され、沈石したものである。人々は金剛鑽で翡翠や硅岩のような堅い石を磨いて玉に加工したと思われる。

二子山《ふたごやま》

二丈《ニジョウガタケ》月外
白雲天晩倚東
楼望《シテ》久星河影
欠流借問《ス》蛾眉
山上《ノ》月何《イカント》如二丈
学輪《ノ》秋
生駒散人

二上山（巻之二）

竹内峠　山田　国見峠　鶯関　女嶽　岩屋　二上嶽　当麻道　鹿谷塔

鶯の関にて

汝か父の
守関ぞ
名乗れ
ほととぎす

二柳

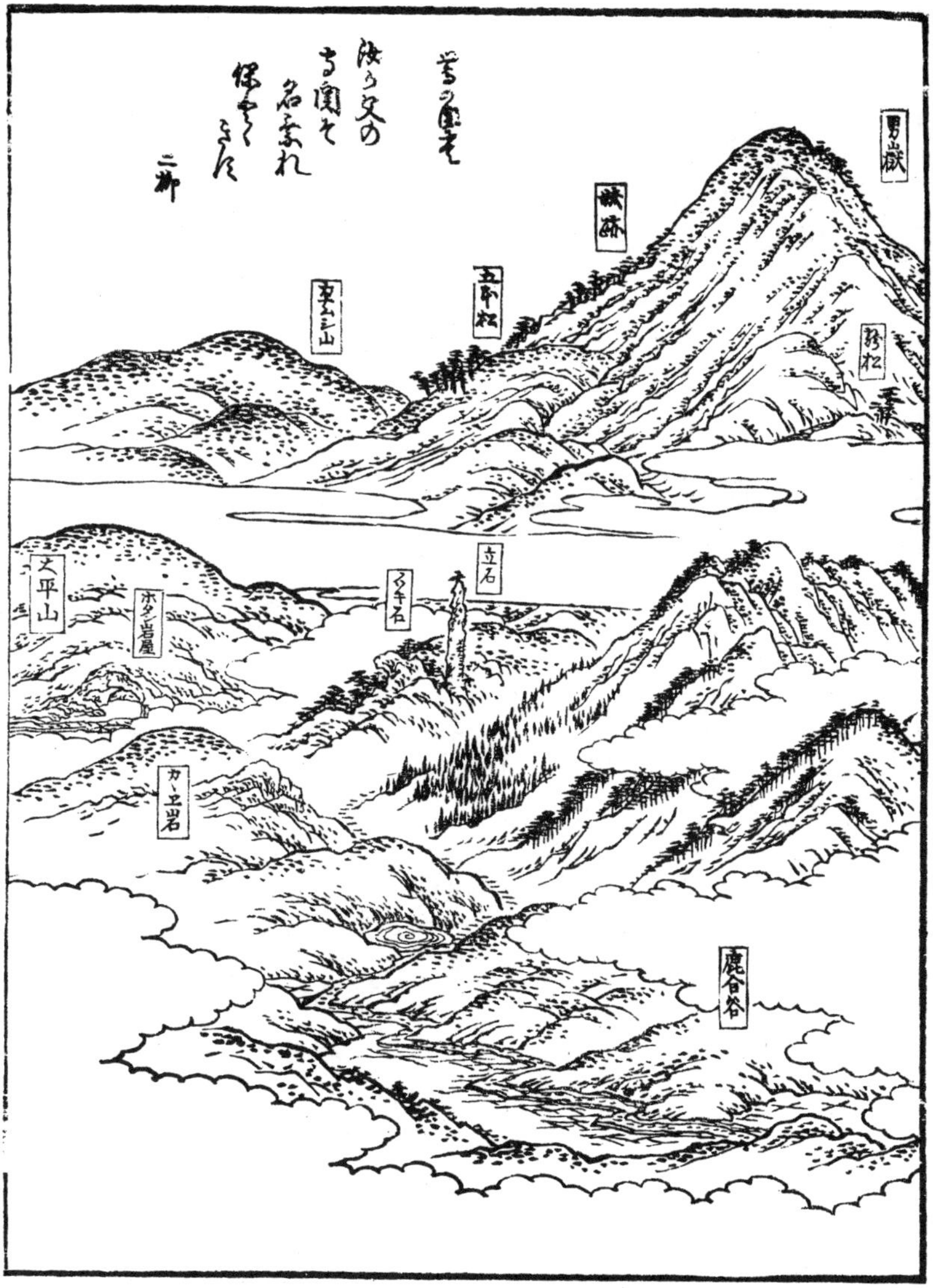

男嶽　滝松　鹿合谷　城跡　五本松　立石　ノゾキ石　カナムシ山　カカエ岩　ホタン岩屋　大平山

鹿合谷《かごうたに》
金剛鑽《こんごうしょう》
此渓川《たにがわ》にて
箕《み》にて汰《ゆり》とる

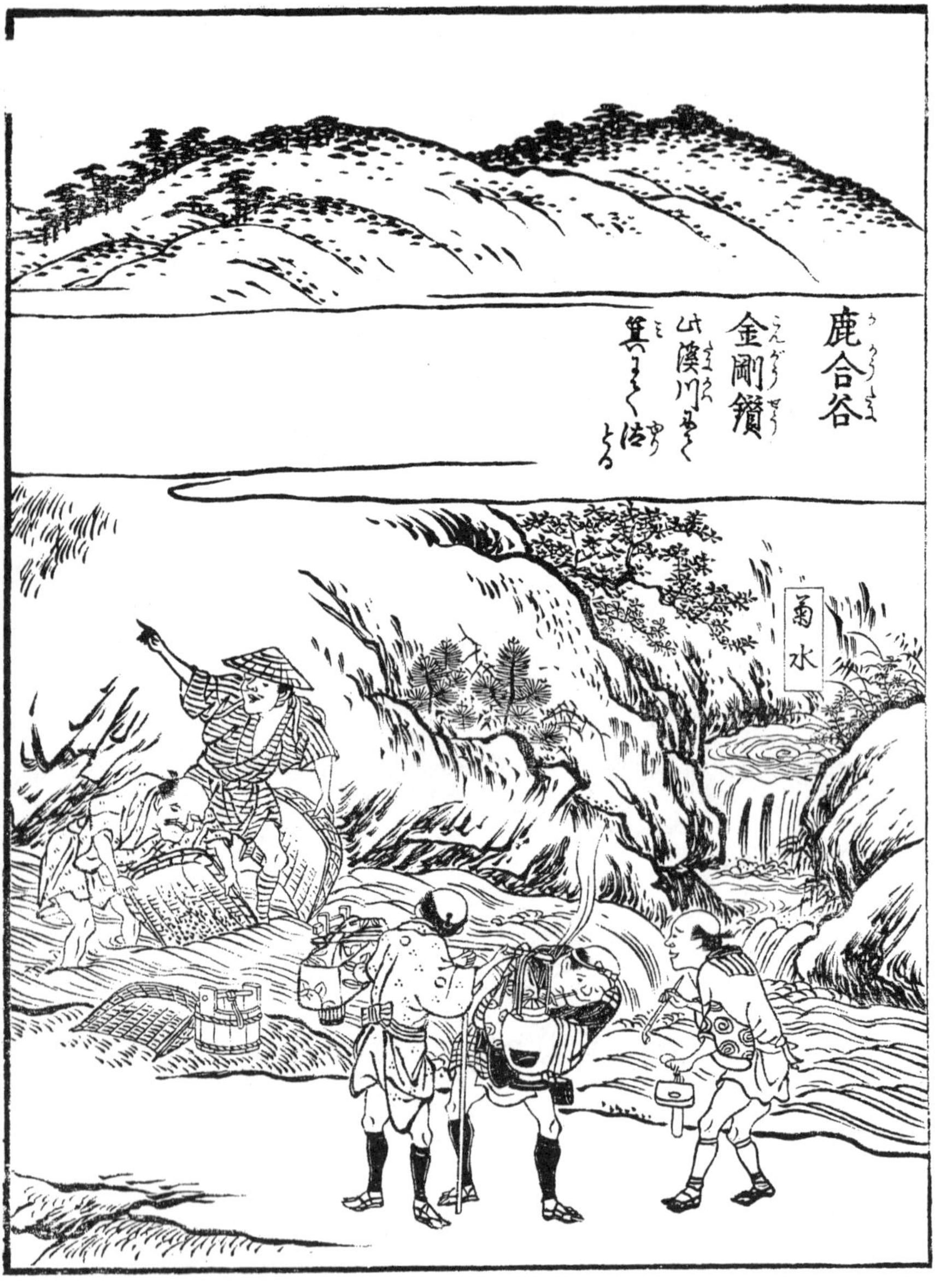

二上山の金剛鑽（巻之二）

菊水

かかえ岩

52

葛城山

●葛城山…近鉄御所線・御所駅よりバス、ロープーウェイ葛城山上駅より徒歩30分。

葛城山《かつらぎ》は大和・河内双方から眺望できる大山である。

古くから葛城修験道の中心地として信仰の山である。飛鳥時代の終り頃の文武三年（六九九）、伊豆に流罪となった修験道の開祖役小角《えんのおづぬ》は、この葛城山で修行した。

以来葛城山は、金峯山・二上山とともに葛城連峰の一つとして修験の場となり、葛城修験二十八宿などの霊地が生まれた。

その葛城山中に「岩橋」と呼ばれる巨岩がある。

昔、役行者は葛城山より金峯山へ石の橋をかけようとして、労役を山々の神に命じた。一言主《ひとことぬし》の神は昼間はみにくい顔を隠すためにかくれ、夜間に橋をかけようとしたが渡し得ず、役行者に呪縛されて、深谷に閉じこめられたという伝説が残っている。

◉一言主神社

葛城山の麓に、一言主神社《ひとことぬしじんじゃ》がある。この神社は、一言だけの願いをかなえてくれるという信仰がある。

『古事記』の中には、一言主の神についての伝説が書かれている。

雄略天皇が葛城山で狩猟をした時、この神は天皇と同姿で出現し、狩猟を競ったという。

◉役小角

『続日本紀』によれば、役小角は、文武三年（六九九）五月、韓国広足《からくにのひろたり》が小角の妖惑を訴える所により、伊豆島に流罪となったと書かれる。韓国広足はその弟子であったが、小角の「鬼神を使役し、命に従わない時は呪縛する」能力を妖惑として訴えたという。役小角は葛城山に住み、呪術に長けていたということがわかる。

こののち、役小角に関する様々な伝説が生ずるが、その最たるものが『日本霊異記《にほんりょういき》』の「孔雀王の呪法をおこない持ちてあやしき験力を得て仙となり天に飛ぶ縁」である。それによれば、高賀茂朝臣の賀茂役公《かもえんのきみ》であった役優婆塞《えんのうばそく》は、孔雀の呪法という験術を行ない、葛城山より金峯山へ橋をかけようとしたが、一言主の神の「天皇を傾けむことを謀る」という讒言によって伊豆島に流された。しかし小角は仙術によって富士山にまで飛ぶ能力を得たという。のち道照法師が唐に渡った時、そこに「役優婆塞なり」と答える者がいたという。流罪となった役小角に対する同情が、様々な伝説を生んだのであろうか。役小角は役行者《えんのぎょうじゃ》、賀茂役公《かもえんのきみ》、役優婆塞《えんのうばそく》ともいわれる。

◉『今昔物語集』に見える一言主の神

『今昔物語集』に「役の優婆塞《うばそく》、誦《しゅ》を呪持《じゅぢ》して鬼神《きじん》を駈《つか》える語《こと》」という話が載っている。

役優婆塞《えんのうばそく》という人は大和国葛上郡茅原《ちはら》の人で俗姓は賀茂、役の氏であった。葛城山に修行して藤皮の衣を着て、松葉を食物として四十余年、孔雀明王《くじゃくみょうおう》の呪を誦すに至った。五色の雲に乗って、仙人の洞に通い、夜は鬼神を召駈《めしつか》って薪をひろい水を汲ませたという。

役優婆塞が鬼神を使って葛城山より金峯山へ橋をかけようとし、一言主の神はその見苦しき姿を隠して夜に橋を造ろうとした所、役優婆塞は一言主の神を呪縛して谷の底にとどめた。

一言主の神は都人に「役の優婆塞は謀略を以って国家を傾けようとしている」と訴え出たため天皇をこれを捕えようとした。優婆塞は空中に飛び去って逃げた所、その母を捕えたため、さすがに優婆塞は出頭して捕えられ、伊豆国に流罪となった。しかし優婆塞は夜は富士の峯に飛んだりしていた。ついに三年後その罪は許されたという。

葛城《かつらぎ》岩橋《いわはし》図《のず》

夏の夜の
事か
岩橋
かけ残し
塘雨

胎内くぐり

『私心記』にみる枚方寺内町

先学に導かれて

枚方寺内町は、本願寺末順興寺を中心とした戦国期の小都市である。

順興寺の創建年代は詳かではないが、『細川両家記』享禄二年（一五二九）条に、山崎の合戦で敗れた柳本賢治が退却した先を「河内枚方の道場」とすることから、この頃順興寺に先行する道場があったと推定されている。(1)

「順興寺」の名称が明らかになるのは、『天文御日記』天文十二年（一五四三）九月二十九日条の「年越え夕飯於内儀有之、順興寺衆も被出候、」が最初である。

この順興寺に、永禄二年（一五五九）十二月九日、実従《じつじゅう》が住持として大坂より移住し、その日記『私心記《ししんき》』に、枚方寺内町の様子が記録されている。

鍛代敏雄氏は、「枚方寺内町の構成と機能(2)」を著して、『私心記』の検討を行なった。

鍛代敏雄氏は、枚方寺内町の概観・その住民構成・順興寺と寺内町の関係を分析した上、枚方寺内町の経済的機能として、周辺農村部との関係や宿場としての役割等を明らかにされた。枚方寺内町は、本願寺寺内町の縮小版であり、地理的条件からも本願寺教団の影響を強く受けた寺内町の典型であったとする。

鍛代敏雄氏の研究によって、枚方寺内町の存在が明らかとなり、その後の研究の基盤となった。

ついで草野顕之氏の「順興寺と枚方寺内町―一門一家寺院論への展望―(3)」がある。

草野顕之氏は、まず「順興寺の内部組織」を分析され、本願寺との類似性や枚方寺内としての特徴を考察した。「順興寺と門徒・与力」の分析では、寺内有力農民に檀家総代的な地位として「長衆《おさ》」が存在したことや、寺内に周辺地域出身の有力商人や水運業者、大工・鋳物師等の職人がいたことも明らかにされている。

草野顕之氏はまた、「順興寺と枚方寺内町」について、飯盛城主の安見直政・同族で交野に居た安見右近との関係および、芥川城主三好長慶・その臣松永久秀との関係を分析して、順興寺住持実従と寺内町運営組織の関係を明らかにしている。寺院の組織的構造的な諸問題、立地の場所や境内・屋敷地・寺内などの地理的諸問題を分析することによって、地域自体あるいは地域真宗教団における機能を解明する実例とした研究であった。

本章では、先学の研究に導かれて、順興寺住持実従と寺内町民の関係、『私心記』に見られる枚方寺内町の生活文化、平成十四年（二〇〇二）に発見された寺内町町屋（油屋ヵ）について考察して行きたい（なお『私心記』引用史料は、〇印で表示して年月日を示している）。

一、順興寺住持実従と枚方寺内町民

大坂本願寺においては、『天文御日記』によると、法主証如の地位が絶対的であり、法主を頂点に寺内町支配の組織が形成されていた。

枚方寺内町においても、草野顕之氏の研究によって、順興寺の内部組織と門徒・与力についての分析が行なわれている[4]。本章では、『私心記』によって、順興寺住持実従と寺内町民の関係について見て行きたい。

〇永禄二年十二月九日条

平潟(枚方)へ九時ニ行く、河バタマデ、清・堅・中・大二・浄照坊・行心・三郎・与二郎送られ候《そうろう》、（中略）平潟ヨリ三ソウ迎ニ来候、大坂殿ヨリ六ソウ仰せ付けられ候、以上九ソウ也、夜四つ時ニ平潟へ付候、引ワタシ三盃出し候、御座へ落着き候也、其の後飯汁四菜十殿原共ニハ汁二菜五、飯食い候テ後四人長衆《おさしゅう》ヨビ盃ノマセ候、越前クナミ・好村宮大夫・高島四郎右衛門・村野源左衛門也、

実従が枚方寺内町に移住したのは、永禄二年（一五五九）十二月九日のことであった。

『私心記』によると、九艘の船で大坂から枚方に向い、夜枚方に上陸した。上陸地点は、寺内町付近の河岸三屋（三矢）ではないかと考えられる。

実従を迎えたのは、越前クナミ（宮内ヵ）・好村宮大夫・高島四郎右衛門・村野源左衛門の四人の「長衆」であった。

この「長衆」について、草野顕之氏は、寺内町の組織というより、順興寺門徒集団の「長衆」ではないかとし、枚方坊舎の創設や、以降の維持・運営に尽力していた外護的存在ではないかとも推察している[5]。

寺内町の長衆と実従の交流は繁雑に見られ、寺内町の中核である門徒集団と順興寺住持との結束が強固なものであったといえよう。

〇永禄四年九月二十六日条

朝、大坂殿へ下り候、船也、三屋(矢)舟只借る也、

枚方寺内町は淀川川畔の町であり、本来港湾の出入口として出来た都市であった。その港湾が『私心記』の記述により「三矢浜」付近であったことがわかる。現在も枚方市三矢町の地名が残る地点は、まさに淀川の港湾であり、そ

こから山手にかけて寺内町が形成されていた。

○永禄二年十二月二十六日条

朝斎、汁二菜三、宮大夫・四郎左衛門・孫七郎ヨブ、其の後孫四郎ツレテ東ノ古坊跡万年（寺）等見物候、

この日、朝の斎《とき》の後、実従は寺内町東側にあった古坊万年寺を訪れている。万年寺は平安初期頃からこの地にあった真言宗寺院で、明治三年（一八七〇）廃仏毀釈によって廃寺となっている。現在地は意賀美神社付近と推定されている。

万年寺は江戸時代まで存在し、『河内名所図会』は、次のように書いている。

長松山万年寺

枚方天王の社頭にあり、真言宗、本尊十一面観音春日作、座像、長八寸、薬師堂薬師仏は弘法大師作、長壱寸八歩、行者堂観音堂の傍にあり、役行者を安す、

○永禄三年正月朔日条

昼雑煮一献祝也、夕飯汁二、菜三、昼、寺内大文字屋・丸屋・越前同子源左衛門礼に来られ候、カンニテ盃出し候、カン組付牛蒡、ヒラキ、昼、寺内衆二十五人、他家交わる、カン同前、御堂に於いて対面候、予下陣ニテ会う也、其の後、総寺内衆カン同じ、其の後女房衆、講衆会う、

永禄三年（一五六〇）正月朔日、枚方御坊（順興寺）でも、住持実従の許に、寺内町衆の参賀が行なわれた。参賀者に、大文字屋（高島四郎左衛門）・丸屋・越前クナミ・同子源左衛門があげられている。その後、寺内衆二十五人や他家の人々が参賀している。

このうち、高島四郎左衛門・越前クナミは「長衆」である。

このように元日には、順興寺住持の許へ「長衆」をはじめ有力寺内町衆が参賀して、盃を賜わるのが恒例であったことがわかる。

○永禄三年正月十三日条

斎、汁一菜三、講衆より也、相伴《しょうばん》頭人両人、越前・宮大夫・順正、頭人ハ上ノ町与太左衛門・クラノ谷五郎左衛門、昨日樽、越前・宮大夫呑セ候、

永禄三年正月十三日の斎には、「長衆」の越前クナミ・好村宮大夫のほか、蔵ノ谷の五郎左衛門・上ノ町与太左衛門が参加しており、上ノ町・蔵ノ谷の町内にもそれぞれ有力町人がいたことがわかる。

この記事に注目した草野顕之氏は、毎月十三日と二十八日の「斎《とき》」には、頭人（担当者）と相伴者が記されており、「斎」は本願寺教団にとって重要な催しであると記している。(6)

「斎」には、「長衆」や有力寺内町衆が参会し、頭人は有力寺内町衆が担当したことがわかる。

○永禄三年九月十四日条
山ヘアガル、栗餅亭ニテアリ、酒有リ、ソレヨリ上ヘアガリ、松茸ヲ取リ候也、

この山はどこであろうか。現在も御坊山と呼ばれる地があり、当時の順興寺のすぐ近くの山といえば、御坊山の可能性が高い。御坊山からは、枚方寺内はもちろん、淀川周辺を見渡すことができる。実従ら順興寺僧侶らは、山上で栗餅や酒を飲食したり、松茸狩をしていたと記している。

二、枚方寺内町の生活文化

大坂本願寺寺内町において、さまざまな生活文化が見られたことは周知の事実である。

生玉神社遷宮に寺内町衆の能が上演されたり、正月十五日には寺内町衆の綱引が行なわれたりしている。

天文十五年（一五四六）六月には、生玉神社遷宮の儀が行なわれているが、寺内六町の町衆が能を舞い、見物人が数万人あったという。

生玉神社に於いて遷宮之儀に就いて、今日六町衆能二番宛合わせて十二番有る也、見物数万人と云々、能之仕手者何れも幼者也、

『天文御日記』天文二十年（一五五一）正月十五日条には、大坂本願寺の御堂庭で六町衆による綱引きが行なわれたことが記されている。

昼、御堂庭に於いて町人綱引きせしむ、一番、清水町南勝北町北負、二番、北町屋南勝西町北負、三番、南町屋南負新屋敷北勝、四番、清水町南勝北町屋北負、五番、南町屋南勝西町北負、此分也

これには、大坂本願寺寺内町の清水町、北町、北町屋、西町、南町屋、新屋敷の寺内六町衆が出て、各町対抗で綱引を競いあっていた。

枚方寺内町においても、『私心記』を通してさまざまな生活文化を見ることができる。

【茶の湯】

○永禄三年正月十一日条
今朝大文字屋四郎左衛門宿ヘヨビ候、行き候、百疋遣わし候、少将何モ出ず候、飯、汁五菜十二、茶湯座敷ニテ、茶ヲ立て候、後ニ雑煮、其の後ムシムギアリ、其の後肴一献ニテ立ち候、相伴《しょうばん》越前・宮大夫・四郎左衛門也、源三相伴候也、

永禄三年正月十一日、実従は「長衆」の大文字屋四郎左衛門に招かれている。

大文字屋には「茶の湯座敷」があり、茶を立ててもらい、雑煮や蒸麦《むしむぎ》も馳走されている。枚方寺内町にも、当時の茶の湯文化がひろまっており、町衆の生活文化となっていたことが、うかがえる。

実従とともに、越前クナミ・好村宮大夫・高島四郎左衛

門も招かれており、実従と「長衆」の交流が盛んであったことがわかる。

寺内町は、本願寺の僧と寺内町上層町衆の結合によって成り立っていたこともうかがえる。

○永禄三年五月八日条

朝、鶯合せ候、花予立て候、飯、茶湯座敷□数奇ガカリ也、茶之後、揚弓アリ、其後風呂アリ、

永禄三年五月八日、実従は朝から鶯合せをして自ら花を立てている。鶯合せは、上杉本『洛中洛外図屏風』にも見られる風俗である。

順興寺にも「茶の湯座敷」があったことがわかる。茶の湯とともに、鶯合せや立花が、当時の寺内町の生活文化であったことがわかる。

○永禄四年十一月八日条

朝粥、点心スル也、町衆相伴《しょうばん》二十六・七・八人ヨブ、

点心は、正食の前に摂る簡単な食事を意味し、茶の湯の文化の中で、季節に応じた点心が愛好された。茶の湯では、懐石とは別で、一度に盛り合わせて出すお弁当、おしのぎなどを点心と呼んでいる。ここでも町衆二十数人を呼んでいることから、茶の湯の点心と考えられる。

○永禄四年三月九日条

朝飯、大文字屋へ行く、茶立てるべき由に候、飯、汁四菜七、其の後茶湯座敷へ行く、茶有り、其の後面《おもて》亭ニテ、ムシムギアリ、又小付(漬)アリ、汁二菜三酒有リ、帰リ候、

大文字屋(高島四郎左衛門)は「長衆」の一人である。この日、実従は大文字屋で饗応を受けている。茶の湯座敷での茶会をはじめ飯・汁・菜やムシムギ、小漬、酒等を食している。

○永禄四年六月条

朔日、朝、茶の湯スル也、越後・松雲・与左衛門ヨブ、夕、源三宿へヨブ間、行き候、少将・安立・越後相伴《しょうばん》、茶の湯ガカリ也、夜帰リ候、

四日、朝、茶の湯会スル也、安立・越後・四郎左衛門也、汁一菜三ツルべ也、

五日、朝飯、与左衛門宿へヨブ間、行き候、鳥目五十疋遣し候、飯汁一菜三茶子九種、相伴《しょうばん》越後・源三・与左衛門也、茶の湯也、

このように、『私心記』には、各所に茶の湯の記事が散見する。

永禄四年三月九日条には、実従が寺内町の大文字屋に行き、その茶の湯座敷で茶の接待を受けたほか、各種料理でもてなしを受けている。

永禄四年六月初旬には、一日に実従が越後(下間頼隆)らを呼んで、夕方には源三(下間頼栄)のもとへ行って茶

会を催している。

　草野顕之氏の研究によると、『私心記』文中の源三は下間頼栄、越後は下間頼隆と推定されており、いずれも側近の下間一族である。

　与左衛門は油屋与左衛門、少将は実従の子息顕従、安立は医師、四郎左衛門は大文字屋高島四郎左衛門と推定されている。(7)

　実従の参加した茶会は、側近や有力町民（長衆）などを招いたり、呼ばれたりしたものである。茶の湯を通して、枚方寺内町首脳部の結束がはかられていたことがわかる。

　六月四日には、実従が「茶の湯」会を催して、安立・越後・四郎左衛門を呼んでいる。

　六月五日には、与左衛門に呼ばれて、越後・源三を同伴して「茶の湯」会に出席している。

　このように、本願寺僧侶集団および枚方寺内町のような寺内の有力商人の間に、日常的に「茶の湯」会が催され、有力商人は「茶の湯座敷」を造っていた。点心などの懐石料理も茶会に供応されていたこともわかる。

【網引】

○永禄三年五月二十七日条

　　大文字屋誘引き候而、船ニテ網引く也、見物候、

　この日は大文字屋に誘われて、淀川で船にて網引をしている。遊興の一つとして、網引の見物をしているのである。淀川川畔にあった枚方寺内町ならでの遊興であった。

【平家琵琶】

○永禄三年四月十二日条

　　宮大夫、朝飯ニ宿ヘヨブ、汁三菜八、相伴、越前・宮大夫・四郎左衛門、茶子九種、其の後ニ裏茶湯座敷ヘ行き茶呑む、シゲ一平家カタル、宮大夫ニ百疋遣《つかわ》し候、後ムシムギ肴を添える、其の後小付、一汁三菜アリ、八つ過ニ帰リ候、

　この日実従は、宮大夫邸に呼ばれて饗応を受けている。朝飯に汁や副菜を食べ、その後、茶の湯座敷で茶の湯の接待を受けた。相伴者には、越前・宮大夫・四郎左衛門がいた。茶の湯座敷でムシムギや小付、一汁三菜の饗応を受け、八つ過時分に帰寺しているが、注目されるのは「シゲ一平家カタル」とあり、シゲ一検校の平家琵琶を聞いていることである。琵琶法師を招いて、それを楽しむ生活文化のあったことがわかる。上杉本『洛中洛外図屏風』にも京都巷間を行く琵琶法師一行が描かれている。

【進物贈答】

○永禄三年正月十四日条

　　朝、三好筑前（長慶）へ、樽三荷三種、松永弾正（久秀）へ三種五荷、
　　松山新介ニ、三種二荷遣し候、

　実従が順興寺住持として枚方寺内に居住した永禄二年（一五五九）十二月から、亡くなる永禄七年（一五六四）

六月まで、中央政権は、飯盛城の三好長慶政権であった。本願寺にならって、実従も正月には、三好長慶・松永久秀・松山新介に年賀の進物を送っている。

大坂本願寺は、摂津・河内・和泉の守護権力と積極的に交流している。進物を盆暮に贈呈することは、これら守護権力と共生するための手法であったと思われる。

『天文御日記』によると、摂津や和泉の守護細川氏、河内の守護畠山氏、それにこれらの地域に台頭する三好氏に対して、贈答品を送っている。

枚方順興寺の実従も河内畠山氏の権力を握る安見氏や新興の三好氏と親交を結ぼうとしている。

このころ三好長慶は、摂津芥川城に居て、河内高屋城の畠山高政と対峙していた。

永禄二年五月に、長慶は高政を紀伊に追放していた守護代安見直政を攻めるため芥川城を発して河内十七カ所に出陣、八月には高屋城・飯盛城を陥落させた。

長慶は高政を高屋城に復帰させたが、高政は無断で守護代に安見直政をふたたびとり立てたため、長慶と高政はたちまち対立して、翌永禄三年、両者の対立が火を吹くことになる。

永禄三年（一五六〇）正月、順興寺実従は芥川城に居た三好長慶・松永久秀へ進物を贈り、三好方との宥和を望んでいる（『枚方市史』第二巻）。

一方、枚方寺内町側は、畠山高政・安見直政方とも親交を結んでおり、二重外交はあるいは枚方寺内町を守るための方策であったかも知れないと考えられている。(8)

○永禄三年七月条
三日、三好(長慶)、同豊前(義賢)等河内へ出候と云て、即ち両所に於いて合戦と云々、四国衆打(討)死候、
二十三日、飯守(盛)人数出候テ、岡・三屋(矢)・出口地下・中振等放火候間、日中、先スル也、

すでに草野顕之氏が指摘しているように、順興寺や寺内町は、周辺の三好氏や安見氏への働きかけをしていた。(9)

その際、寺内町側が安見氏に接近していたのに対し、実従は三好氏と親交を結んでいた。

草野顕之氏は、「河内国の支配権をめぐって対立する二つの勢力に、別々の組織が、それぞれあたかも寺内町の意志を代表する者であるかのように交渉している。これはいずれが河内の主権を握ったとしても、枚方寺内町が生き残る方途であり、まさしく戦国時代の知恵というべきかもしれない。」と指摘している。(10)

永禄三年（一五六〇）六月、三好長慶と畠山高政の対立は再び火を吹いた。

三好長慶と弟義賢はふたたび河内の畠山高政・安見直政を攻め、十月には飯盛城・高屋城を陥落させ、河内を三好の領国として収め、高屋城に義賢を置き、長慶自身は飯盛

城を新たな居城とした。同時に長慶の家臣松永久秀は大和も征服し、大和も三好領国と化した（『枚方市史』第二巻）。

『私心記』永禄三年七月条では、三日に三好長慶・三好義賢らが河内への攻撃を開始したこと、二十三日に畠山高政・安見直政方が反撃に出て、枚方寺内町周辺の岡・三屋（矢）・出口・中振等の集落を放火したことを記している。さいわい枚方寺内町は放火をまぬがれているが、これはこれまでの進物贈答が効を奏していると考えられる。

○永禄四年正月十七日条

一昨日十五日、宗卜・松雲・与左衛門等ホシ《（星）》田へ行く、右近《（安見）》ニ公事等申しこれを調え候と云々、

安見氏は河内支配の活動をはじめ、枚方寺内町へも様々な働きかけをした。これに対し、枚方寺内町は安見氏に近い宗卜を中心に、松雲・油屋与左衛門の三名が安見右近のいる星田へ出かけている。草野顕之氏によると、安見右近は、三好氏への対抗上、私部の私宅を離れ、星田に陣を張っていたと推定している。(11)

【法要】

○永禄四年閏三月二十二日条

大文字屋四郎左衛門、今朝、親之七年ヲ取り越し、斎ヲ仕るべく候由に候間、サセ候、汁三菜八菓子七、相《しょう》伴《ばん》、順誓・順正・四郎左・蔵源右衛門也、

大文字屋四郎左衛門が亡親の七回忌を挙行し、斎を催している。斎は寺院の重要儀礼であって、亡親の七回忌を実従の許可を得て、実施している。

【連歌】

○永禄四年六月九日条

連歌シ候、安竹発句、菊泉・道観・越後・聖安寺等也、昼、麦又夕飯汁二菜三、百韻也、

○永禄四年六月二十日条

肥前宿へ行き候テ、連歌有リ、菊泉・越後計也、昼麦アリ、夕飯、茶の湯心ニシテ小ヅケアル、四十六句スル也、六時前ハテ候、

連歌は、貴族社会に始まり、南北朝期には二条良基らが活躍する。

室町期になると、貴族や僧侶はもちろん、各地の守護大名や配下の国人・土豪に広まった。これは寄合の文芸として、茶の湯や立花とともに和歌会・連歌会が室町時代の生活文化となったためである。時に連歌会は戦国大名とその家臣達の寄合の文芸として愛好された。

永禄四年（一五六一）六月九日の連歌会では、安竹なるものが発句を詠んでいるが、草野顕之氏はこれを医師と推定している。(12)

同年六月二十日は、肥前宿で連歌会があり、四十六句を詠んだと記している。草野顕之氏によると、「肥前」は下

間頼栄、「越後」は下間頼隆と推定されている。実従は近臣らと共に昼麦、夕飯を食べ、茶の湯心にして小漬を食したと記している。

○永禄四年十一月十二日条

　朝、連歌アリ、予発句、御仏事満足之儀也、昼八つ過マデ、

連歌はたびたび催されているが、この日実従が発句を呼んでいることから、順興寺内の連歌会と考えられる。

このように、枚方寺内町においても順興寺やその周辺でたびたび連歌会が催されている。

実従自身が主催して連歌会を催したり、側近の下間氏らと共に連歌会を催している。

連歌会の記事は、町衆主催の連歌会は未だ見られず、公家文化や武家文化に触れた本願寺教団の人々の生活文化となっていたことが窺える。

【風流踊】

○永禄三年七月十五日条

　昼、町之者・子供ヲドルベキ由に候間、御堂之庭ニテヲドラセ候、夜又風流《ふりゅう》之様ニ能ヲシ候、タッテサルガクナドスル也、

永禄三年七月十五日条によると、枚方寺内町の町の者や子供が「風流踊《ふりゅうおどり》」を堂の庭にて行なっている。盂蘭盆《うらぼん》の夜であった。その後サルガク（猿楽）等も行なったと記している。

○永禄四年七月十九日条

　八つ過、御堂之庭ニテ、オドリアリ、下町・蔵谷・上町、此分案内次第に申し出し候処、蔵谷一番出し候、曲事之由申し候、次下町、以上町也、後年ハクジカ、各年欠ニヲドラスベキ也、御堂之面ニ、ミス二間カケ、女房衆一所ニ見物候也、事の外群集り候、白衣之衆後年入るべからず候、

室町後期の祭礼芸能の大きな特徴は、「風流造り物」をはやし立てる行為が発展し、「風流踊」の大隆盛を見るところである。

町々や村々では、民衆が「風流踊」を催しはやし立てる行為によって、神霊・仏霊を送り出したものと考えられる。その多くは盂蘭盆のあとの時期であり、念仏を伴うものと考えられる。「風流踊」は京都をはじめ、奈良・和泉などでも見られる(13)。

この頃、京都では上杉本『洛中洛外図屏風』に盂蘭盆の風流踊が見られるほか、市中で風流踊が行なわれた記録を頻見することができる。

一方奈良では、古市氏の城下古市郷を中心に、古市氏一族や若党らが、盂蘭盆にはさまざまに仮装して、能楽や田楽に題材をとった踊を披露している。

また、九条政基の『政基公旅引付《まさもとこうたびひきつけ》』には、入山田郷四カ

村の「風流踊」が記されている。

『私心記』永禄四年七月十九日条に見られる「ヲドリ」は、盂蘭盆の「風流踊」と考えられる。

御堂の庭において、下ノ町・蔵ノ谷・上ノ町の町衆が踊りを繰り出している。その順次をめぐって争論があったらしく、「後年はクジか」と記している。

実従以下が見物し、「御堂之面に、御簾二間をかけ、女房衆も一所に見物」したと書いている。

枚方寺内町は、下ノ町・蔵ノ谷・上ノ町の三町が、それぞれ惣的結合を持ち、全体として順興寺（御堂）の寺内町として結合していたことがうかがえる。

御堂の庭において、各町の町衆が盂蘭盆の「風流踊」を行なうという生活文化が、枚方寺内町にあったことを示している。

【梅見物】

○永禄三年二月三日条

昼、万年庵《(寺カ)》梅見物候、樽食籠持ちテ行く、越前・四郎左衛門持ち来られ候、万年坊主出候、

永禄三年二月三日にも、実従は万年寺に出かけて、梅見物をしている。樽酒や食籠を持参して梅見を楽しみ、側近の越前（下間頼隆）や四郎左衛門が同席し、万年寺の坊主も出迎えている。梅見や花見が、当時の生活文化にあったことがうかがえるが、この梅林は現在も残存している。

三、枚方寺内町発掘成果をめぐって

枚方市教育委員会では、枚方寺内町域に関わる発掘調査を進めている。

枚方市教育委員会では、「枚方寺内町遺跡」・「枚方上之町遺跡」・「万年寺山遺跡」の三地域に区分して、これまでのべ65次の調査を実施している。

これらの調査の中で、特に注目すべきものがある。

平成十四年（二〇〇二）、枚方元町の大隆寺（法華宗）で、「枚方寺内町遺跡第14次調査」が行なわれた。調査地は、小字名を「蔵之谷」と称する地域の最北端に当る。ここは、『私心記』に出てくる枚方寺内町蔵ノ谷と考えられ、寺内町町屋群の中にある。

調査面積は約一二〇平方メートルと狭山であったが、十六世紀後半を中心とする多くの遺構が検出された。

特に町屋の一軒と考えられる礎石建物は、少なくとも二間×三間（3.6×5.4メートル）以上、床面積五二平方メートル以上の規模の建物であったと推定されている。

内部からは二四〇箇以上の備前焼大甕を埋設していた跡が出土した。この建物は火災で焼失した跡が確認できた。

その背後に新しい掘立柱建物跡が出土し、大甕を埋設したあとに、それらを抜き取って埋め戻した痕跡が見られた。新しい掘立柱建物には、カマド跡も見られた。

いずれの建物も、甕倉として利用されたもので、おそらく焼失した甕倉と、そのあと同様の機能をもつ甕倉が造られたと考えられる。

当時、高価な備前焼大甕に貯蔵したものは、甕底に残された内容物や設置状況などから、灯火に使う荏胡麻油であった可能性が高く、この甕倉は「油倉」であったと推測されている。

そこで『私心記』を紐解くと、「油屋」に関する史料が、以下のように存在する。

○永禄三年九月十一日条

夕飯、茶の湯会アリ、予父子・飯貝・豊後・源三・油屋小五郎也、

永禄三年九月十一日に、実従父子らが催した茶の湯会には、油屋小五郎なる

枚方寺内町油屋跡（蔵ノ谷）付近

ものが相伴している。

○永禄三年十月五日条

朝、油屋へ上市へヨブ、茶の湯也、予・飯・少同道、上市衆四・五人相伴《しょうばん》、汁三菜四、茶呑む也、道具ミセ候、

永禄三年十一月五日に実従は油屋に行って茶会に参席している。この油屋はどこか不詳であるが、上市衆四・五人が相伴し、懐石料理や茶の湯のあと、道具拝見が行なわれ、茶の湯文化が町衆達のたしなみとなったことがわかる。

○永禄三年十二月三日条

斎・汁二菜三、富田屋与左衛門・油屋□衛門・石見ヨブ也、

永禄三年十二月三日の順興寺で行なわれた斎

枚方寺内町油屋跡（手前の広場に店舗跡が検出された）

には、寺内町の富田屋与左衛門や石見某、それに油屋□□衛門が呼ばれている。

○永禄四年十二月十六日条

　斎常の如し、上田道祐番也、油屋新右衛門、

永禄四年十二月十六日の順興寺の斎にも、油屋新右衛門が呼ばれている。

○永禄四年八月三日条

　朝勤め、物語、斎常の如し、油屋与左衛門・四郎次郎・平野屋上町、

与左衛門が油屋として現れる所である。斎を例の如く実施、そこに油屋与左衛門・四郎次郎・平野屋（甚二郎）が同席している。

油屋与左衛門は、この記事のように、実従の斎の相伴者として頻出、有力門徒であったと推定できる。

○永禄三年五月二十五日条

　朝斎、越前、宮大夫・四郎左衛門・順正・空道・下上《マヽ》町与左衛門ヨブ、日中常の如し、

ここに出てくる「下上町与左衛門」は、「下之町与左衛門」とも考えられる。与左衛門は油屋としても現れ、下之町の油屋と考える。

以上のように、『私心記』には、油屋新衛門・油屋与左衛門・油屋小五郎らの名前を見ることができる。

この内油屋与左衛門は、有力門徒であり、実従の斎の相伴者として頻出する。また交野郡の土豪安見氏とも交渉に当たった人物である。有力門徒であり、寺内町の有力町衆である。

「枚方寺内町遺跡第14次調査」で発見された油倉跡は、いずれかの人物に関わるものと考えられよう。

『私心記』永禄四年（一五六一）七月～八月条には、「土居」の記録がある。

この頃「土居」と呼ぶものの代表は、豊臣秀吉が京都市中に廻らせた「御土居」であり、その一部は現在も見ることができる。大きい所は、高さ四～五メートル・幅二～三メートルにも及ぶ。さらに「土居」の外側には濠や河川があるものがある。枚方寺内町には、どのような「土居」があったのかを考察しよう。

○永禄四年七月十二日条

　ウラ土居ノ芝ウタセ候、雨降り候、

○永禄四年七月二十四日条

　ウラ土居普請シ候、

○永禄四年八月四日条

　普請候、ウラドイ《土居》也、

○永禄四年八月条

　六日、山崎山土居ツカセ候、昼、ソトミ候

　八日、ウラ土居クヅレ候、

　九日、上町屋敷ミ候、ウラホリ芝ノケ候、

十八日、今日モ普請ドイ（土居）ツカセ候、
十九日、今日モ普請同前也、
二十五日、ウラ土居ツキハタス、

寺内町を土居や堀が取り囲むことは、各地で実証されている。枚方寺内町に、どの程度の土居や堀があったのかは、現在では不詳であるが、枚方市教育委員会の調査である程度は明らかにされている。

『私心記』永禄四年（一五六一）七月～八月、ウラ土居普請の工事が集中的に現われる。このウラ土居は、現枚方小学校付近に比定されている寺内町後方の要害である。後方の防禦として土居が築かれたのであるが、その外側は深い堀が造られたと思われる。

枚方寺内町ウラ土居堀跡推定地（左側は現枚方小学校）

枚方寺内町は、三矢浜より丘陵を上った一帯に造られていた。そのため上ノ町付近では標高は、四〇メートルに及び、さながら小山であった。

ウラ（裏）土居はこの上ノ町の東側に造られ、交野や津田方面からこの寺内町に入る通路があったと思われる。この通路を遮断する形で、土居が巡らされ、防衛の役割をしたものと思われる。南地は丘陵が崖のようになっており、容易には外敵は侵入できなかったと思われる。

枚方寺内町と同様の丘陵上の寺内町は、河内の大ケ塚寺内町や富田林寺内町に見ることができる。

枚方寺内町は上ノ町・下ノ町・蔵ノ谷町で構成されていたが、いずれも丘陵とその谷内に形成され、四方の内南北は崖となって要害となっていた。東方は「土居」を造成して要害としていた。西方は「三矢浜」の港湾に通じる道があり、何らかの防塁や門扉が造成されていたと考えられる。

むすび

以上、「『私心記』にみる枚方寺内町」と題して、「一、順興寺住持実従と枚方寺内町民」、「二、枚方寺内町の生活文化」、「三、枚方寺内町発掘成果をめぐって」を考察して来た。

これまで『私心記』は、大坂本願寺の実従の日記である

ことから、枚方寺内町関連記事はそれほど注目されていなかった。

しかし、枚方寺内町遺跡の発掘調査成果によって、『私心記』の枚方寺内町関連史料が、重要視されるようになった。

そこには順興寺を中心とする寺内町が形成され門徒商人と住持の密接な交流が行なわれ、茶の湯、鶯合せ、立花、平家琵琶、連歌、風流踊、梅見物などの生活文化が花開いていた。

淀川の港津であった三矢浜（平潟）に面して枚方寺内町が栄えていたことが明らかとなった。

註

（1）鍛代敏雄氏「枚方寺内町の構成と機能」（『国学院雑誌』八六―八、一九八五年）。
（2）前掲註（1）。
（3）草野顕之氏「順興寺と枚方寺内町―一門一家寺院論への展望―」（『講座蓮如』第三巻、平凡社、一九九七年）。
（4）前掲註（3）参照。
（5）前掲註（3）参照。
（6）前掲註（3）参照。
（7）前掲註（3）参照。
（8）前掲註（3）参照。
（9）前掲註（3）参照。
（10）前掲註（3）参照。
（11）前掲註（3）参照。
（12）前掲註（3）参照。
（13）拙稿「文献資料に見る『風流《ふりゅう》』の成立と変遷」（『大乗院寺社雑事記研究論集』第三巻、和泉書院、二〇〇六年）。

（本章は、『帝塚山学院大学研究論集』第41集、二〇〇六年十二月掲載論文を改訂したものである。）

和泉名所図会

1 堺鉄砲鍛冶

●堺鉄砲鍛冶屋敷跡…南海本線・七道駅より徒歩約10分。

織田信長も豊臣秀吉も、そして徳川家康も堺の鉄砲を求めたが、今なお残る鉄砲鍛冶屋敷のあとが、北旅籠《きたはたご》町の井上邸である。

『和泉名所図会』では、鉄砲鍛冶が十九軒あったといい、往時の繁栄がしのばれる。

戦国時代の堺は国際貿易港として栄えて巨万の富を築いたが、その経済力をもたらした一つに鉄砲生産があった。信長も秀吉もそして家康も、堺を直轄領としたが、鉄砲生産地としての重要性もあったと考えられる。

『和泉名所図会』によると、鉄砲が堺に伝わった次第は、次のようである。

天文年中、南蛮船が種子島に来航、種子島《たねがしま》時堯《ときたか》が、南蛮人のムラシュクシャとキリシタモウタ両人から鉄砲の製造術を習った。その後、堺の橘《たちばな》屋《や》又三郎《またさぶろう》という者が交易のため種子島に留まった時、鉄砲製造術を伝授されたという。それが、堺の鉄砲鍛冶のはじまりで、以来多くの鉄砲が堺で製造されたと伝えている。

堺鉄砲鍛冶屋敷跡（井上邸）

◉鉄砲伝来

種子島時堯の功をたたえるため、慶長十一年（一六〇六）に書かれた『鉄炮記』には、次のように書かれている。

天文十二年（一五四三）八月二十五日、種子島の西村の小浦に、一隻の大船が姿をあらわした。船には百余人の乗船者がいたが、顔は見なれないし、ことばも通じない。二人の商人の長が、長さ二ないし三尺の重い棒をもっているが、その中は穴が通り、底はとじた奇妙な形をしている。

（『日本の歴史11』中央公論社）

これが日本人がはじめて見た鉄砲で、ポルトガル人が種子島に伝えたのが、一五四三年のことであった。

この種子島銃が伝来してからわずかの期間に、全国に伝播して、天文末年（一五五〇頃）からさかんに実戦に使用され始めた。鉄砲の堺への伝播もその頃と推定されよう。

◉堺の鉄砲製造

戦国動乱を統一したのが、織田信長である。信長の軍事力は、富裕な濃尾平野の生産力を背景に、移動可能な軍隊を組織したことにあった。木綿の使用によって戦闘に適応する衣類を用いたこと、それに鉄砲隊の編成による戦闘能力を高めたことが、天下統一の背景にあるといわれている。堺の鉄砲がその時代に大きな役割を果たしたのである。

しかし、江戸時代の平和な時代となると、戦闘のための鉄砲の需要は低下する。代って鳥や獣を打つための鉄砲が生産された。

『和泉名所図会』の堺の鉄砲鍛冶の店内をのぞくと、鉄砲を吟味する来客と、それに応対する店員達が描かれている。一方鍛冶場では、褌一つの職人達が鉄砲製造に携わっている。挿絵には、その場面が描かれ、「笑い話」が紹介されている。

客がこれはいかほどと問えば、玉の大きさを答え、値《ね》はいかほどと問えば、音《ね》は「ポン」と答える、とある。

堺津《さかいのつ》
鳥銃《てっぽう》
鍛治《かぢ》

堺津鉄砲鍛冶（巻之一）

ある武士《もののふ》
堺《さかい》にて
鉄炮《てつぽう》を
買《かわ》ん
とて
多く
見て
これは
何ほどととえば
亭主《あるじ》こたえて
これは三匁玉、これは
五匁玉打候と答う。
いやいや左《さ》にあらず
直《ね》は
何ほどととえばあるじ
音《ね》はポンとぞ
こたえける。

2 曾呂利新左衛門

●曾呂利新左衛門（関連の地）…堺の旧町。（南海本線・堺駅の周辺）

『和泉名所図会』は、豊臣秀吉と曾呂利新左衛門《そろりしんざえもん》との対面の挿絵を載せて、次の故事を紹介している。

それは『史記』の一節、滑稽《こっけい》の人として有名な淳于髡《じゅんうこん》の智恵のエピソードである。

楚の国が斉の国を攻めようとしたため、斉は貢物を献上して、使者淳于髡を趙の国に送り救援を求めることになった。「金百斤、車馬十駟」の貢物を前にして、冠の緒が切れるぐらい、于髡《うこん》は大笑いした。王がその理由を尋ねると、于髡《うこん》は次のように話した。「私がここに来る途中、農民が豚のひずめと盃一杯の酒で神に大豊作を祈っていました。少ない供物で大豊作を祈る所作を大笑いしました。」と。

これを聞いた斉王は貢物を十倍して「黄金千溢、白璧十雙、車馬百駟」とした。大量の貢物を持って趙に行った于髡《うこん》の働きによって、救援の兵が派遣され、これを聞いた楚は夜陰に兵を引揚げてしまったという。

すなわち淳于髡《じゅんうこん》になぞらえて、曾呂利新左衛門の頓智を語っているのである。

『和泉名所図会』は、曾呂利新左衛門のとんちとこっけいについて、三つの狂歌で紹介している。秀吉の天下を治める力をほめ讃えて、

　指さきでつまみ給いしふじの山
　　天下をたもつ御ちから也

また、朝鮮出兵の渡海をもじって、

　秀吉が壱石米を買かねて
　　きょうも五斗買あすも御渡海

曾呂利新左衛門の臨終に、秀吉が「何事か望みはなきか」と尋ねると、

　御威勢《ごいせい》で三千世界手に入《い》らば

　　極楽浄土われに賜《たま》われ

と詠んだというエピソードを紹介している。

◉曾呂利新左衛門の実在性

貞享元年（一六八四）刊行の『堺鑑』には、堺南庄目口町の浄土宗の寺内に借屋住いしていた鞘師《さやし》が細工が巧みで、小口に刀をさし入れるとソロリと鞘口によく合うため、この名があったという。秀吉に召され、口が軽く、頓智の利いた応答をするため、秀吉に寵愛《ちょうあい》されたという。

『茶人大系図』では、曾呂利新左衛門とは、杉本甚右衛門またの名を彦右衛門といい、茶事を好み、秀吉に昵近《じっこん》し、また武野紹鷗《じょうおう》の弟子とも伝える。

曾呂利新左衛門が実在した人物かどうかは残念ながら確証を得ていない。

『太閤記』などの物語でも堺南庄目口町の刀の鞘師であったという。

しかし、豊臣秀吉の周辺には、小西行長《ゆきなが》、千利休《せんのりきゅう》をはじめ堺商人出身の側近がいたことから、側近に新左衛門のように堺出身の人物がいた可能性は残るであろう。

現在堺市堺区市之町東四丁の町角に「曾呂利新左衛門屋敷址」の碑が立てられている。

屋敷跡碑

豊太閤《ほうたいこう》の御伽《おとぎ》
鼠《そ》呂《ろ》利《り》新《しん》左衛門は、
滑稽《こっけい》の人なり。
晏子《あんし》曰斉王《せいおう》淳于髠《じゅんうこん》
をして、趙《ちょう》に之《ゆき》て救《すくい》を
請《こわ》しむ。金《きん》千斤車馬《きんしゃば》
十駟《し》あり。淳于髠《じゅんうこん》、
天《てん》に仰《あおい》で大に笑《わら》う。
事纓絶《ことえいぜつ》せり。故に、
黄金《こがね》千鎰《いつ》、白璧《へき》（璧）
十五双《そう》、車馬百駟を
益《まし》ける也。

曾呂利新左衛門（巻之一）

3 小西行長

●小西行長（関連の地）…堺の旧町。（南海本線・堺駅の周辺）

小西行長《こにしゆきなが》は、堺の豪商小西立佐《りゅうさ》の子である。小西立佐は堺生まれだが、早くより京都に住んでおり、行長はその次男として弘治元年（一五五五）頃生まれたと推定されている。

立佐・行長父子は、天正八年（一五八〇）ころから秀吉に重用され始め、やがて行長は播磨室津《むろつ》に所領を与えられ、のち小豆島の管理をまかされている。

天正十一年（一五八三）、『耶蘇会士日本通信』によれば、塩飽《しあく》から堺までの船舶を監督する水軍の長（舟奉行）の一人に任じられたことがわかる。のち肥後宇土の城主となる。

豊臣秀吉は朝鮮出兵にあたって行長を一番隊の隊長に任命した。行長は朝鮮出兵の期間中明軍との講和に従事したが智略を働かせ秀吉をあざむくこともあったという。慶長の役にも出兵、慶長二年（一五九七）十一月帰国したが、慶長五年（一六〇〇）九月の関ケ原の合戦に敗れ、捕えられ石田三成とともに京都六条河原で斬首された。

『和泉名所図会』は、小西行長の堺邸での様子を描いている。堺の港には帆船が描かれ、すでに秀吉に仕え始めた武士としての行長を描いている。

小西《こにし》
摂津守《せっつのかみ》は
豊太閤《ほうたいこう》の
恩顧《おんこ》の士《し》なり
朝鮮征伐《ちようせんせいばつ》の
魁将《かいしよう》として
異国《いこく》に於て
武名《ぶめい》を輝《かがやか》し
肥後宇土《ひごうど》の城主
たり。石田《いしだ》に組《くみ》して
亡《ほろ》びけるは、本意《ほい》
なき事也。

小西行長（巻之一）

4 千利休

千利休《せんのりきゅう》は、大永二年（一五二二）、堺商人田中与兵衛の子として堺宿院に生まれた。

千利休は、何よりも堺で発達した茶の湯文化の継承者である。武《たけ》野《の》紹《じょう》鷗《おう》の弟子となり、山上宗二《やまのうえそうじ》は利休に師事した。

利休の名声は、織田信長ついで豊臣秀吉の茶頭《さどう》となったことから高まり、利休没後江戸時代において茶の湯の大成者としてあがめられるようになった。

『和泉名所図会』は、千利休の挿絵を載せて次のように書いている。

　千利休は茶道の極意に西行の和歌を尊み給うとぞ聞えし、
　山家集、衰れたただ草の庵のさびしきは風より外にとう人ぞなき　西行

千利休屋敷跡は、現在堺市宿院にその一部を残している。そこには、若干の庭石と千利休が使用したという椿の井戸跡だけが寂しくたたずんでいる。

ただ、『和泉名所図会』の挿絵は、現実の千利休とはかけはなれた江戸時代の利休像である。

西行の『山家集』にある本歌は、

　あはれただ草の庵のさびしきは風よりほかに訪ふ人ぞなき（一一六六）

●千利久屋敷跡…阪堺線・宿院駅より徒歩すぐ。

千利休屋敷跡の椿の井戸

これは西行法師の「わび・さび」の精神を特色とするが、それと千利休とが同一視されている。
しかし現実の利休は堺の町と戦国の世にその運命を共にし、権力者の間で生きぬいた戦国堺の豪商である。

◉千利休

千利休（与四郎）の初見史料は、開口《あくち》神社の「念仏差帳日記」に、「紹鷗《じょうおう》皮屋」と並んで「与四郎殿せん」の名がある。

これは、念仏寺築地修理料の寄付者名簿であり大小路以下十カ町の町人計百十四名の名がある。

武野紹鷗に弟子入りした千利休は、頭角を現し、織田信長ついで豊臣秀吉の茶頭となって歴史上にその名を残した。

しかし、天正十九年（一五九一）二月十三日、秀吉から堺蟄居《ちっきょ》を命ぜられ、悲劇の結末を迎えることになる。同年二月二十八日、京屋敷に呼び戻された利休は、切腹を命ぜられた。利休処刑の理由は、種々考察されているが、要は石田三成派によって失脚させられたらしい。堺商人出身の千利休らしい最期を迎えている。その遺偈には、死を堂々と受け入れ禅の精神世界を体得した利休の壮絶な姿がうかがわれる。その茶の湯の精神も、禅宗の教理を取り入れ、戦国にふさわしい堺の豪商の勇壮なものであり、後世の理解とは異なるものがあろう。

秀吉によって処刑された千利休の遺骸は、大徳寺の僧によって引き取られたと伝えられ、現在京都大徳寺の本坊、開山墓所のうしろにある二基の宝篋印塔のひとつが、千利休の墓と考えられている。

他に大徳寺山内聚光院にも千利休の墓と伝えられるものがある。

堺の南宗寺境内には、千利休の遺髪を納めた墓があり、隣に妻宗恩、それをとりまいて千家一門、代々の墓があり、毎年二月二十八日には利休忌の法要が営まれている。

千利休《せんのりきゅう》は茶道《さどう》の極意《ごくい》に西行《さいぎょう》の和歌《わか》を尊《とうと》み給うとぞ聞えし

千利休（巻之一）

山家集

哀れただ
草の庵の
さびしきは
風より外に
とう人ぞなき
西行

5 開口神社（三村宮・大寺）

●開口神社…阪堺線・大小路駅または宿院駅より徒歩3分。

開口《あぐち》神社は、三村宮または大寺《おおてら》・念仏寺とも呼ばれる。

『和泉名所図会』には、広大な境内が描かれ、本社・薬師堂・祖師堂のほかに三重塔があった。

三重塔は大寺・念仏寺に関わるもので大日如来が祀られていたという。度々災火にかかり、大坂夏の陣で焼失し、寛文二年（一六六二）再建され、偉容を誇っていたが第二次大戦で焼失、現存はしていない。

戦国時代の堺の自治政治を司る会合衆《えごうしゅう》は十人で、南北両庄の会所を交互に使用していたと考えられている。

このうち南庄の会所は、開口神社であった。

『蔗軒日録《しょけんにちろく》』には、「会合衆十人」がたびたび登場する。泉澄一氏『堺―中世自由都市』では、文明年間（一四六九～八七）の会合衆に湯川新兵衛・三宅主計・和泉屋道栄・富那宇屋《ふなうや》宗元などがいたと指摘している。

開口神社の祭神は、塩土老翁《しおつちのおじ》神・素盞嗚《すさのお》神・生国魂《いくたま》神の三神である。

祭神塩土老翁は伊弉諾尊が根の国を逃れてみそぎをした時に生まれた神で、神功皇后の朝鮮出兵の加勢をした神であるとする。神功皇后は帰途この地に立ち寄り、馬・甲等を奉納したと伝えられる。

天永四年（一一一三）に原村の素盞嗚神、木戸村の生国魂神を合祀して三村宮または三村明神と称するように

開口神社鳥居

なったという。

文明十六年（一四八四）八月一日、堺の豪商三宅主計・和泉屋道栄が「三村祭礼」の頭人となっており、その祭礼は実ににぎやかなものであった（『蔗軒日録』）。三宅氏は、付近の浄土宗引接寺の開基とされ、会合衆は三村宮の拝殿を会所としていたともいわれる。

神宮寺の念仏寺は、聖武天皇御願にて行基僧正が開基したと伝える。

堺は天文元年（一五三二）一月大火が起こり町の大半が消失している。この時神宮寺の念仏寺も破損している。そこで天文四年四月、この念仏寺築地の修碑が行なわれ、その記録が、「念仏差帳日記」として残っている。

それによると、大小路町以下十カ町の町衆計百十四名が奉加金を納めている。

その名前を見ると市小路町の納屋今井一族をはじめ当時の堺町衆がいるが、注目すべきは、「紹鷗皮屋」と「与四郎殿せん」である。

この二人こそ、茶人武野紹鷗とその弟子となった若き日の千利休（千与四郎）である。このころ、与四郎は本姓田中、屋号を千となのり、塩魚などの問屋を営なむ一族の一人であったことがわかる。

開口神社社殿（大寺）

三村社《みつむらのやしろ》

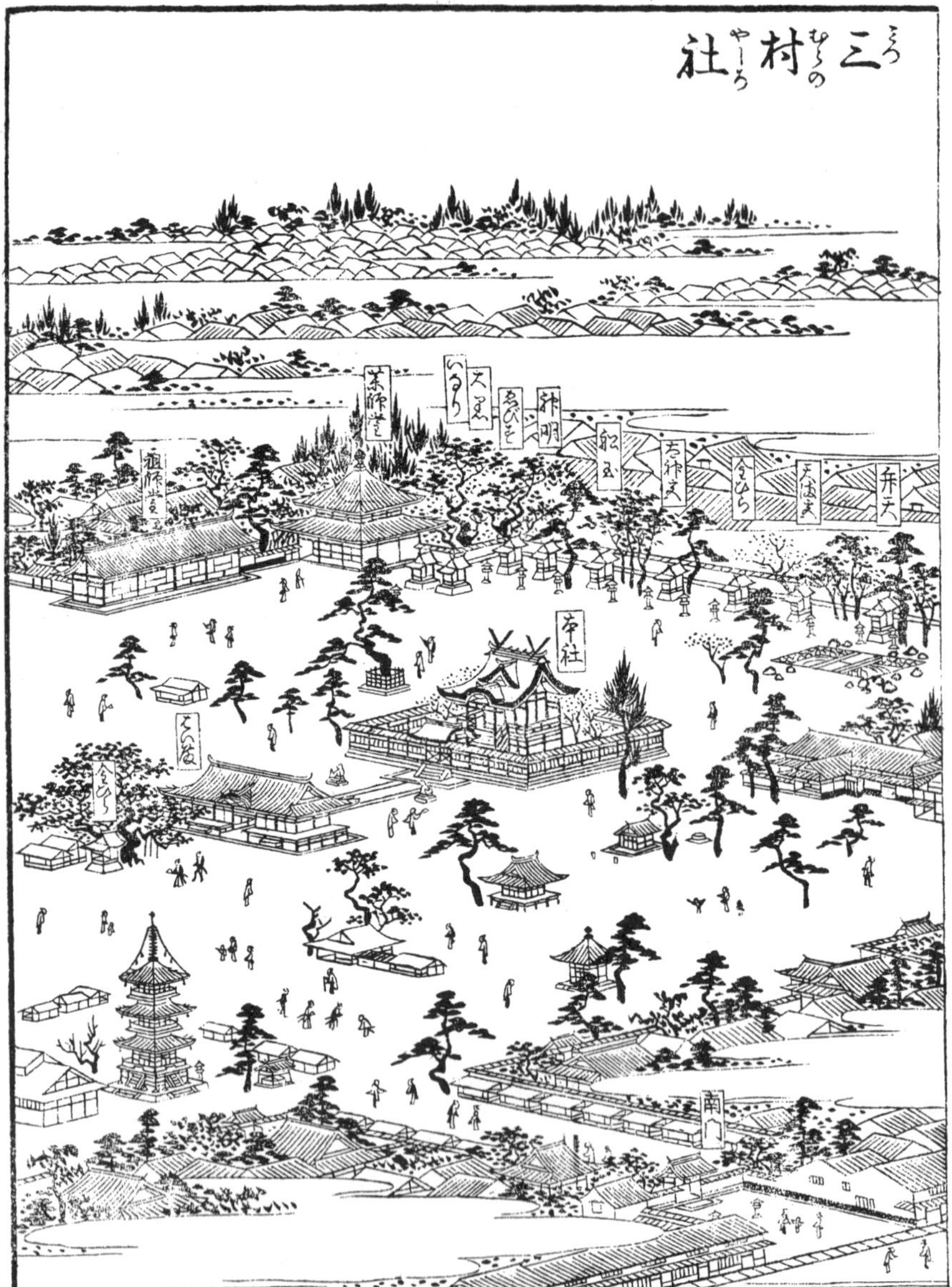

弁天　天満宮　金ひら　南門　太神宮　船玉　本社　神明　えびす　大黒　いなり　薬師堂　はい殿　祖師堂　金ひら

俗ニ
大寺《おおでら》とも云

北門
惣門
金龍井

6

大安寺と呂宋助左衛門

●大安寺…阪堺線・御陵前駅より徒歩8分。

大安寺《だいあんじ》は、応永年間（一三九四〜一四二八）徳秀《とくしゅう》士蔭《しいん》が開創し、現在臨済宗東福寺派寺院である。

この寺の本堂は、豪商の邸宅を移築したものと伝えられ、上段の間を持ち書院造の部屋もある総檜造《そうひのきづくり》の立派なものである。

その豪商とは、堺の貿易商納屋《なや》（通称呂宋《ルソン》）助左衛門《すけざえもん》と『和泉名所図会』は伝えている。

室内は金箔障壁画や水墨画で飾られている。画風からして作者は、狩野永徳か狩野元信ではないかといわれている。

『和泉名所図会』では、この大安寺方丈は、納屋助左衛門の居宅であったと、書いている。

納屋助左衛門は富裕で、書院に七宝をちりばめ、庭には珍花を植えて、千利休の好みに従っていた。ある時、松永久秀公がこの屋敷を訪ね、「一つとして欠けたる所がない。満つれば災いが生じる」と言って、刀傷を柱につけたという。その痕が残っていると、書いているのである。

大安寺本堂

◉呂宋助左衛門の実在性

呂宋《ルソン》助左衛門は生没年不詳の人物である。慶長十二年（一六〇七）、カンボジア国王が佐賀鍋島家に宛てた手紙にその名があり、『太閤記』等に数行だけその豪商ぶりが書かれるのみである。

伝説では、助左衛門は文禄二年（一五九三）にルソン島（フィリピン群島の最北に位置する）に渡航、持ち帰ったルソン壺を大名に売って大もうけしたあと、民間貿易に統制を加えようとした秀吉と対立、カンボジアに亡命したことになっている。その呂宋助左衛門の邸宅を移建したのが大安寺本堂であるという伝説が残っている。

『重修続王代一覧《ちょうしゅうぞくおうだいいちらん》』という書物によると、堺の町人納屋助左衛門は天正の初め、琉球よりルソンへ渡航し帰国後、豊臣秀吉に傘蠟燭《ろうそく》千挺・活麝香《じゃこう》二疋などの貿易品を献上したという。そしてルソン産の黒壺五十を西ノ丸の広間に並べ売却、多額の金銭を得たという。

また『慶長以後年代記』によると、天正十九年（一五九一）より文禄三年（一五九四）までルソンへ渡航した助左衛門は、傘蠟燭・煙草・綿の種・香椒の種・西瓜の種その他種々の品を太閤秀吉に献じたという。

当時、堺の豪商達が琉球を介してルソン（フィリピン）方面との交易を盛んに行なったことがわかる。その結果「ルソン壺」と称されるフィリピン産の薬壺が輸入され、それが茶壺として利用されたものが、後世まで残っている。

7 南宗寺と一休和尚

●南宗寺と一休和尚…阪堺線・御陵前駅より徒歩5分。

十五世紀末に、京都大徳寺住持一休宗純《いっきゅうそうじゅん》が堺を訪れた。この時、一休に帰依した堺商人に、豪商尾和宗鷗《おわそうかく》・我孫子屋次郎《あびこや》などがいて私財を大徳寺再建のため寄進した。大徳寺の禅僧古岳宗亘《こがくそうこう》によって舳松町《へのまつ》に造られた南宗庵には、豪商茶人であった津田宗達《つだそうたつ》・武野紹鷗《たけのじょうおう》・千利休・津田宗及《そうきゅう》らが参禅し、千利休は堺に発達した茶禅一味の茶の湯を発展させた。

弘治三年（一五五七）三好長慶《みよしながよし》は、父元長の菩提をとむらうため、これを南宗寺《なんしゅう》と改めた。長慶は、和泉・河内の代官として堺にあったが、主家管領細川家の衰退に乗じて、幕府の実権を握り、十三代将軍足利義輝《よしてる》を追放し、一時は畿内・四国にわたる八カ国を支配した。長慶は特に連歌にすぐれ教養のある戦国武将であった。

千利休は天正十九年（一五九一）二月二十八日、豊臣秀吉の命で切腹させられたが、南宗寺境内には千利休夫妻をはじめ千家一門の墓が残ることでも有名である。

◉徳川家康の伝説

南宗寺は、天正・元和の兵火で焼失したが、元和五年（一六一九）、沢庵和尚によって再建された。広い境内には、大雄宝殿をはじめ、照堂、方丈客殿、鐘楼などが建ち並ぶ。この内、二階建の坐雲亭は、徳川秀忠・家光の二代・三代将軍が登楼したといわれる。歴代将軍が続いて南宗寺を参詣したのは、徳川家康が当寺で息をひきとったからだという伝説もある。すなわち、大坂夏の陣に参陣した家康は、実は後藤又兵衛に槍で突かれ、南宗寺で息をひきとったと伝える。遺体・遺品はひそかに久能山を経て日光東照宮に運ばれたという。境内にはその伝説にもとづいて「徳川家康の墓」という石碑も立っている。

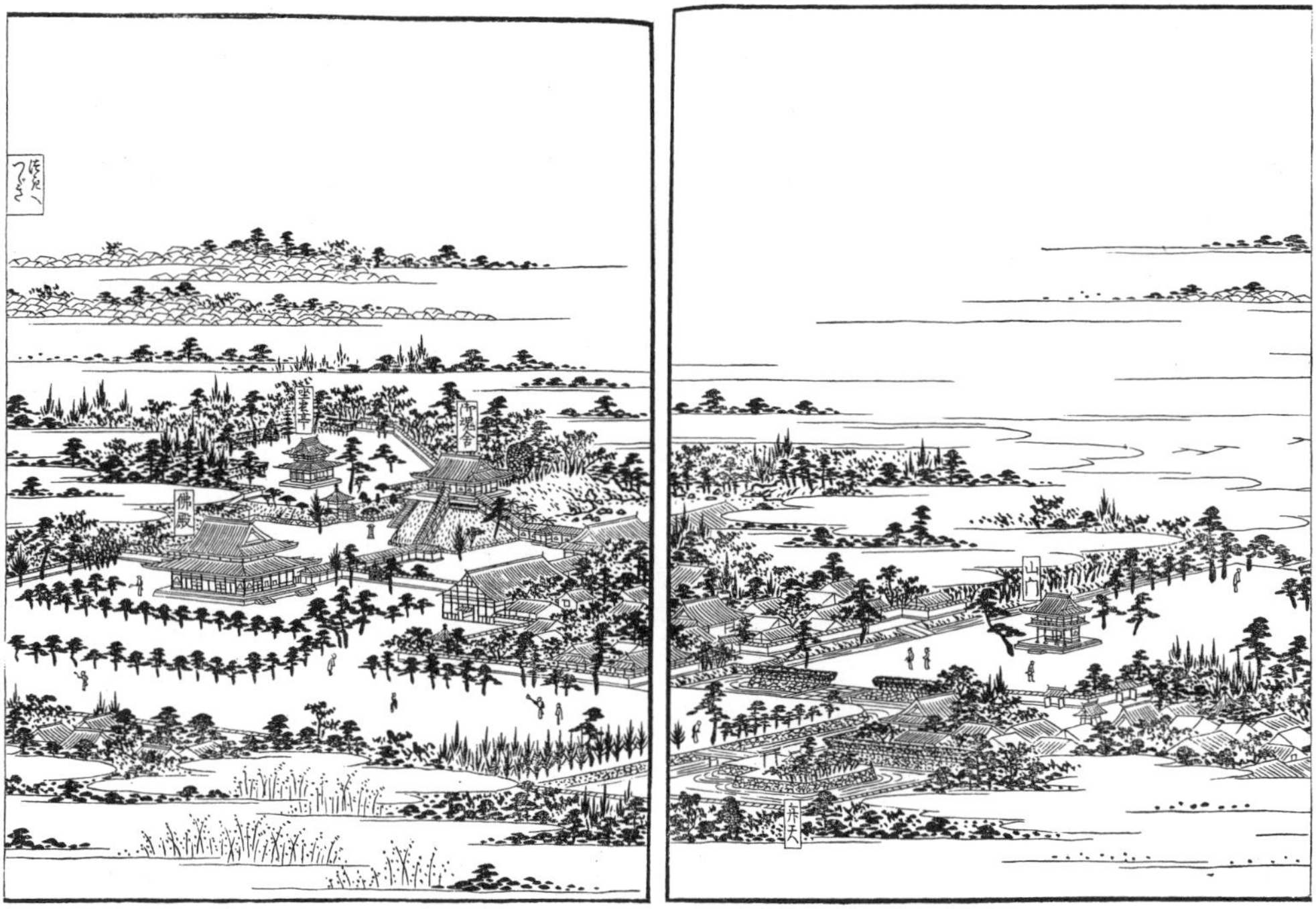

山門　弁天　御魂舎　座雲亭　仏殿　さきへつづき

南宗寺（巻之一）

ほかに三好長慶《みよしながよし》・曾呂利新左衛門《そろりしんざえもん》・牡丹花肖柏《ぼたんかしょうはく》らの墓もある。南宗寺創建の三好長慶、頓智で有名な曾呂利新左衛門、連歌師牡丹花肖柏である。肖柏は戦国時代、最晩年堺に居を構え、町衆たちに連歌の指導をした。その文芸文化が堺の茶の湯も育てたのである。

◎一休和尚

『和泉名所図会』には、一休和尚について、

一休和尚は、堺の高須にて、遊女地獄というをよんであそび戯れ、酒興のうえにて、

三乗《さんじょう》四諦《したい》無レ非レ道《みちにあらずといふことなし》

と諷《うた》い給えば、

万法千門只此心《まんほうせんもんただこのこころ》

と句《く》を継《つい》で、共《とも》にうたいたわむれける。

と書いている。

一方、「聟入一休」という伝説もあって堺町衆の家に聟入したという。『和泉名所図会』に、

聟入一休

狂歌

一休の聟入万事無一物

しばしおうぎの絵そらこと也　衆雲

と書かれる。すなわち一休が堺の高須で遊女たちと遊びたわむれて、仏法の極意を歌い合ったとか、堺の町家に無一物で聟入りしたという話が紹介されている。これらは伝説の域を出ないが、『和泉名所図会』にも一休伝説がと

りあげられ、その人気の程が知られる。

◎一休和尚伝記

「一休さん」で親しまれる一休宗純は、室町時代の禅僧である。「一休とんち話」として巷間に数々の伝説が残るが、そのほとんどは江戸時代になって作られた話である。

それでは「一休さん」の実像はどうであろうか。

一休は、京都禅刹の大寺大徳寺の住持を歴任した高僧でもあった。しかも、後小松天皇落胤説は、かなり信憑性の高い事実と考えられる。

将軍足利義政と一休宗純は同時代の人物である。一休が亡くなったのが、八十八歳の文明十三年（一四八一）十一月二十一日であるから、義政が四十六歳の時である。しかし、不思議なことにこの両者の交流がうかがえる史料は存在しない。あるいは権力を避けた一休が近づかなかったのであろうか。

一休は、『東海《とうかい》一休《いっきゅう》和尚《おしょう》年譜《ねんぷ》』によると、応永元年（一三九四）一月に生まれたと伝えられる。六歳で京都安国寺の長老像外鑑公《ぞうがいかんこう》の侍童《じどう》となり、周建と名づけられた。十二歳で建仁寺の慕哲《ぼてつ》龍攀《りょうはん》禅師に入門した。さらに、十七歳で京都西山西金寺《さいこんじ》の為謙宗為《いけんそうい》に師事している。

その後の一休に最も影響を与えたのは、江州堅田禅興庵の華叟宗曇《かそうそうどん》であった。華叟の禅は、中国宋代の虚堂智愚《きどうちぐ》の流れであった。

一休の二十歳代後半から、三十歳代前半にかけての時代は、ほとんど連続的に飢饉と疫病の流行が反復した時代である。

一休二十七歳の応永二十七年（一四二〇）の旱魃は応永の大飢饉をもたらしている。三十五歳の正長元年（一四二八）には、大飢饉のために有名な正長の土一揆の勃発となっている。四十七歳になった時、京都大徳寺の如意庵に入った。

寛正二年（一四六一）六十八歳の時、かねて親交のあった蓮如が本願寺において宗祖親鸞上人の二百回忌の法要を盛大に営んだが、それに列席している。

長禄年間から寛正年間（一四五七〜六六）、大飢饉が起こり、京都や近郊が荒廃した。洛中には多くの困窮者がたむろし、当然のように悪党たちが堂々横行したが、重ねて疫病もすさまじく流行し、これによる死者も数知れないありさまであった。生活苦に耐え切れなくなった庶民の蜂起もかつてなく集中的に頻発しており、特に寛正三年（一四六二）に京都と奈良で起こった大一揆は、世相の混乱に拍車をかけるものであった。

応仁元年（一四六七）、一休は七十四歳、大徳寺の真珠庵の前身にあたる瞎驢庵《かつろあん》にいた。しかし、同庵が兵火にかかる直前、ひとまず東山山麓の虎丘庵に移って天下の成り行きをうかがった一休は、日ましにつのる兵乱に耐えかね、同庵を南山城の妙勝寺のかたわらに移築し、酬恩庵《しゅうおんあん》と名づけ、ここに移り住んでかろうじて戦火の難をさけている。

ところが、翌々文明元年（一四六九）には、酬恩庵にも戦火が迫ったので、庵を出て、瓶原《みかのはら》の慈済庵へ、さらに奈良から住吉へと移った。住吉に文明十年（一四七八）まで滞在し、応仁・文明の乱も鎮静した頃、酬恩庵へもどった。この間、文明七年（一四七五）には、薪《たきぎ》村に寿塔（生前にあらかじめ作っておく墓）を造り、慈揚塔《じようとう》と名づけている。

一休は、文明十年から、入寂する同十三年まで、酬恩庵に住した。その間、堺の商人尾和宗臨の帰依を受け、戦乱で荒廃した大徳寺伽藍の復興に努めているし、酬恩庵には、連歌師宗長、猿楽の音阿弥、金春禅竹、茶の湯の村田珠光など、当代きっての文人が訪れている。

「宗長日記」大永二年（一五二二）には、次のように書かれる。

大仏にまいり、それより、山城《やましろ》薪《たきぎ》へまかりのぼる。門送かれこれさきにたちて、般若寺坂にまたる、折・食籠数しらず、坂の松の本に落葉を焼て、酒あた、めなどして、輿に入侍し、当坊にして出立の数盃、坂にて乗物よりおり侍るとて、腰をつきそんじ、則、

たのみこし杖つきおりて郎等はつゞかぬ老の武さところびぬ

さて、薪酬恩庵にはふ〱つきぬ、

一休の周辺には、新しい文化の芽がめばえていたのである。

文明十三年（一四八二）十一月二十一日、一休は入寂した。八十八歳の高齢であった。遺体は慈揚塔に納められた。酬恩庵は一休和尚の塔所（墓所）として、その徳を慕う人々によって篤く信奉されることになる。

一休は世俗的な権力を嫌い、純粋な虚堂《きどう》の禅に帰ろうとした。晩年は、「禅浄一如」の思想を持ったと考えられる。足利義政と一休が交流を持ったという史料は見出しえない。しかし、義政の思想にも、また「禅浄一如」の風がみられる。奇しくも二人はその思想において同様の「禅浄一如」の境地を持していたと思われる。

八十八歳で示寂する直前、一休は遺偈《ゆいげ》を書き残した。真珠庵に残るそれを見ると、

須弥《しゆみ》の南畔《なんぱん》
誰か我が禅を会《かい》（解）せんや
虚堂来たるもまた半銭に直《あたい》（値）せず

須弥南畔とは須弥山の南のほとり、すなわち日本国を指し、この国で誰に自分の禅が理解できようかと述べ、ついでたとえ尊敬する虚堂智愚が生き返って会いに来るとも、半銭の値うちもないと言い切っている。反骨に生きた一休宗純の末期らしい遺偈といえる。

一休和尚《きゆうおしよう》は堺《さかい》の
高須《たかす》にて、遊女《ゆうじよ》
地獄《じごく》というを
よんであそび
戯《たわむ》れ、酒興《しゆきよう》の
うえにて、
三乗四諦無レ非レ道《さんじようしたいみちにあらずということなし》
と諷《うた》い給えば、
万法千門只此心《まんほうせんもんただこのこころ》
と句《く》を継《つい》で、共《とも》に
うたいたわむれける。

一休和尚（巻之一）

聟入《むこいり》一休《きう》

狂歌

一休《きゅう》の
聟入《むこいり》
万事《ばんじ》
無一物《むいちもつ》
しばし
おうぎの
絵《え》そらこと也

衆雲

8 西本願寺御坊信証院（本願寺堺別院）

●本願寺堺別院…阪堺線・神明町駅より徒歩5分。

堺の一向宗（浄土真宗）徒の拠点は、西本願寺御坊信証院であった。

本願寺の蓮如《れんにょ》は、堺北庄の豪商樫木屋道顕の援助を得て、樫木屋道場信証院を建てた。

道顕は、堺に来ていた明人の堅致《けんち》と堺の豪商万代屋の娘木の花との間に生まれた人物で、樫木屋は薬種商を営んでいた。

『和泉名所図会』によると、道顕は屋敷の半分を割いて道場とし、屋敷と廊下で結んでこの信証院に参詣したという逸話を伝えている。

◉蓮如上人

蓮如は、応永二十二年（一四一五）京都に、本願寺七世存如を父として生まれた。父の死後、近江、摂津、三河などで活発に布教、本願寺勢力を拡大した。山門比叡山の弾圧を受けて、北陸吉崎へ移り越前加賀にも門徒を増やしたが、文明七年（一四七五）、河内出口、ついで京都山科、明応五年（一四九六）には大坂に本拠を置いた。明応八年、八十五歳で没するまで、浄土真宗（一向宗といわれた）の拡大に貢献した。

堺《さかい》西本願寺《にしほんがんじ》御坊《ごぼう》

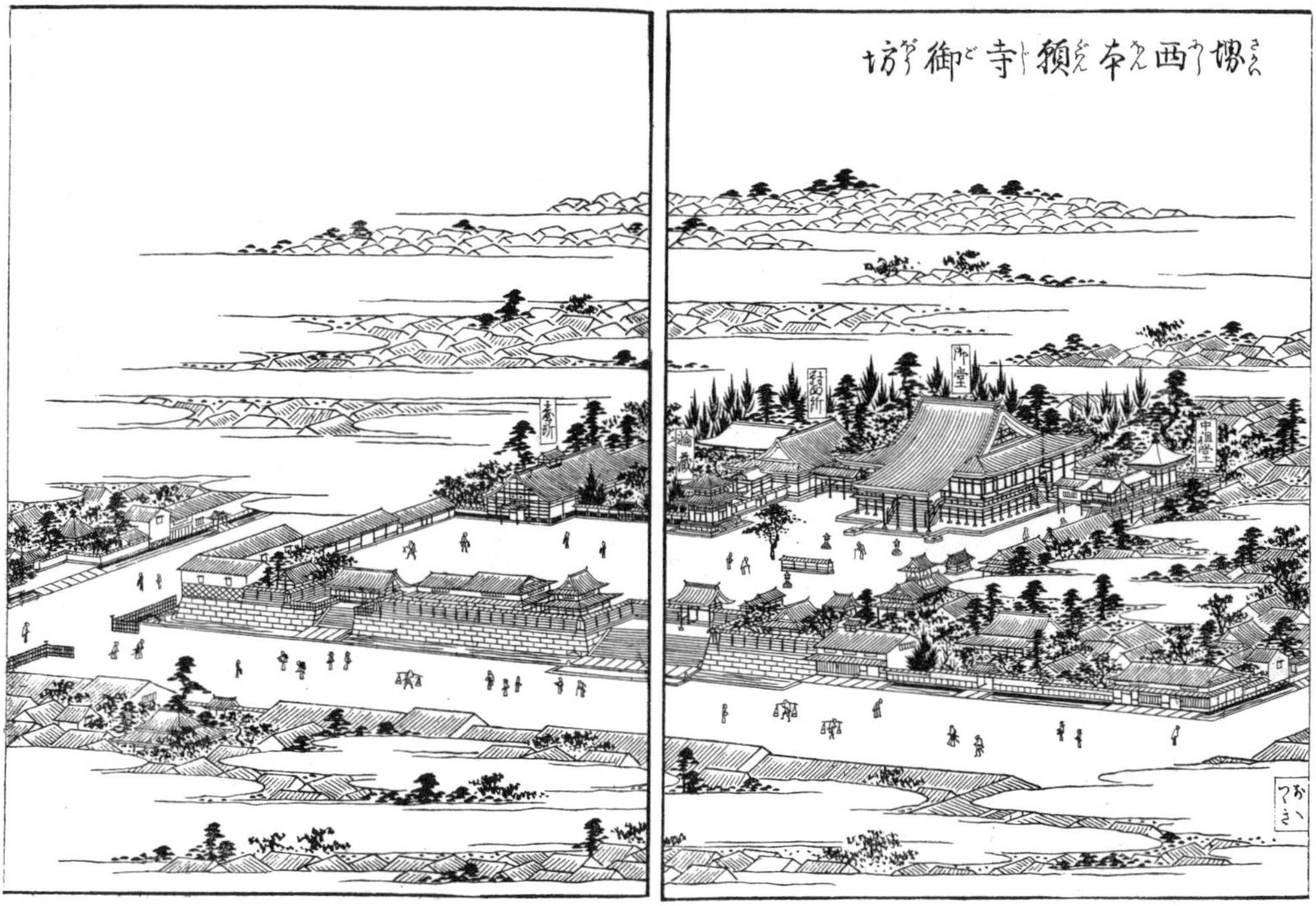

前へつづき

中祖堂

御堂

対面所

論蔵

台所

堺西本願寺御坊（巻之二）

9　妙国寺

●妙国寺…阪堺線・妙国寺前駅より徒歩5分。

妙国《みょうこく》寺は材木町の東にあって、室町末期、三好之康の寺地寄進により、日珖僧正を開基として創立された。

『和泉名所図会』では、蘇鉄《そてつ》の名所として紹介され、蘇鉄の大木が描かれている。妙国寺の蘇鉄は、三好実休《みよしじっきゅう》（義賢《よしかた》）が当所に移住した時初めて植えたもので、それ以後繁茂巨大化して堺の名物となったことを記している。『和泉名所図会』の記述は、ここまでである。

その後、この蘇鉄にはさらなる伝説ができた。織田信長が安土城に移した所、毎夜妖声を発したため妙国寺に返したといわれている。

一方、妙国寺の向い側には、「土佐十一烈士墓」がある。

◉土佐十一烈士墓

明治元年（一八六八）、堺警固の土佐藩兵によるフランス人水兵殺害を発端とする「妙国寺堺事件」が起こり、処罰を受けることになった土佐藩士箕浦《みのうら》猪《い》之吉《のきち》以下十一名が妙国寺境内で切腹した。妙国寺の向い側には、この十一名の「土佐十一烈士墓」があり、幕末維新の動乱の堺の歴史を伝えている。

土佐十一烈士墓

大木蘇鉄

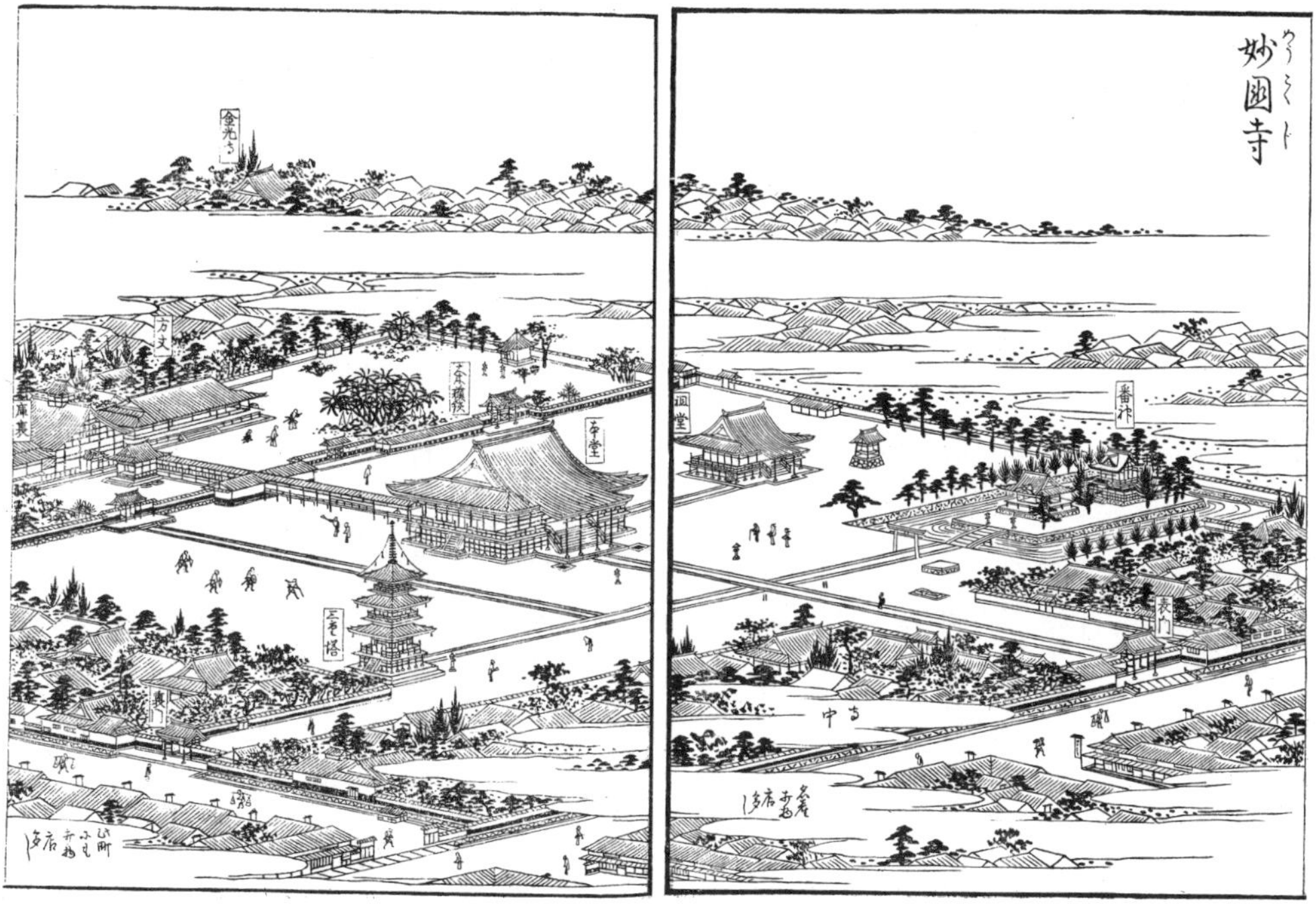

表門　番神　中寺　名産打物店多し　祖堂　本堂　大木蘇鉄　三重塔　金光寺　方丈　此町にも打物店多し　庫裏

妙国寺（巻之二）

妙国寺大蘇鉄

10 堺天神社（菅原神社）

●菅原神社…阪堺線・北花田駅より徒歩5分。

菅原神社は、堺天神社とも呼び、かつては「塩穴天神」と称した。祭神は菅原道真、天《あまの》穂《ほ》日《ひ》命・野見宿禰《のみのすくね》ほか二神を祀る。

道真は太宰府に左遷される時に、自作の木像七体をつくったが、その一体が延喜年中に堺浜に漂着し、この像を安置して祀ったのが当社の始まりと伝えられる。堺北庄の氏神であり、境内には常楽寺と称する天台宗の寺院があった。

『蔗軒日録《しょけんにちろく》』文明十八年（一四八六）二月十二日条に、

経堂《きょうどう》は地下《ちげ》の公界会所《くがいかいしょ》也、

とあり、泉澄一氏『堺―中世自由都市』（教育社歴史新書、一九八一年）では、この地下公界所は、北庄菅原神社経堂と推定している。

先述（5　開口神社）のように堺の都市自治は十人の会合衆によってなされており、それらの会合衆の会合場所が南庄の開口神社と、北庄のこの菅原神社（堺天神社）の二カ所であった。

菅原神社（堺天神社）

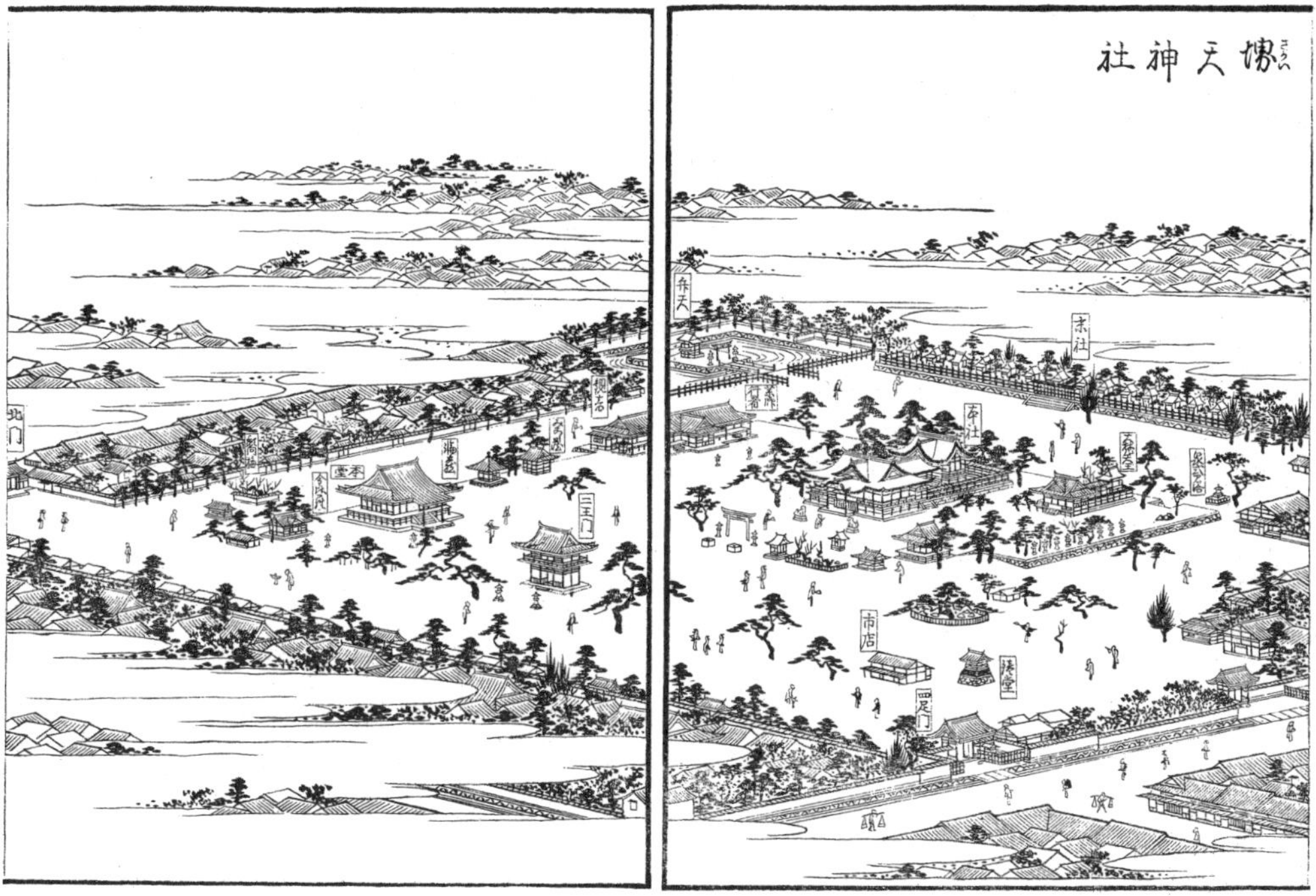

北門　影向梅　金比羅　本堂　論蔵　みこし蔵　二王門　観音　弁天　薬師行者　市店　四足門　本社　鐘堂　末社　大梵天王　泉式部塔

堺天神社（巻之一）

11 仁徳天皇陵

●仁徳天皇陵…ＪＲ阪和線・百舌鳥駅より徒歩10分。

堺を代表する遺跡は、墓域面積において世界最大といわれる伝仁徳天皇（大仙）陵である。

仁徳天皇は、応神天皇の皇子で五世紀初頭の在位と推定される。父の死後異母弟菟道稚郎子《うぢのわきいらつこ》と皇位を譲り合い、稚郎子の死によって即位したという逸話が『日本書紀』にある。

難波に都し、産業の奨励、狭山池・茨田堤の開削などを行ない、宋に遣使（倭の五王の一人）したといわれる。

『和泉名所図会』では、仁徳天皇陵・反正天皇陵・方違社・三国の辻を挿絵に描いている。

「舳松《へのまつ》領にあり、大山陵《だいせんりよう》と号す、封域、今存する所、外堤千二百八十三間、中堤九百五十五間、山ノ根廻七百六十三間、南ノ峰高サ十四間、北ノ峰十六間四尺、四畔に小塚九箇所あり」と記している。

仁徳天皇陵

仁徳《にんとく》天皇陵　大山陵《だいせんりょう》とも云
反正《はんしょう》天皇陵　楯井陵《たていのみささぎ》とも云
方違社《かたたがいのやしろ》
三国辻《みくにのつぢ》

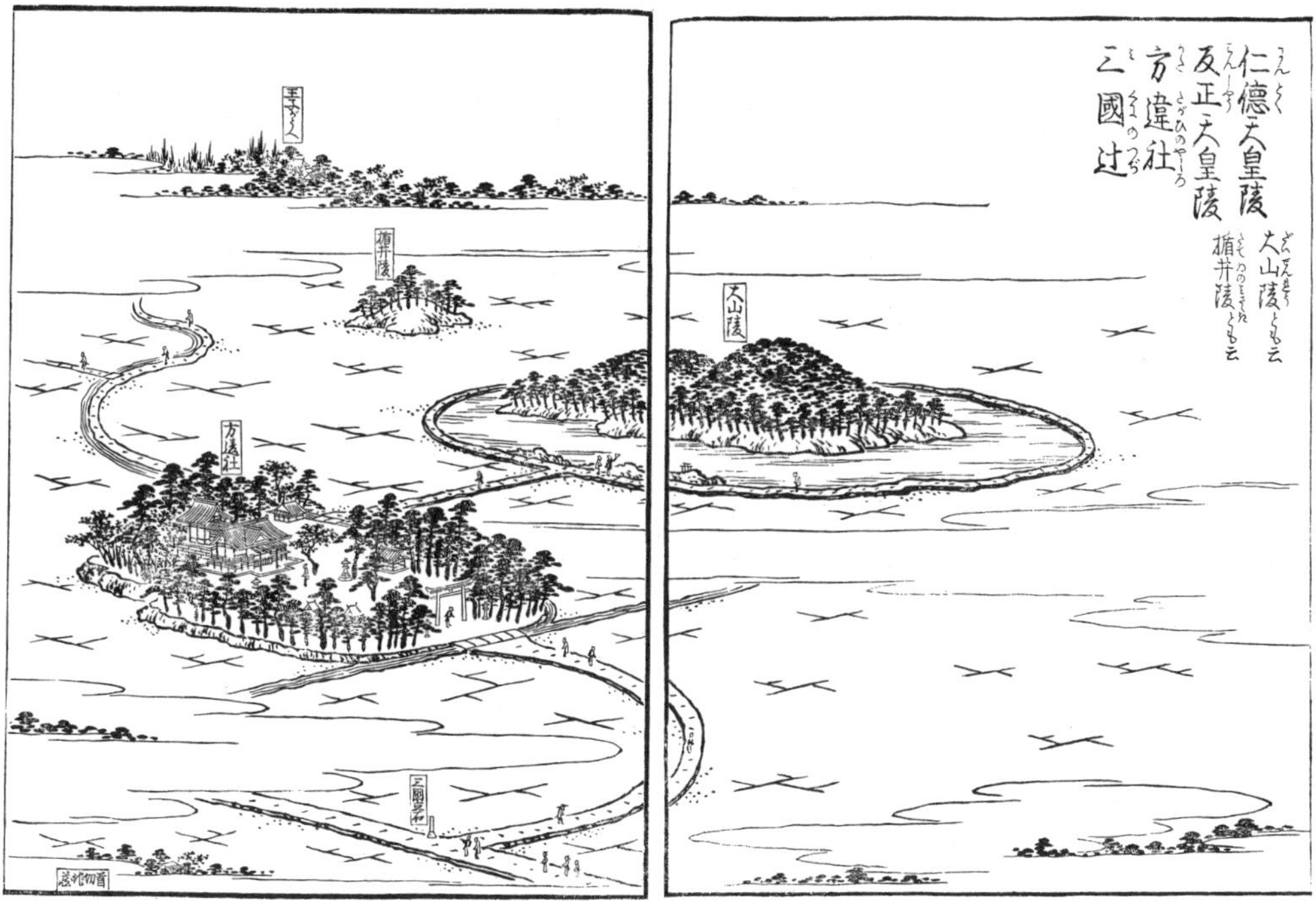

大山陵
三国立石
楯井陵
王子がたえ
方違社
首切地蔵

仁徳天皇陵（巻之一）

12 大鳥神社（大鳥大社）

●大鳥大社…ＪＲ阪和線・鳳駅より徒歩10分。

大鳥大社は堺市西区鳳北町、ＪＲ阪和線・鳳駅のすぐ近くにある延喜式式内社である。祭神は、大鳥連の祖神 天《あめの》児屋根命《こやねのみこと》と日本 武 尊《やまとたけるのみこと》であり、日本武尊が死後白鳥になって当地に舞い降りたのに由来すると伝えられる。社殿は大鳥造りと呼ぶ出雲大社につぐ古い様式を伝えている。

また日本武尊が降臨した時、一夜にして種々の樹木が生じたため千種の森と呼ばれるようになったという境内林がある。

和泉国の一の宮として古代より近隣の人々の崇敬が厚く花摘祭など盛大な祭事がとり行なわれる。

『和泉名所図会』は、次のような話を伝えている。

　景行天皇の皇子日本 武 尊《やまとたけるのみこと》が、熊襲討伐の功を十六歳でなした後、東夷の征伐に向うこととなった。途上伊勢神宮に参詣、斎宮倭姫命より草薙 剣《くさなぎのつるぎ》を授かり、帰途伊勢国能褒野《のぼの》という所で亡くなった。陵より八尋の白鳥が飛び立ち、倭 国琴弾原《やまとのくにことひきはら》ついで河内国古市郡に着き御陵が造られた。のち白鳥はこの大鳥社の地にも飛来した。

という。また、『日本紀』を引いて、次のようにも書いている。

　その後、宮殿を和泉国大野里に建てて、白鳥が鎮座したのが今の大鳥社となった。八尋の白鳥を大鳥大明神と号した。また当社の森は一夜にして種々の樹木が繁ったので千種杜《ちぐさのもり》といったという。

すなわち、堺の大鳥大社は、日本武尊を祀る神殿で、「八尋の白知鳥《しらとり》」を祭神としたという。またその森は一夜にして種々の樹木が生じたので「千種杜《ちくさのもり》」という。

◉日本武尊

景行天皇の皇子で、『古事記』・『日本書紀』に所伝があり、「倭健命」とも書く。

熊襲・出雲の平定を行ない、ついで関東の征圧に向かった。相武国で国造にあざむかれて火難に遭うが、「草那芸剣《くさなぎのつるぎ》」で草を刈り払い逃れる。帰途伊吹の山の神の征討に赴き、ここで白猪に化したこの山の神の降らせる氷雨のために病に倒れ、伊勢の能褒野《のほの》に崩じた。

御陵を造ると、皇子の霊は白知鳥となって天に翔り飛び去った。

『古事記』・『日本書紀』に伝えるこの皇子は、史上最も愛された英雄像の一つで、その遠征の伝えられた地方や、その経路を延長してさまざまな説話や伝説が生まれて行った。

◉熊野街道と九十九王子

摂津国天王寺を経て、和泉国を通過、紀伊田辺へ向う熊野街道が走っていた。往古、蟻の熊野詣でと称される程、上皇や貴族が列をなして熊野に向った。めざすは、熊野三山の熊野本宮・新宮・那智大社であった。

この熊野街道沿いに、院政期から鎌倉中期にかけて、熊野権現の末社として設けられたのが、九十九王子で、遥拝所・休憩所としての役割を果たした。

建仁二年（一二〇二）の例を見ると、和泉国では、境（堺）王子・大鳥居新王子（大鳥王子）・篠田王子・平松王子・井口王子・池田王子・浅宇河王子・鞍持王子・胡木（近木）新王子・佐野王子・籾井王子・厩戸王子・信達一ノ瀬王子・地蔵堂王子・馬目王子の名を見ることができる。九十九王子は必ずしも九十九あった訳ではなく、時代によって変遷するが、おおむね和泉国を東西に縦断していた。堺市域には、現在も「堺王子」と「大鳥王子」の伝承地が残り、石標が建てられている。熊野街道から考えると堺王子と大鳥王子を結ぶ丘陵地帯に中世の町場が形成されていたと思われる。

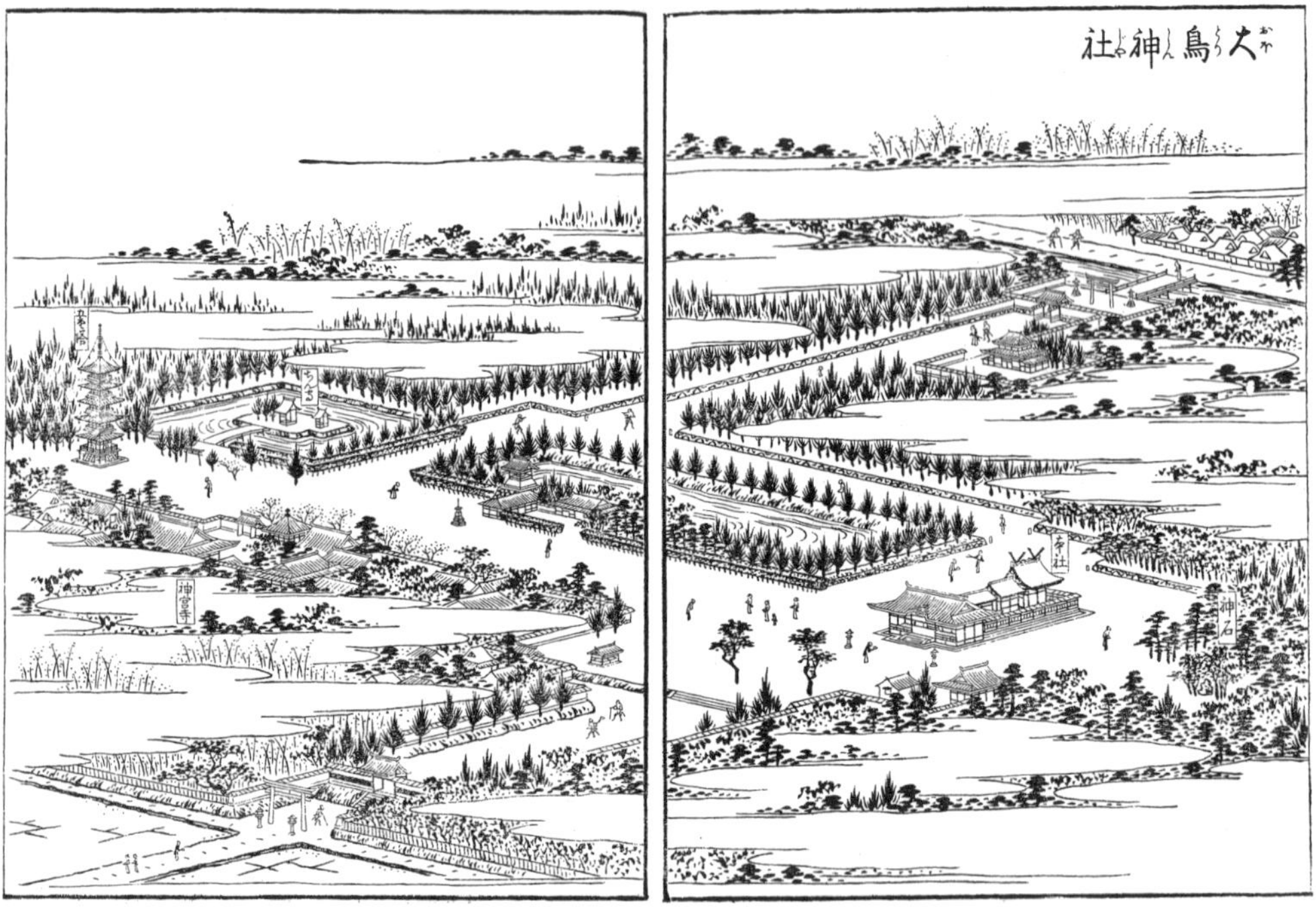

五重塔　神宮寺　ちん守　本社　神石

大鳥神社（巻之二）

13 家原寺

一乗山家原寺《えばらじ》は行基《ぎょうき》誕生地と伝えられて、堺市の家原大池公園の側にある。寺院全体が小高い丘の上にあり、『和泉名所図会』にこれぞ一乗山の霊峰と書かれた所以《ゆえん》である。

この地は、大阪湾にも近い堺市内であり、和泉の中心の一つとして早くから渡来人が居住した地域である。父高志《こし》氏は百済の王仁《わに》の後裔と伝える。渡来系の先進文化を持った一族に生まれた行基は、仏教教学のみならず、土木技術や医術薬学、建築技術などにも知識が深く、それら技術者集団とも連《つな》りがあったと解せられる。

●家原寺…JR阪和線・津久野駅より徒歩15分。

家原寺山門

◉行基

行基《ぎょうき》の父は高志才智《こしのさいち》、母は蜂田古爾比売《はちだのこにひめ》（薬師姫）と伝え、天智七年（六六八）に和泉国大鳥郡で生まれ、天武十一年（六八二）に出家した。池をつくり、溝をつくり、道路を整備し、橋をかけた。行基は養老七年（七二三）の三世一身法の施行以後、檜尾《ひお》池院・狭山池院・鶴田池院など灌漑施設と結びついた院を建てている。この他、土室池・長土池・野中布施屋・深井池・薦江池・茨城池・久米田池・物部田池などの灌漑施設を造っている。

律令国家ははじめ、このような活動を弾圧したが、次第に受け入れるようになり、天平十七年（七四五）大僧正に任じ、天平二十一年（七四九）二月二日、平城右京の菅原寺において八十二歳で没した。その墓は生駒山麓の竹林寺に残っている。また母の一族蜂田氏の本拠地堺市八田寺町には華林寺（蜂田寺）が残っている。

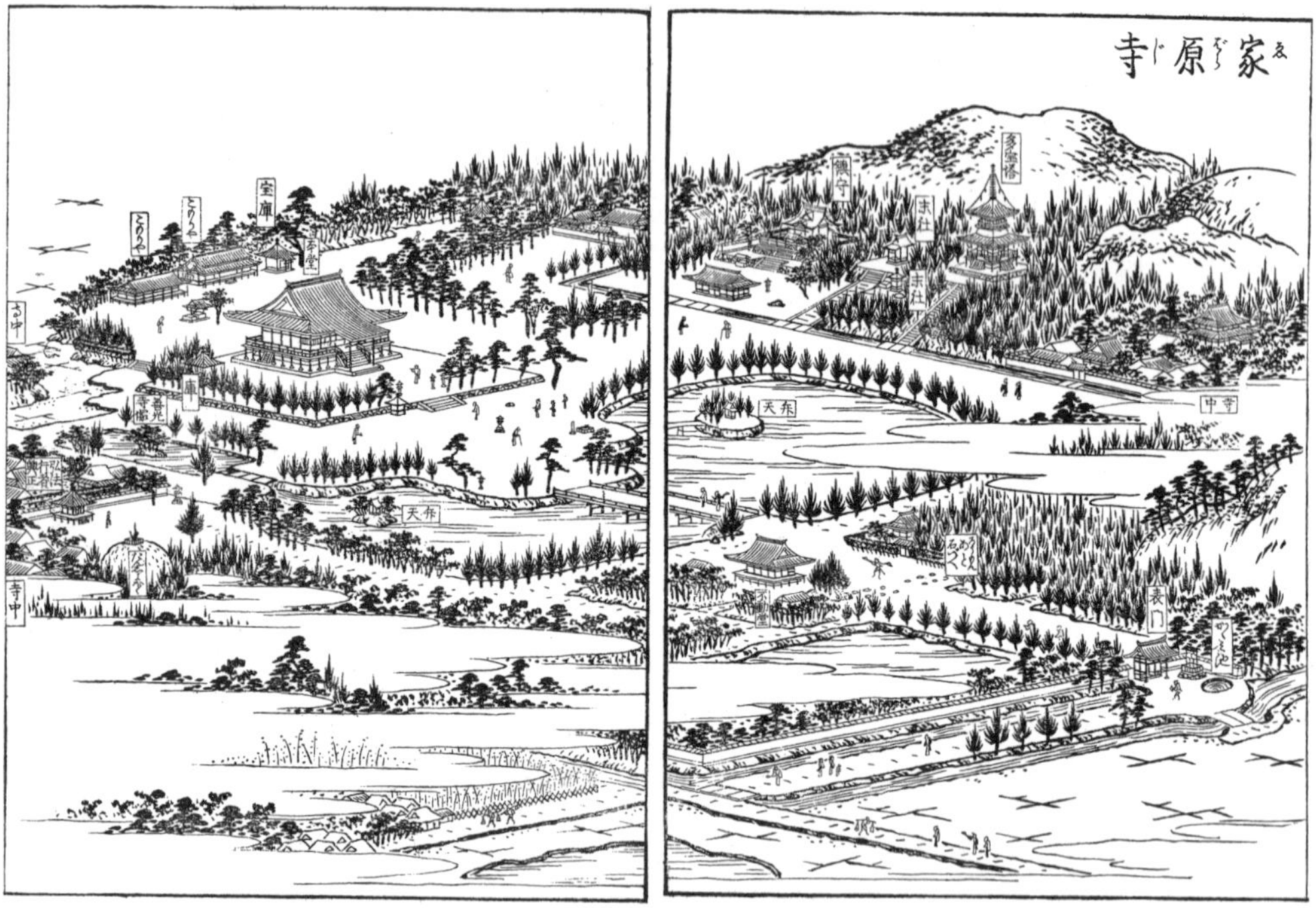

寺中　かがみ池　表門　多宝塔　ろうもんあと石づえ　末社　末社　鎮守　弁天

弁天　本堂　宝庫　こもりや　庫　こもりや　善光寺塚　たんしょうぼく　弘法行者興正　寺中　寺中

家原寺（巻之二）

14 華林寺（蜂田寺）

●華林寺（蜂田寺）…ＪＲ阪和線・津久野駅より徒歩25分。

飛鳥時代（六世紀後半～七世紀中頃）に大鳥郡蜂田郷にあった古代寺院蜂田寺は、現在は堺市中区八田寺町に華林《けいりん》寺《じ》となって残っている。

行基の母は「河内国大鳥郡蜂田首虎之長女也」と記されており、この寺は行基の母方の建立にかかわる氏寺である。

「華林寺建立絵篇」によると、

菩薩（行基）御行年十三歳、白鳳廿一年庚辰十一月十日、始建立花林寺、壇越蜂田薬師澄麻呂等、

とあり、白鳳期（七世紀後半）建立と推定される。

建武以来の争乱と兵火で焼失し、延宝七年（一六七九）、住職の広恵が再建し、現在は山門、本堂と地蔵堂が残るのみとなっている。寺宝として行基自筆と伝えられる薬師画像がある。また寺の東北には、牛神塚があり、蜂田氏の祖の墓とも伝えられる。

『和泉名所図会』では、「華林寺」について、

蜂田《はちた》村にあり、清香山と号す、いにしえは蜂田寺という。今、土人、家原寺《えばらじ》の奥院《おくのいん》と呼ぶ。本尊薬師仏、行基の作、座像、長《みたけ》、四尺許、開基大僧正行基。此所は、行基の母公《ははぎみ》、薬師女《やくしじょ》の家地《いえところ》也。追福の為《ため》、建立し給う。

と記している。

行基の母一族の故里であった蜂田（八田）に建てられた寺院が蜂田寺（華林寺）であり、古代豪族の居住地であったことがわかる。

15 万代八幡宮（百舌鳥八幡宮）

●百舌鳥八幡宮…南海高野線・百舌鳥八幡駅、またはＪＲ百舌鳥駅より徒歩10分。

南海電鉄百舌鳥《もず》八幡駅から八〇〇メートルほどの百舌鳥赤畑町に、百舌鳥八幡宮がある。

『日本書紀』によると、仁徳天皇がこの地に自己の御陵を築こうとした時、一羽の百舌鳥が鹿の耳に飛びこんで耳を喰いちぎったという。その結果、一匹の鹿を獲た。百舌鳥はやがて鹿の耳の中から飛び去った。そこでこの地を百舌鳥郷と呼ぶようになったという。百舌鳥郷の人々の氏神が百舌鳥八幡である。

『和泉名所図会』の「万代八幡宮《もずはちまんぐう》」では、

毛須《もず》荘《のしょう》 赤畑村にあり。百舌鳥《もず》、裳伏《同》、毛受《同》、藻伏《同》とも書す。むかしは土師郷也。仁徳帝、此地に於て、初て鷹《たか》を得給い、酒《さけ》ノ君《きみ》をして飼《かわ》しめ給う。これ、鷹匠の始り也。

と、故事を記して、祭禅は応神天皇、住吉神、春日神、神功皇后をあわせ祀るとしている。

百舌鳥八幡の秋祭「月見祭」は、ふとん太鼓で有名である。氏子の各町からふとん太鼓を載せた神輿がくり出し、百舌鳥八幡神前に集結する勇壮な祭である。

百舌鳥八幡宮

●高倉寺…泉北高速鉄道・泉ケ丘駅より徒歩20分。

16 高倉寺

高倉《たかくら》寺は「行基年譜」に「大修恵院高蔵」とみえる寺で、陶邑《すえむら》の和訓を操り修恵《すえ》寺・大修恵《すえ》山寺とも称した。応永二十六年（一四一九）高蔵寺衆徒請文により「青蓮院門跡」に属した。林羅山《はやしらざん》は「陶器十景」の漢詩十編を西山御茶屋山で詠んだという。

行基の開基と伝える真言宗高倉寺は、多数の塔頭を持っていたが、明治期には七カ院、その後三カ院となり、最後は小出氏の廟所を持つ宝積院のみとなった。

高倉寺は、泉北高速鉄道泉ケ丘駅から途歩約二〇分の、陶器山丘陵にある。

行基開基と伝え、高倉天皇の行幸があったため、以来高倉寺と称したと伝えられる。

泉北ニュータウン内にあるが、一たび寺内に入ると、うっそうとした木々に囲まれ、古代以来の寺院であることを感じる。七カ院の塔頭で栄えていた

高倉寺碑

高倉寺本坊宝積院門

往時をしのばせる寺地であり、小出氏の廟所となった宝積院は、その伽藍を残し、現在に至るまで高倉寺を守っている。

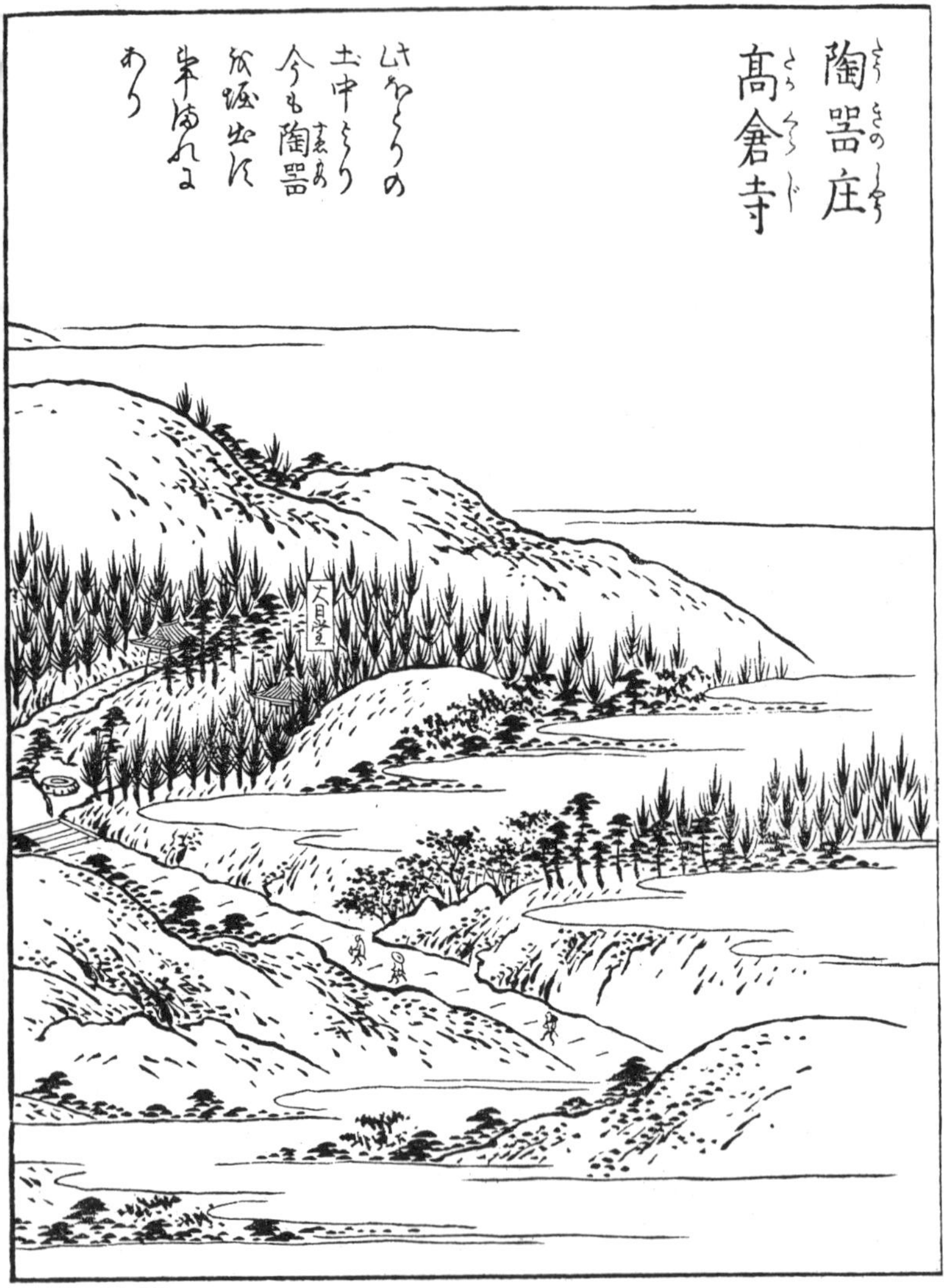

高倉寺（巻之二）

陶器庄《とうきのしょう》
高倉寺《たかくらじ》

此ほとりの土中より今も陶器《すえもの》を掘出す事まれにあり。

大日堂

鎮守
本堂
行者堂
寺中
聖天
表門
梵字の芝
薬師
大師堂
寺中

17 国府清水

●国府清水…ＪＲ阪和線・和泉府中駅より徒歩10分。

『和泉名所図会』国府清水《こうのしみず》の項には、「和泉国」名の由来を書いている。

国府地（旧府中村）の西の入口には、清水があった。「和泉国」という国名は、この清泉より起こり、一名和泉《いずみ》の井ともいう。

現在この地には、泉井上神社がある。

『和泉名所図会』は、神功皇后《じんぐうこうごう》の挿絵を載せて、次のように解説している。

昔、神功皇后が新羅に征討軍を出した年に一夜にして湧き出たことが清水の起源であるという。この付近に神功皇后の小竹宮、元正・聖武天皇の行宮も建てられ、「珍努《ちぬ》離宮」とも「和泉宮」ともいったという。古代は国司の館が置かれ「国府《こう》」又は「府中《ふちゅう》」と呼ばれた。

橘《たちばなの》道貞《みちさだ》・源《みなもとの》順《したごう》・紀貫之《きのつらゆき》・菅原足義《すがわらのさだよし》等いずれも和泉守に任ぜられこの地に下った。後鳥羽院も熊野行幸の途次、国府の新造御所に入ったと記している。

国府清水は、泉井上神社付近にあったと思われる。『和泉名所図会』の「府中清水」では、水多く湧き出る清水が、泉井上神社の本殿近くに描かれている。

残念ながらこの井泉は現存しない。わずかに泉井上神社の本殿前に石碑と案内板が残るのみである。和泉国の国名のもととなった清水が、『和泉名所図会』刊行の頃までは存在していたのである。

泉井上神社鳥居

府中《ふちゅうのそうしゃ》惣社

府中《ふちゅうの》清水《しみづ》

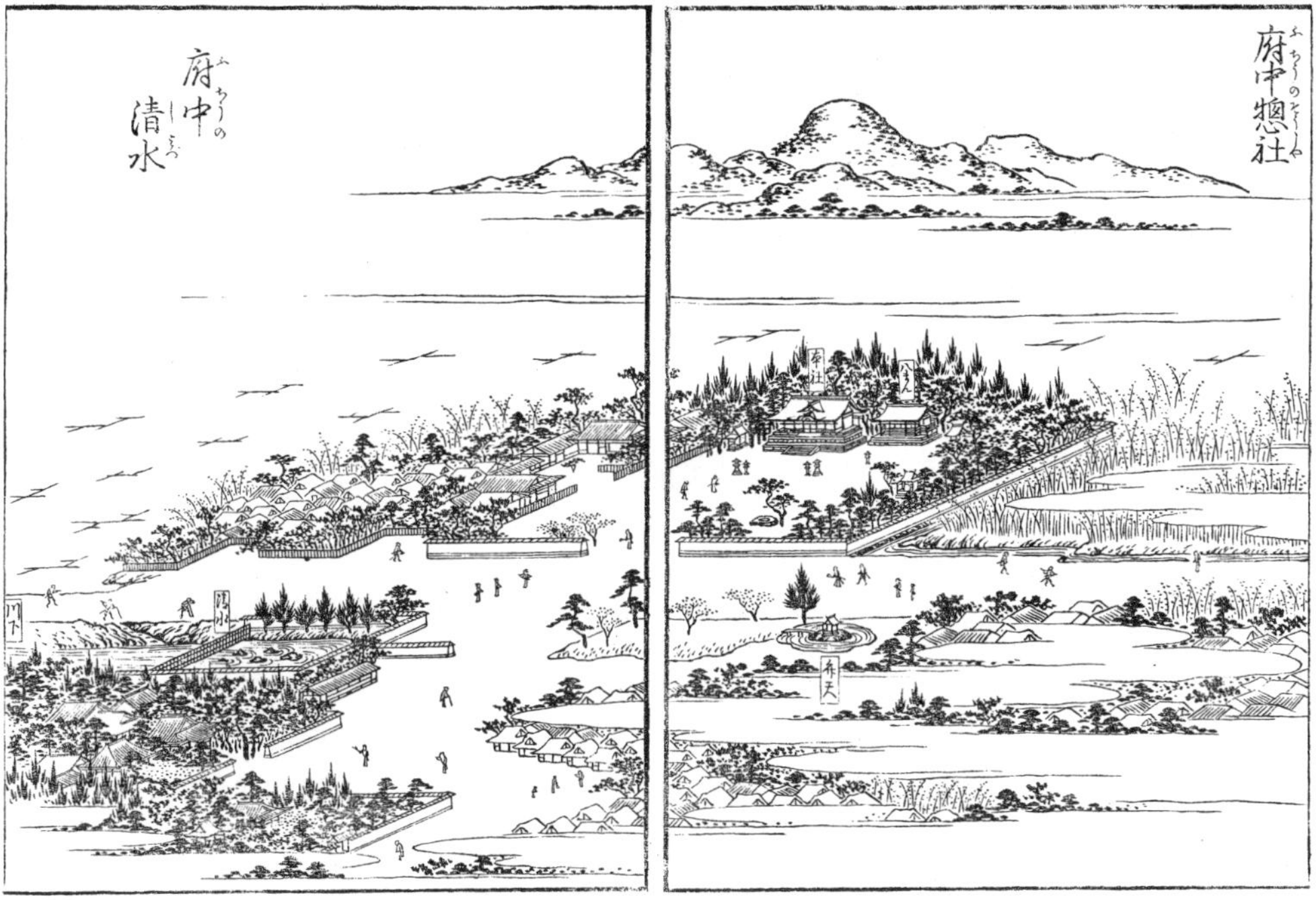

八まん
弁天
本社
清水
川下

府中清水（巻之三）

泉井上神社社殿

神功皇后《じんぐうこうごう》
三韓《かん》を御退治《おんたいじ》
有て堺浦《さかいのうら》へ帰朝《きちょう》
し給う鷁舟《みふね》の
着岸《ちゃくがん》しける所を、

神功皇后（巻之一）

舳松《へのまつ》という
山海経《さんかいきょう》云、崑崙山《こんろんさん》に
沙棠木《さどうぼく》あり
其実《み》を喰《くら》えば
溺《おぼ》れず。又これ
にて船《ふね》を作《つく》る
ときは、難風《なんぷう》に
覆《くつがえ》らず、海底《かいてい》に
沈《しず》まずとぞ聞べし。

国府清水《こうのしみず》は
神功皇后三韓退治《じんぐうこうごうさんかんたいじ》
の後、武庫《むこ》よりここに
至り、此霊泉《れいせん》を
賞《しょう》じ給うより
和泉《いずみ》の名はじまる。
むかし黄帝《こうてい》の時、
あるひ尭《ぎょう》の代《よ》、
夏后《かこう》の節
霊泉《れいせん》出る。
ここも此例《ためし》に
よるならんか。

国府清水（巻之三）

18 願泉寺

●願泉寺…南海本線・貝塚駅より徒歩5分。

貝塚御坊《かいづかごぼう》とも呼ばれる願泉寺《がんせんじ》は、石山本願寺を追われた顕如《けんにょ》上人が一時滞在したことに由来する。

住職の卜半斎了珍《りょうちん》は、天文十四年（一五四五）頃、富田頼雄なる人物により、貝塚へ招かれたという。天正十年（一五八二）、豊臣秀吉は、寺内町となる寺地を与えた。寺内町には回船問屋や旅籠が軒を並べ、繁栄した。

慶長十五年（一六一〇）には、徳川家康より二代目住職卜半斎了閑《ぼくはんさいりょうかん》に「寺内諸役免除」の特権を与えられ、以降寺内町は卜半家を領主として、明治維新まで続行することとなった。『和泉名所図会』に「願泉寺、卜半自坊、世に貝塚御坊という」とある。

願泉寺本堂は、天文十九年（一五五〇）、本願寺十世証如上人より阿弥陀如来の絵像「方便法身尊像」を授けられて、それを祀る草庵が造られたのを起源としている。その後天正五年（一五七七）織田信長の貝塚攻撃のあと、天正八年（一五八〇）本堂が再建されている。そして寛文三年（一六六三）に現在の本堂が再建されたことが記録に見えている。

願泉寺（解体修理）

願泉寺《がんせんじ》
卜半自坊《ぼくはんじぼう》
世に貝塚《かいづか》
御坊という

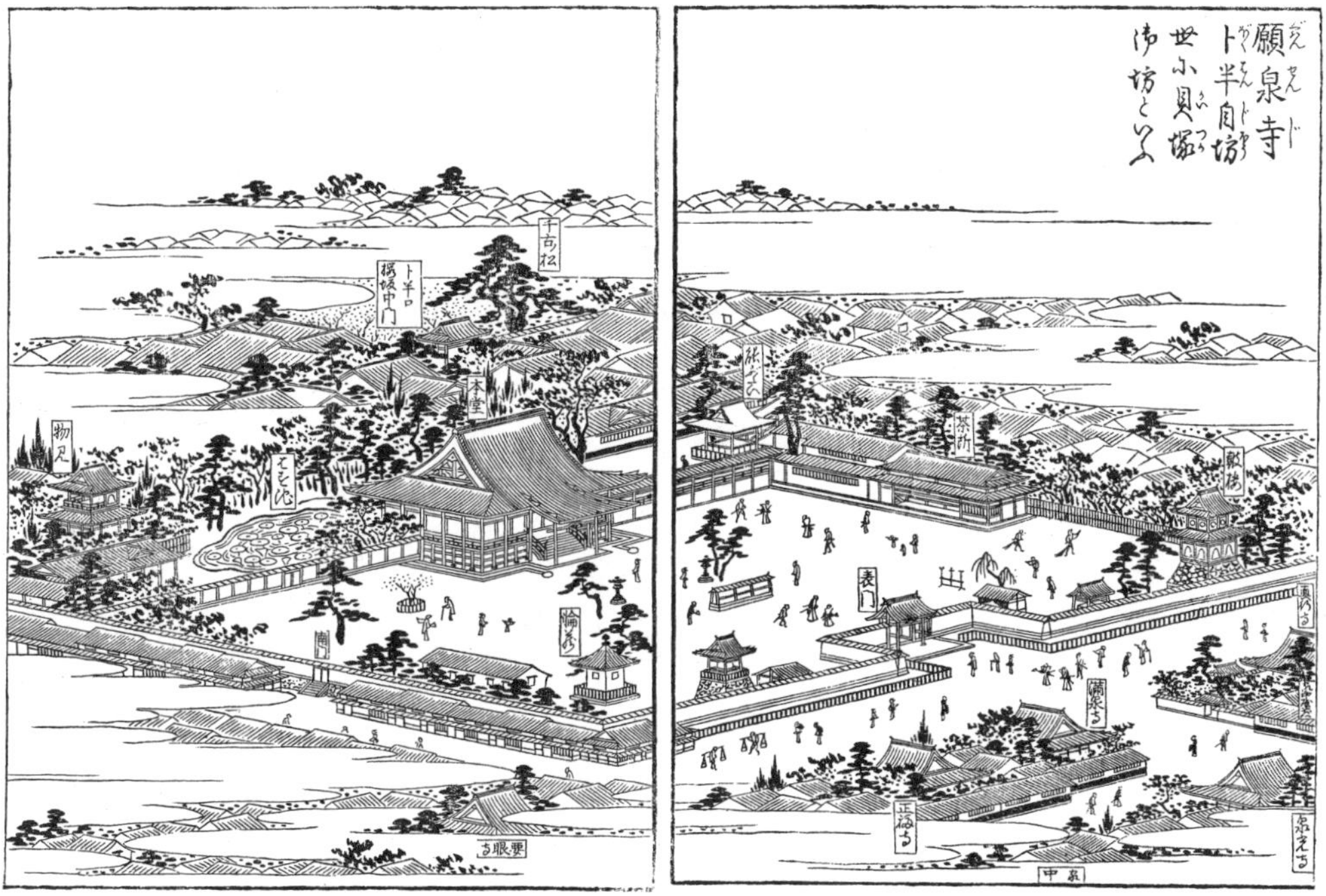

真行寺
家中屋敷
泉光寺
鼓楼
満泉寺
中家
茶所
正福寺
表門
能ぶたひ
論蔵
千古ノ松
要眼寺
本堂
卜半口
桜坂中門
はす池
物見

願泉寺（巻之三）

19

牛滝山大威徳寺

●大威徳寺…南海本線・岸和田駅よりバス、「牛滝山」下車すぐ。

岸和田市の山中牛滝山に大威徳寺《だいいとく》がある。天台宗で役小角開基と伝える修験道寺院であり、葛城二十八宿の一つである。本尊は、大威徳明王・不動明王・阿弥陀仏の三尊。

比叡山の僧大乗坊恵亮が山内で大威徳法を修した時、滝の中から大威徳明王が牛のような青石に乗って現れ、これを山号としたという。

当寺は空海や恵亮の入山以来、天台・真言二宗兼学とされ、本坊は天台宗に、穀屋坊は真言宗に属していた。境内には、本堂・多宝塔・大師堂・本坊・鐘楼・山門・穀屋坊跡が残るが、このうち多宝塔は解体修理の際、永正年間（一五〇四〜一二）の墨書が発見され、室町後期の建築と推定され、国の重要文化財となっている。

『和泉名所図会』で「牛滝山大威徳寺」は、

> 牛滝荘にあり、いにしえは石蔵《いわくら》五山という。坊舎四十宇あり、本坊方は真言宗、穀屋方は天台宗、本尊大威徳明王、

と紹介され、ほかに不動尊・阿弥陀仏・役行者などが祀られ、多宝塔があった。

『和泉名所図会』には、牛滝山大威徳寺坊中の風景、牛滝本堂と牛滝の風景、それに牛滝紅葉見物の挿絵がそえられて、寺院としても観光地としてもにぎわっていた様子をしのぶことができる。

大威徳寺山門

牛滝山《うしたきざん》
大威徳寺《だいいとくじ》
坊中《ぼうちゅう》

牛滝山大威徳寺（巻之三）

つづきへ

大威徳寺多宝塔

牛滝山大威徳寺（巻之三）

牛《うし》滝《たき》丹楓《もみぢ》見《み》

新古今
紅葉ばを
さこそ嵐の
はらうらめ
此山もとの
雨とふるなり
権中納言公任

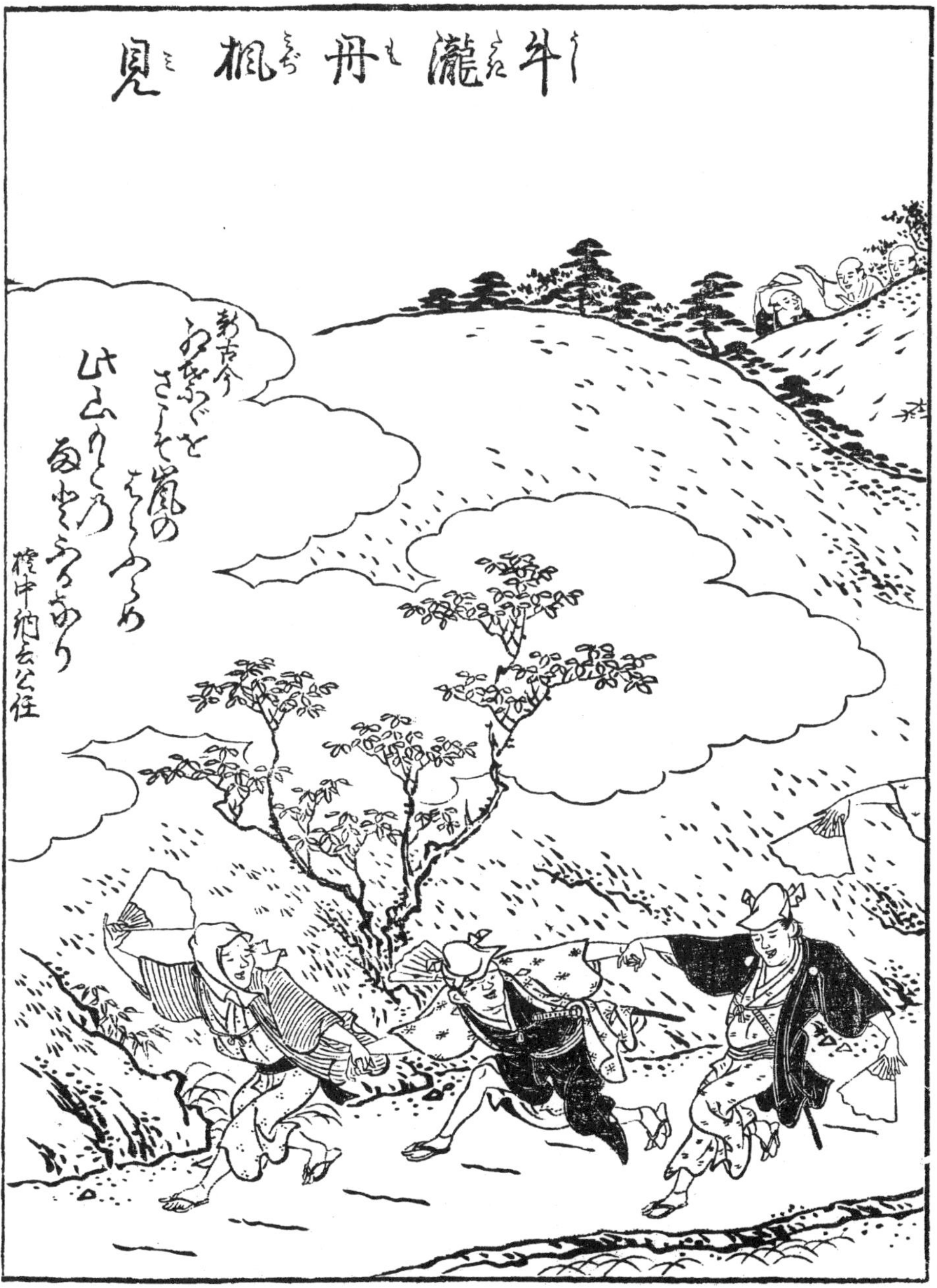

20 麻福田麿（丸）伝承地

●麻福田麿伝承地…JR阪和線・久米田駅または岸和田駅よりバス、「稲葉」下車徒歩5分。

現在ではすっかり忘れ去られてしまったが、江戸時代の『和泉名所図会』には、「麻福田麿家地《まふくたまろいえところ》」が大きく紹介されている。

私は、この「麻福田麿家地《まふくたまろいえところ》」を見分すべく、『和泉名所図会』に書かれる旧稲葉村（岸和田市稲葉町）を訪ねてみた。無論奈良時代にあったといわれる麻福田麿（丸）の家が残っているはずはないが、「麻福山大門坊極楽寺《まふくさんだいもんぼうごくらくじ》」なる寺が稲葉菅原神社の境内に存在する。

『和泉名所図会』の「麻福田麿《まふくたまろ》」伝説は次のようである。

昔、和泉国をまだ河内国と呼んだ頃（奈良時代）、稲葉村に富裕な家があり姫君がいた。その門前に貧しい母子が住んでいたが、その少年が姫に恋慕した。それによって少年が病に落ちたことを知った姫君は、少年にまず「筆の道」を学ぶよう求める。ついで「僧となり修行する」ことを求め、手ずから藤の袴を縫って少年に送った。少年は他国（大和国）に行き修行する。しかし姫は病のため早世してしまう。悲歎の中、少年は仏道修行に励み、ついに高僧智光（奈良元興寺僧）となった。

この智光こそは、奈良元興寺極楽坊の祀る高僧である。智光は元興寺僧坊内で極楽往生を遂げ、人々はその居所を極楽坊として祀ったのである。智光の極楽往生は「智光曼荼羅《ちこうまんだら》」という仏画を生み、広く流布している。極楽坊は奈良に於ける一大仏教拠点となったのである。

麻福田麿の伝説は和泉国に存在するが、『河内名所図会』にも次の話が記載されている。

河内飛鳥にむかし常林寺という寺があった。この寺はその地の飛鳥戸神社の宮寺である。麻福田麿は出家して智光法師といい、一時この寺に居住していた。

智光法師といえば、一夜阿弥陀如来の霊夢をみて極楽世界に行ったという。その後工《たくみ》に命じて浄土の図を作らしめたが、今南都元興寺に智光曼荼羅として残っている。

河内飛鳥の麻福田麿伝承地は、上ノ太子の飛鳥戸《あすかべ》神社の神宮寺である。『河内名所図会』によれば、麻福田麿すなわち智光法師は、この飛鳥戸（部）氏の出身で、飛鳥戸神社の神宮寺に住したというのである。『河内名所図会』の時代には、神宮寺常林寺は存在したらしいが、寛永八年（一六三一）から本尊は付近の常念寺（融通念仏宗）に受け継がれているという（『大阪府全志』）。

先の「麻福山大門坊極楽寺」には次のような縁起を伝えている。

泉州稲葉村麻福山大門坊極楽寺縁起《えんぎ》

この寺は人皇四十五代聖武天皇の御世神亀天平のころ、智光法師の開基なり。智光法師はこの村の貧しき家に生まれ、名を麻福田麿となんいえりし。又この村に富むる家あ

麻福山大門坊

麻福山大門坊

りて、その家の姫君をゆくりなく見て恋慕することふかかれども、貧富へだたればまた思いもかいなくなんしかばあれど、恋の淵にしずみ思いの病に臥したりけり。

その母湯茶を用うれども服せず、又何を愁うということ知らず、問えどもその由《ゆ》えを答えず、其の友に語らいて察するに、問えば恋慕のよしをなん見るに、母その叶うまじきを嘆き、共に臥して死にいたらんとす。

姫君このよしを聞き、いと哀れに思い、密に人を立て告げ慰めたまいけるよう、密事は筆にしかず、手を習えとて又能き身にては我もとへよること可たし。法師になれとありければ、髪をそり、また徳をおさめよとありけり。遂に大和国元興寺の智蔵上人に随て三論宗をまなばんとす。行くにのぞみて彼の姫君藤袴を編みて贈られける。

麻福田麿嬉しと思いその言に随い、智蔵上人を拝して智光と改め学行世にあらわれて後、前郷に帰りければ姫君は昨日死せりとぞ。

其の時思うに姫君は運縁我道の師なりといいて、それより益々修行を励みし、諸事を研究し、盂蘭盆経般若心経等の疏を作る。

麻福田麿の伝説を引き、この寺は、麻福田麿すなわち智光法師の開基とする。『和泉名所図会』の麻福田麿の家地は、この麻福山大門坊極楽寺付近を想定していると解せられる。

◉伝長者屋敷跡

麻福田麿（智光法師）の恋人姫君の住んでいた長者屋敷の伝承地が、今も岸和田市稲葉町に残る。数年前までは茶園であったが、現在は駐車場となっている。この長者屋敷伝承地の前に、「マブクマル祠」なるものが祀られている。

◉マブクマル祠

伝長者屋敷跡の真向いに「マブクマル祠」が残る。付近では麻福田麿（智光法師）の墓と伝えるが、近付いて見ると地蔵尊か、阿弥陀仏の石仏であることがわかる。今も地元の人々が供花されており、大切に保存されている。

◉『今昔物語集』に見える智光の話

『今昔物語集』に「元興寺の智光・頼光、往生せる語《こと》」という話がある。

今は昔、元興寺に智光《ちこう》・頼光《らいこう》という二人の学生がいて、とても仲が良かった。しかし、頼光は死去し、智光は頼光に会いたい一心でいた。

ある夜夢に頼光の居る所を見れば、荘厳美しき所で浄土に似ていた。いかにして浄土に生まれかわることができるかを智光が頼光に問うと、頼光は阿弥陀仏に問えと答える。智光が阿弥陀仏に問うと、仏は仏の掌の中を見よと答える。夢から覚めた智光は、仏の掌の中に見た小浄土を絵師を描かせたという。一生の間智光はこれを見て死去、遂に極楽往生を得た。

その後、元興寺の智光往生の場を極楽坊と名付け、その写せる浄土の絵をかかげて念仏がとなえられているという。

この絵はその後、「智光曼荼羅」と呼ばれて、今も信仰されている。

マブクマル祠

伝長者屋敷跡

麻福田丸《まふくたまる》が恋路《こいじ》

拾遺
恋つつも
きょうは
有なん
玉くしげ
あけんあしたを
いかで暮さん
人まろ

21 龍臥山久米田寺

●久米田寺…JR阪和線・久米田駅より徒歩15分。

和泉国泉南郡の古代寺院に、龍臥山久米田寺《りゅうがさんくめだ》がある。『和泉名所図会』は、久米田寺を次のように記している。

久米田寺村にあり。真言古義、また隆池院《りゅうち》と称す。行基開基四十九院の中也。

すなわち、久米田寺は行基が開いたと伝えられる四十九院の一つであり、久米田池の守り寺院として建立されたのである。

久米田池は方八町といわれ、大阪府最大の灌漑用ため池である。行基の発願によって、神亀二年（七二五）着工、天平十年（七三八）完成なったと伝えられる。

久米田寺は、永禄五年（一五六二）三月、久米田合戦の戦火に焼ける。

◉行基の灌漑治水事業

行基《ぎょうき》は天智七年（六六八）に和泉国大鳥郡で生まれ、八十二歳の天平二十一年（七四九）没したといわれる高僧で、東大寺大仏殿造営に功績があったほか、灌漑治水に努力したことはあまりにも有名である。その中でも、久米田池をはじめ、土室池・長土池・深井池・薦江池・茨城池などの治水池を造営した。それらの池には、維持管理の寺院が建立されており、今日まで残る久米田寺は貴重な寺院である。

◉久米田合戦

永禄五年（一五六二）三月、河内守護畠山高政・安見宗房軍と三好義賢（実休）軍の合戦を、久米田合戦とよぶ。

三好方と和議が調っていた河内守護畠山高政方は、根来寺と連合して反三好の兵を挙げた。三好義賢方は、和泉久米田寺に陣を置いて戦ったが敗死するに至った。この時戦火がかかり堂塔が消失、その後久米田寺が復興されたのは、延宝二年（一六七四）に至ってからである。

久米田寺本堂

久米田寺多宝塔

久米田寺《くめだじ》

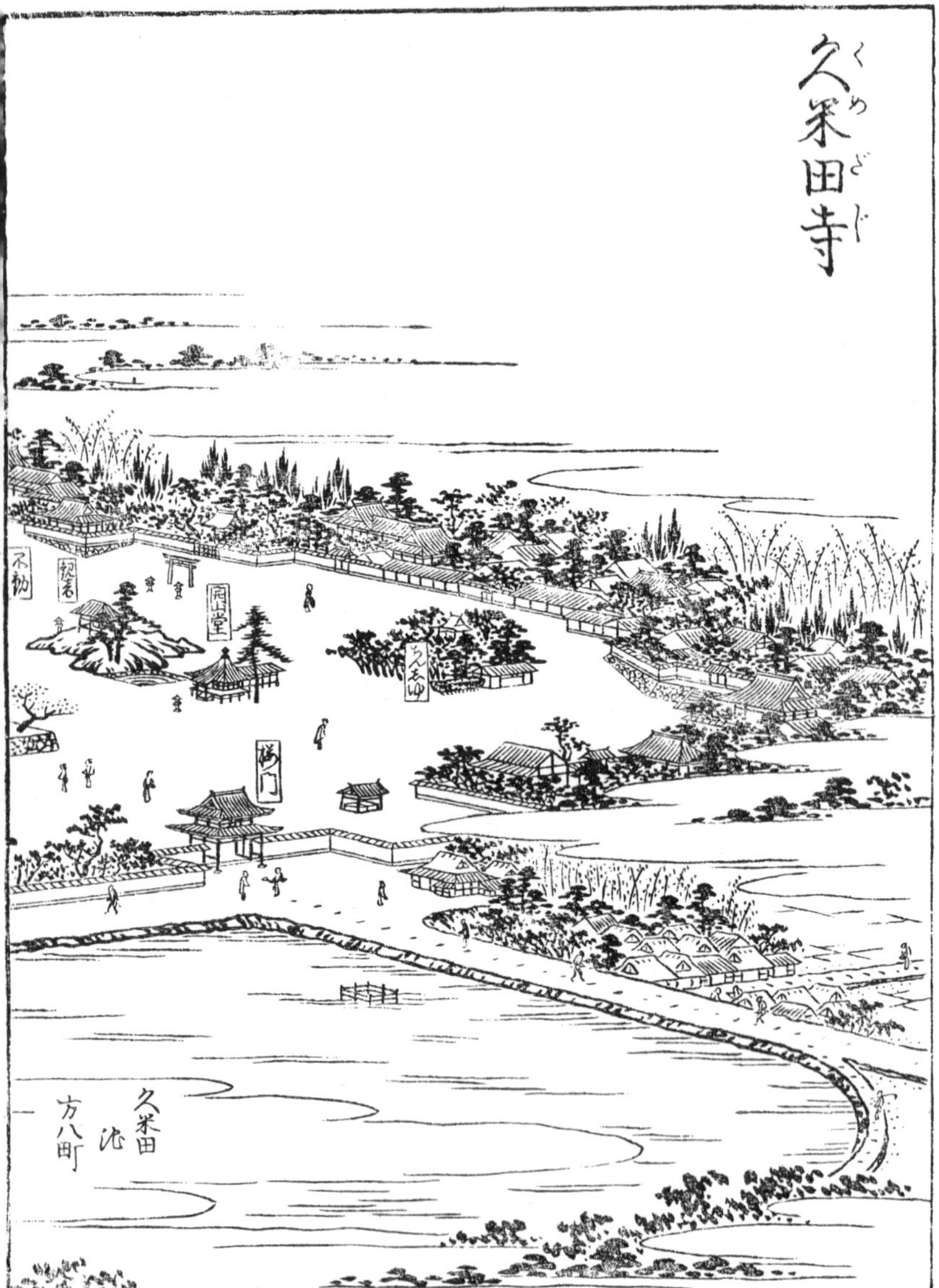

ちんじゅ
楼門
開山堂
久米田池
方八町
観音
不動

久米田寺（巻之三）

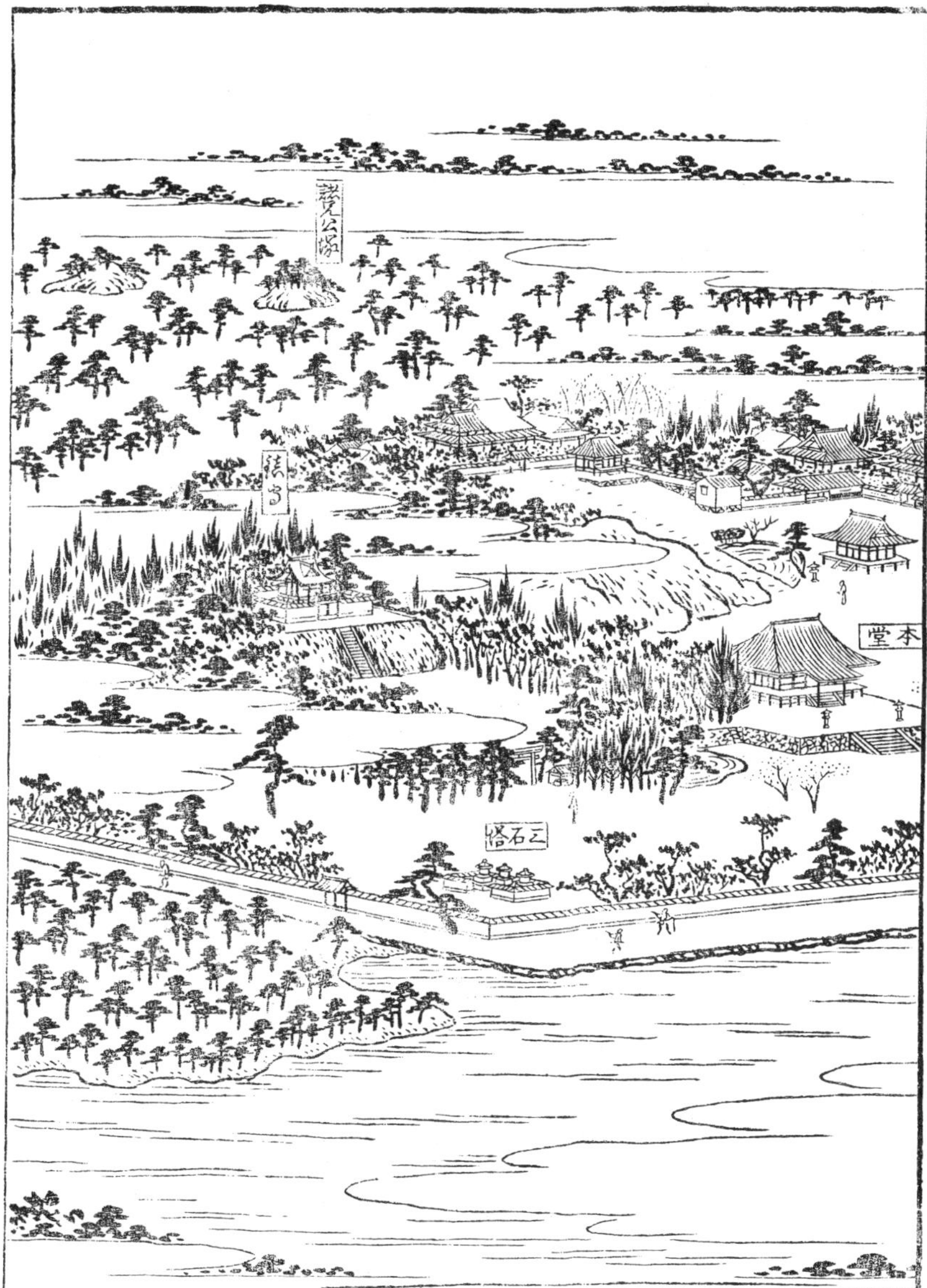

本堂

三石塔

諸兄公塚

鎮守

22 岸和田城

●岸和田城…南海本線・岸和田駅より徒歩15分。

『和泉名所図会』に、次の一文がある。

　楠正成の支族、和田新三郎高家、初て城郭を構う。これより岸和田という。もとは岸村なり。正慶二年、楠正成に摂河泉三州を賜う。その時、和田新三郎高家に当国を与えて、和泉守と号す。

これによると、楠木一族和田新三郎高家が初代城主ということになる。

しかし、南北朝期の史料には和田高家は登場せず、史料に現れるのは、「岸和田氏」である。

南北朝期に泉州で活躍した岸和田氏には、岸和田治氏・岸和田定智・岸和田快智などがいる。

岸和田治氏…延元元年（一三三六）五月～延元二年（一三三七）十一月
岸和田定智…延元二年四月～延元二年十一月
岸和田快智…延元二年四月～延元二年八月

この岸和田氏は、和泉国大鳥郡和田《みきた》郷に出自を持つ和泉和田《みきた》氏一族と推定されている。

したがって、楠木一族の河内和田《わだ》氏と、この和泉和田《みきた》氏は別系統の氏族であって、岸和田に本拠をおいた和田氏とは、和泉和田《みきた》氏から出た一族である。

残念ながら『和泉名所図会』の和田高家の記述は、史実と異なると考えざるを得ない。

岸和田城

南北朝期に南朝方武士として登場した岸和田氏は、室町期以後、守護被官として段銭徴収などに関与し、松浦守《まもる》が守護細川氏から自立した後も細川氏に従った。

しかし、三好氏と結ぶ松浦氏が和泉の地域権力として地歩を固めると、岸和田氏は松浦氏に属し、その重臣として松浦家中の上位に位置した。

特に松浦万満（孫八郎）の永禄年間（一五五八～七〇）、岸和田周防守が養父として万満を授けた。

岸和田古城が、いつ岸和田新城に改編されたのかは不詳であるが、いくつかの可能性が考えられる。

永禄元年（一五五八）頃、十河一存《そごうかずまさ》が岸和田城に入った記録があるが、これは岸和田古城の可能性が高い。なぜならその頃までは依然松浦氏が支配権を持っており、松浦万満（孫八郎）の本拠は岸和田古城であったからである。

岸和田古城が現存の岸和田新城に改編されるのは、織田氏権力が入った永禄十二年（一五六九）以降と考えられる。

信長はしばらくの間松浦氏（孫八郎カ）に岸和田城を守備させており、元亀四年（一五七三）正月段階でもその在城が確認できる（『尋憲記』）。

しかし、天正七年（一五七九）頃、岸和田の寺田氏・松浦氏、綾井の沼間氏、大津の真鍋氏が対立、その抑止力として信長の命で蜂屋頼隆《はちやよりたか》と津田《つだ》信張《のぶはる》が岸和田城に入城しているが、この段階で新城に改編された可能性が高いと考える。

岸和田古城跡（2007年２月12日時点）

23 天性寺（蛸地蔵）

●天性寺（蛸地蔵）…南海本線・蛸地蔵駅より徒歩10分。

岸和田城下に天性寺《てんしょう》（蛸地蔵）という寺がある。『和泉名所図会』は、次のように紹介している。

当寺の地蔵尊は、建武年中、蛸の背にのり給いて、海浜に出現し給う。その時節、逆乱なれば、人あえて信敬せず、これを城外の堀の中へ棄《すて》にけり、天正年中、松浦氏、この城に籠られし時、紀州根来雑賀《ねごろさいか》の逆徒、近隣を侵し、既に岸和田の城を陥《おと》さんとす。かかる時に、城中にひとり大法師あり、剣術妙手を震い、蝶鳥の如く戦いければ、逆賊、大に恐れ、四度路《しどろ》になってぞ敗走す、大法師、敵を追ちらし、忽然として見えず、人みな、奇也とす。軍《いくさ》散じて後、城主、時々《よりより》、蛸の堀に浮かんを見る。これ奇怪也とて、多く人数を以って堀水を探らするに、木像の地蔵尊を得たり、ここにおいて、前に現《げん》じたる大法師はこの地蔵の変身ならんと、初めて信敬恭礼《しんけいきょうらい》ある。なおも、諸人に拝胆させ、仏智の結縁あらしめんとて、当寺の住侶泰山和尚に授与し給う。これによって、ここに安置し、世俗、これを蛸地蔵と称す。

『和泉名所図会』の挿絵は、建武年中（一三三四〜三八）、蛸の背に乗って地蔵菩薩が海浜から現れた所を描いている。

また地蔵の化身の大法師と蛸達の活躍は、天性寺に伝わる「蛸地蔵縁起絵巻《たこじぞうえんぎえまき》」に描かれる。「蛸地蔵縁起絵巻」によると、戦国時代松浦肥前守《まつうらひぜんのかみ》が岸和田城主であった頃の次のようなできごとが描かれている。

岸和田の城へ紀州の雑賀・根来の軍兵が攻めて来た時、一人の法師がどこからともなく現れ、松浦肥前守の味方となった。さらにその法師を助けて海から何千何万という大蛸・小蛸の大軍団が襲来して敵を退けたという。

後日、この法師は地蔵の化身であることがわかり、人々はこの寺の地蔵を蛸地蔵としてあがめたというのである。

また、『和泉名所図会』の別の挿絵には、次の一文がある。

岸和田天性寺

世に蛸地蔵という。

此門前に解毒丸の薬店多し。此所の名産とす。又助松村を根本となり。

天性寺の門前には「解毒丸」の薬店が多かったという。今もこの界隈には、岸和田城下町の町屋の建物が多く残っている。

天性寺蛸地蔵

岸和田城下町（本町）

岸和田《きしわだ》天性寺の地蔵尊はむかし海中より蛸《たこ》に乗《のり》て出現し給う。世《よ》に蛸地蔵という。今も

天性寺（巻之二）

霊験《れいげん》多し。

岸和田天性寺
世に蛸地蔵という。

此門前に解毒《げどく》丸の
薬店《やくてん》多し。此所
の名産とす。又
助松村を根本
となり。

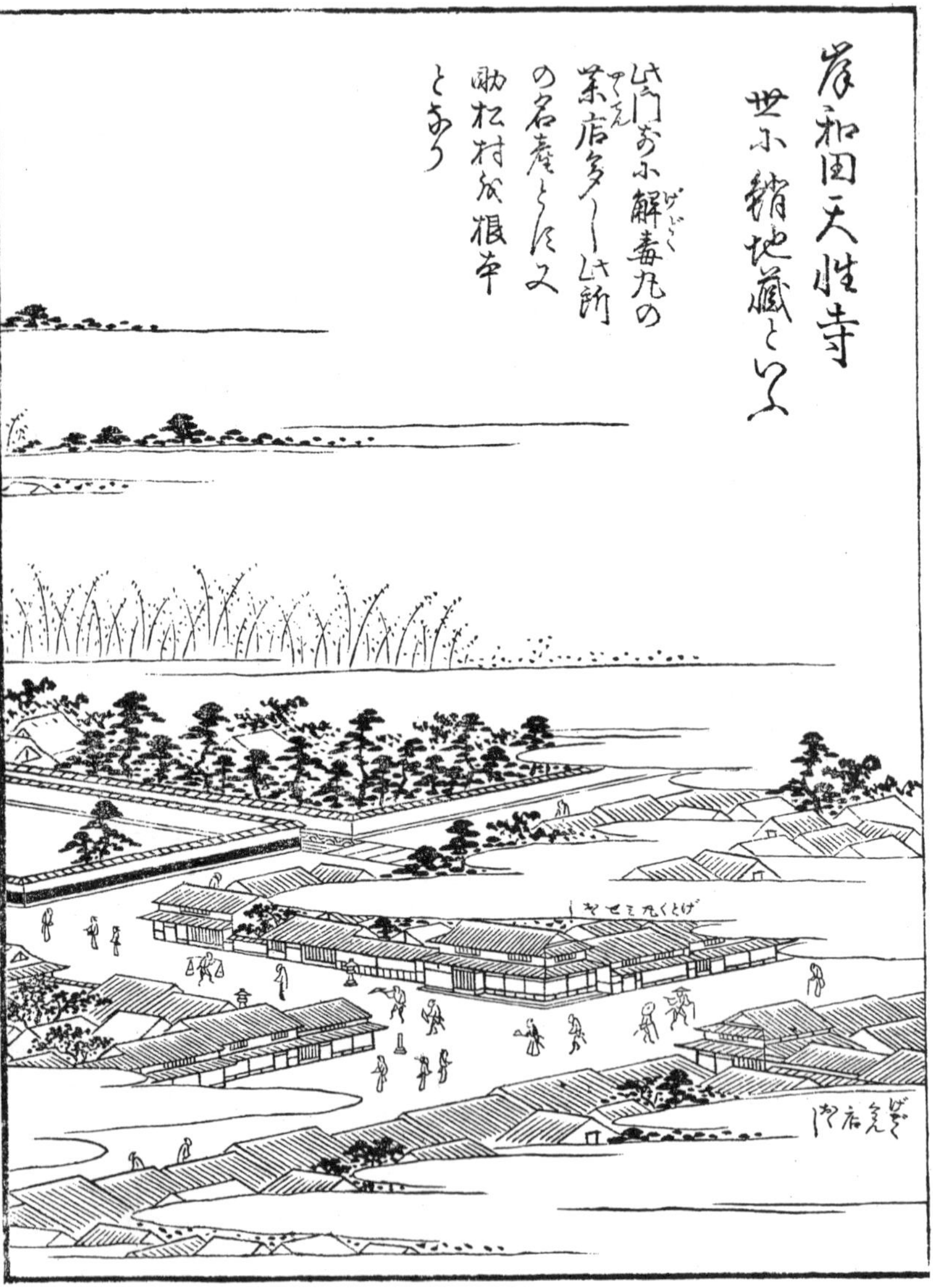

天性寺（巻之三）

げどく
がん
店
おおし

げどく丸
みせおおし

本堂
方丈

24

大井関大明神（日根神社）

●日根神社…JR阪和線・日根野駅よりバス、「東上」下車徒歩3分。

日根野《ひねの》一帯の水利となった樫井《かしい》川井関に祀られた神社である。その成立は、古代以前に遡ると考えられる。

天正十三年（一五八五）の根来合戦で衰退したが、慶長七年（一六〇二）豊臣秀頼が再建、一間社春日造、檜皮葺の本殿・末社比売神社本殿は共に府指定文化財となっている。

『和泉名所図会』によると、大井関《おおいせき》大明神（日根《ひね》神社）は、祭神は鸕鷀草葺不合尊《うがやふきあえずのみこと》であり、延喜式式内社である。聖武天皇の頃、勧請されたという。日根（野）庄の惣社で、例祭は毎年四月二日であると記している。

室町時代の中頃、文亀元年（一五〇一）から永正元年（一五〇四）まで、前関白九条政基が、自己の領地日根庄に居住したが、その日記『政基公旅引付《まさもとこうたびひきつけ》』の四月二日条に、次のようにある。

今日大井関祭礼也、早旦無辺光院より赤飯・竹葉（酒）等これを送る。神妙の由これを仰す。猿楽等夜に入《い》ると云々。根来よりも馬六、七十疋《びき》これを借りる。国方より又四、五十これを借りる。今日は立ち交わり了んぬ。自他事の外成敗、仍って毎事無為無事也。入山田村の百姓等弓を射る也。的の人数立ち合い了んぬ。今日の儀尤も珎重《ちんちょう》々々。

日根神社鳥居

とあって、毎年四月二日に日根荘の大井関社（日根神社）の祭礼があったことがわかる。日根荘の無辺光院から、領家九条政基のもとへ赤飯と酒が送られて来た。根来寺より六、七十頭、守護方よりも四、五十頭の馬を借りて、流鏑馬《やぶさめ》が行なわれていたらしく、百姓等が弓を射ったとある。夜に入ってからは境内で猿楽が催された。

◉政基公旅引付

旧九条家蔵で現在宮内庁書陵部に保存される『政基公旅引付』は、戦国時代の和泉地域の歴史を語る貴重な史料である。文亀元年（一五〇一）から永正元年（一五〇四）まで日根庄に滞在した前関白九条政基は、見聞したすべてをこの日記に書き残している。

戦乱・疫病・飢饉に悩まされた民衆の姿をかいま見ることができる。

守護細川氏とこれに敵対する紀州の畠山氏、さらに和泉支配を拡大する根来寺の三つどもえの合戦がここ日根庄で展開された。

この四年間に疫病が蔓延し、漁村佐野浜一帯で多くの死者を出したほか、日根庄内でも死者が出ている。また天候不順のため洪水や旱魃がひろがり、日根庄民の多くが餓死、わずかなわらびをめぐって盗難事件や犯人を処刑する事件が続発している。

現在旧日根庄一帯が荘園遺跡として史跡に指定され、当時の遺跡の保存がはかられている。

日根神社社殿

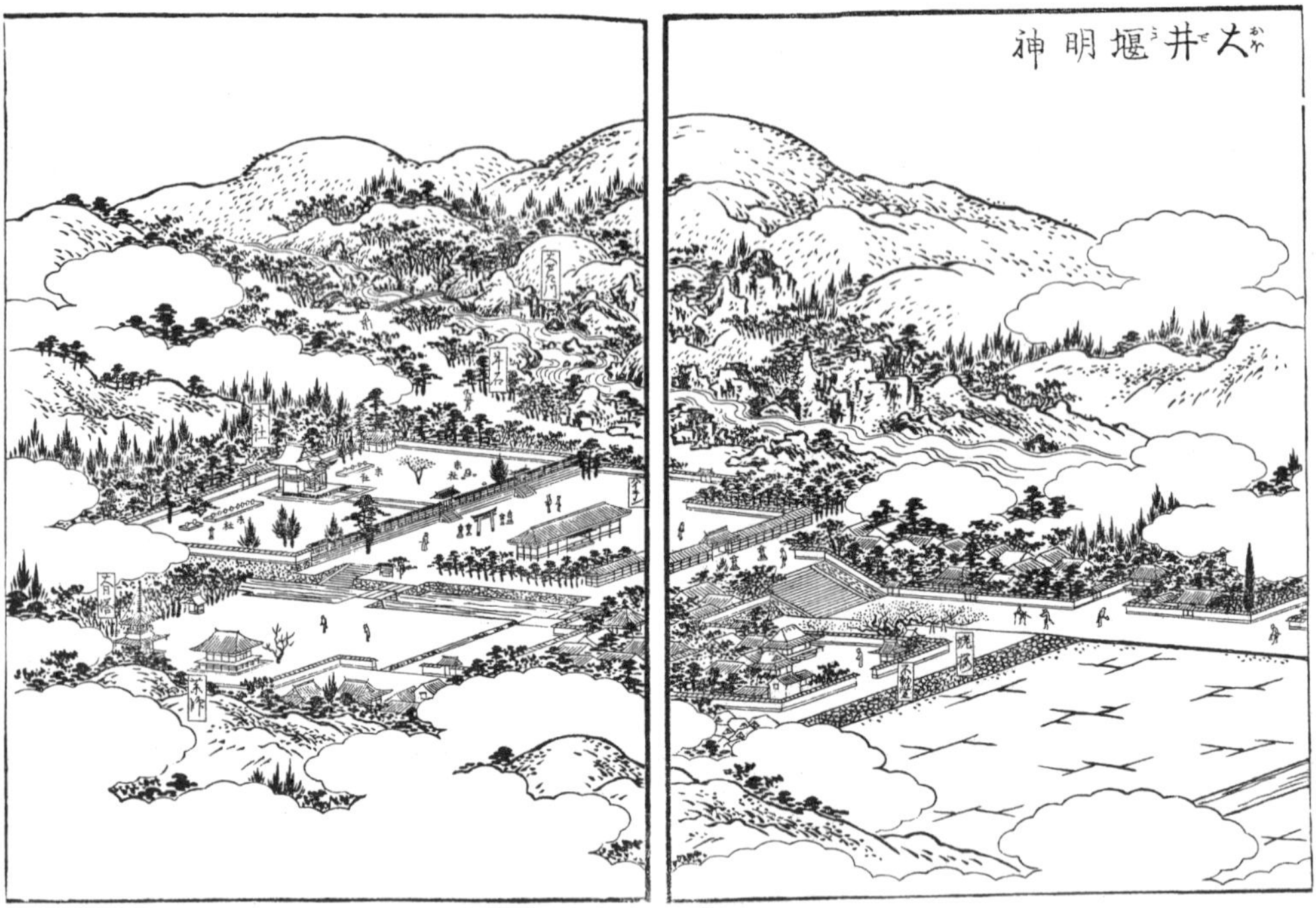

姥桜
不動堂
ハイデン
大せき川
牛石
本社
薬師
大日塔

大井堰明神（巻之四）

25

犬鳴山七宝瀧寺

●七宝瀧寺……ＪＲ阪和線・日根野駅よりバス、「犬鳴山」下車徒歩10分。

和泉葛城山の連峰に犬鳴山がある。

犬鳴山《いぬなきさん》七宝《しっぽう》瀧《りゅう》寺《じ》は、葛城修験二十八宿の第八宿に当たる。『葛嶺雑記』には、「泉州日根郡大木谷、別当根来瀧本坊、犬鳴山七宝瀧寺」と書かれ、役《えんの》小角《おづぬ》開基と伝えている。近世には別当として根来寺滝本坊が管理していた。

九条政基の日記『政基公旅引付』（一五〇一～〇四）の記事には、文亀元年（一五〇二）七月十日の雨乞いの修法がある。すなわち、犬鳴山一帯で行なわれた雨乞いには、七宝瀧寺の僧が携わり、火走神社（旧名滝宮）で社頭請雨の儀式が行なわれた。それでも降らざる時は、七宝の滝において修法、それでも降らざる時は、七宝の滝の滝壺へ不浄物（鹿の頭等）を投げ入れて修法したという。

『政基公旅引付』によれば、地元の百姓の子弟が根来寺の衆徒（行人方）となっている。根来系の山伏は和泉山脈に点在する葛城修験の行場に進出し、山麓の村々の雨乞い等の宗教的儀式を媒介に、その地域を根来寺の支配下に組み込む役割も果たしていたのであろう。

犬鳴山の由来について、『和泉名所図会』は、次のような逸話を伝えている。

犬鳴山七宝の滝

むかしむかし、一人の猟師が愛犬を連れてこの山深く入って、鹿狩をしていた。しかし傍の滝に毒蛇がいて猟師を呑みこもうとねらっていた。猟師は鹿に夢中になってこれに気づかなかった。愛犬は吠えて急を猟師に知らせたが、驚いた鹿は逃げてしまい、怒った猟師はその犬の首を切った。犬の頭は空中を飛び、毒蛇をかみ殺した。その時はじめて猟師は愛犬の恩義を知り、のち出家して、一宇の寺院を建立した。それ故にこの寺院のある山を「犬鳴山」と呼ぶようになったのである。

犬鳴山七宝瀧寺には、天徳年間（九五七～九六一）、紀州池田庄の猟師山田某が愛犬を供養したという墓が残る。これが、この義犬伝説を生んだと考えられる墓であろう。

犬鳴山七宝瀧寺

犬鳴山七宝瀧寺

犬鳴山路《いぬなきのさんろ》

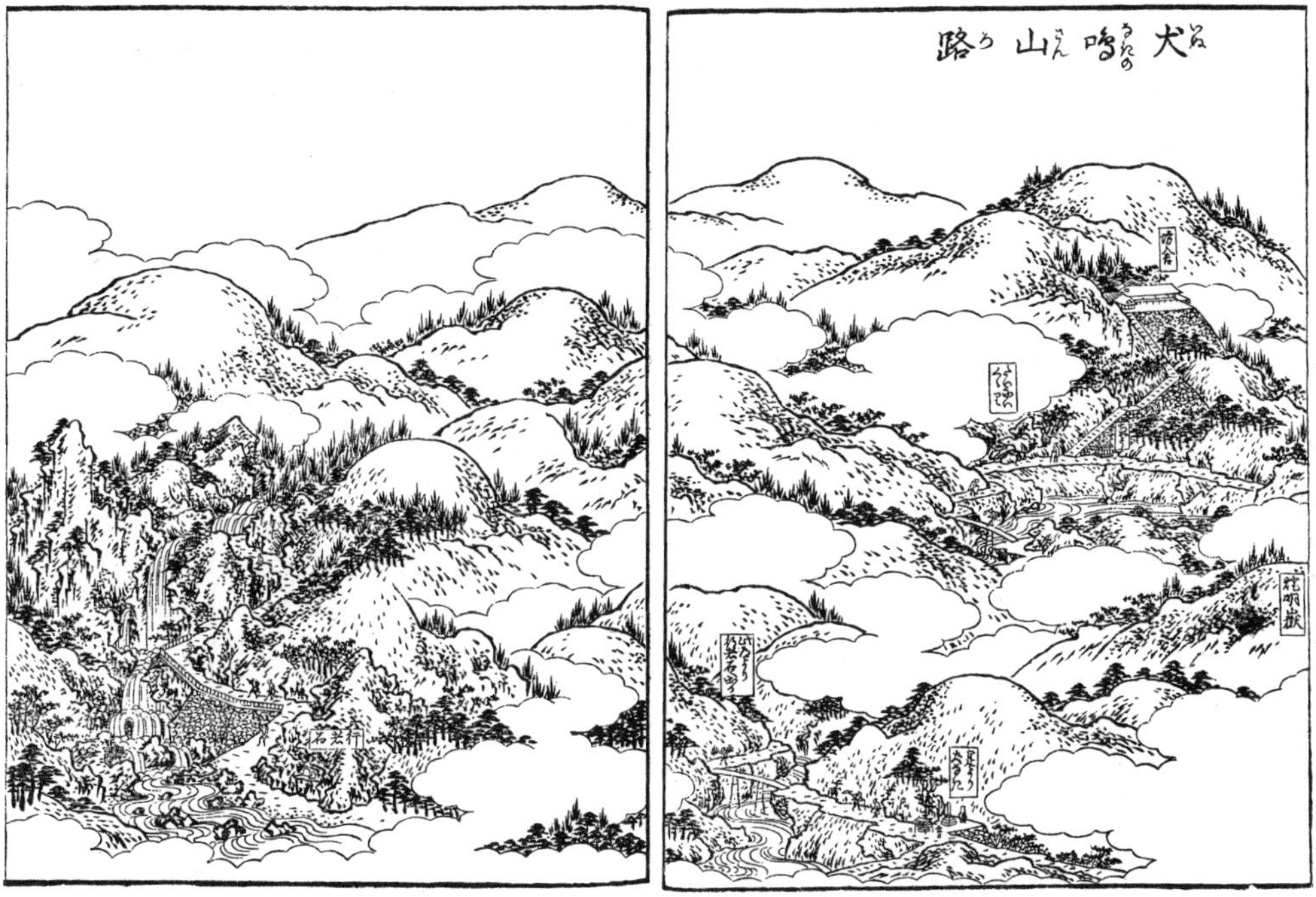

燈明嶽
坊舎
たいないくぐり
是より犬なき
此道より行者石へ出ず
行者石

犬鳴山（巻之四）

むかし猟夫《りようふ》あって犬《いぬ》を牽《ひき》
山中に入て鹿《しか》を窺《うかが》う。
傍《かたわら》の滝《たき》に毒蛇《どくじや》有て猟師
を呑んとす。猟夫がこころ
鹿《しか》に在て、これを知らず。
犬数声《いぬすせい》を吼《ほえ》て其
主《しゆ》に告《つぐ》る。猟師
いまだこれを
さとらず。鹿、犬
の吠《ほゆ》るに驚《おどろ》いて
去ぬ。猟夫怒《いか》って
其犬を斬《き》る。犬の頭《かしら》
忽踊《おど》って毒蛇《どくじや》を
齧殺《かみころ》す。其時犬
恩義《おんぎ》を知て我《わが》
命《いのち》を助けし也。

犬鳴山（巻之四）

これによって
出家して
ここに一宇《う》の
精舎《しょうじゃ》を
建《た》てけり。
故に、
犬鳴山《いぬなきざん》と
称ず。

26 火走神社（滝宮）

●火走神社…ＪＲ阪和線・日根野駅よりバス、「中大木」下車すぐ。

火走《ひばしり》神社は、延喜式内社であり、室町時代には滝宮と称されていたが、その祭礼に男巫《おとこかんなぎ》が火の上を走る行事があったことから、火走神社とばれるようになった。

この辺は中世には、入山田村《いりやまだ》と呼ばれ、その惣社として十一月十日に祭礼が行なわれていた。九条政基《くじょうまさもと》の日記『政基公旅引付』（一五〇一〜〇四）によると、猿楽（能楽）・田楽や相撲が奉納されている。又夏の旧暦七月十五日頃には盂蘭盆《うらぼん》の風流《ふりゅう》踊が村人によって奉納されている。

また、前項で述べたように中世は根来寺系の山伏が犬鳴山七宝瀧寺を管掌したほか、当社で雨乞いの祈禱を行なっている。しかし当社には巫女が勤仕しており、『政基公旅引付』には、巫女の母子三人が、飢饉の中で他の村人の「わらび」を盗んだために一家皆殺しにされた事件が書かれる。

近世を経て、現在は泉佐野大木地区の惣社として祭礼行事が守り伝えられている。

火走神社

◉九条政基の日根庄下向

今から五百年ほど前の文亀元年（一五〇一）から永正元年（一五〇四）までの約四年間、京都の前関白九条政基が所領日根庄に居住した。

実は都で家司《けいし》唐橋在数《からはしありかず》を殺害するという事件を起こし、謹慎処分を受け、また所領日根庄が守護細川氏や金融資本となった根来寺の侵蝕を受けその立直しのためにも、和泉国日根庄に居住することになったのである。ただし約四年で追われるように戦国の和泉国日根庄から都に逃亡して行くことになる。

さて、文亀元年三月二十八日、九条政基は家司《けいし》の白川《しらかわ》少将《しょうしょう》富秀《とみひで》・信濃小路《しなのこうじ》宮内《くない》少輔《しょうゆう》長盛《ながもり》・石井《いしい》左衛門大夫《さえもんたいふ》在利《ありとし》らをひきつれて都を立った。居所となったのは日根庄入山田村（現泉佐野市大木地区）であった。

入山田村の鎮守が火走神社（滝宮）であり、九条政基は、七月十五日前に村々が奉納する「念仏風流《ふりゅう》」を見ている。これは十五日に滝宮に奉納する風流踊を本所の政基に見せに来たのである。滝宮への奉納に先立って入山田村々の人々が入れかわり見せに来ている。

十六日には、滝宮に入山田村の人々が集まって「風流ハヤシ」を奉納したあと、「式三番」、「鵜羽《うのは》」などの猿楽（能楽）を演じている。政基は、「誠に柴人の所作、希有の能立なり、みな見物の者ら耳目を驚かす。」と、その日記に書いている。

八月二十四日は「滝宮の祭礼」が催されている。「滝宮の祭礼」では、五人の神楽男と八人の巫女による神楽舞が行なわれ、祭礼初日には村人によって猿楽（能楽）が、後日には田楽が奉納されるのが原則であった。

火走《ひばしり》神社《じんじゃ》
一名
滝宮《たきのみや》

本地堂

能ぶたい

滝宮

27 衣通姫旧蹟

●衣通姫旧蹟…JR阪和線・長滝駅より徒歩25分。

泉佐野市上ノ郷中村に衣通姫《そとおりひめ》伝説の旧蹟がある。衣通姫とは允恭《いんぎょう》天皇の恋慕を受けた女性で、衣を通すほど肌が光輝く美しい女性であったという。

『和泉名所図会』には、この衣通姫を訪ねて允恭帝が行幸して来る場面の挿絵を載せている。

この衣通姫とはどのような人物であろうか。『日本書紀』によれば、允恭天皇皇后忍坂大中姫の妹弟姫のことである。そこには「弟姫容姿絶妙無レ比、其艶色徹レ衣而晃、是以、時人号曰二衣通郎姫《そとおりのいらつめ》一也、」とある。

允恭天皇七年、新室に宴し、皇后みずから舞い、舞い終って当時の風習のままにやむなく妹の弟姫を天皇に献じた。天皇は喜んで姫を近江坂田より召し上げようとしたが、姫は皇后の心情を畏れて七度召されても参向しなかったという。舎人中臣烏賊津使主が派遣され、庭に伏して懇請七日、ついに姫を伴って倭《やまと》の春日に至った。天皇は藤原に屋を構えて姫を居らしめたが、皇后の嫉妬はやまず、さらに河内茅渟《ちぬ》に別宮を造って居らしめたという。この茅渟宮跡が、上ノ郷にあったと伝えられているのである。

『和泉名所図会』は、「衣通姫旧蹟」は、上ノ郷中村にあり、昔から「衣通姫の手習所」と言い伝えている。方一町ばかりの地で、小社や池を残す、と記している。

茅渟宮跡は現在の泉佐野市上ノ郷中村にあり、「茅渟宮旧蹟」の石碑と「衣通姫の墓」が残っている。実際に、この地で衣通姫が死去して葬られたかは定かではないが、いつの頃からか衣通姫終えんの地として、墓標が建てられたのであろうか。本来茅渟宮は広大なものであったと思われるが、「茅渟宮旧蹟」の石標周辺は、わずかな児童公園としての敷地のみである。その奥に「衣通姫の墓」が祀られ、往古の悲恋を伝えている。毎年旧蹟保存会の人々によって墓前祭が催されている。
衣通姫は和歌三神の一人であり和歌の名手と讃えられた。和歌三神とは、住吉明神・玉津島明神・柿本人麻呂をいい、時には柿本人麻呂・山部赤人・衣通姫をいう。和歌山の玉津島神社は、稚日女尊・神功皇后・衣通姫の三神を祀るが、その衣通姫画像には、次の和歌が記されている。

わがせこがくべきよひなりささがにの
くものおこなひこよひしるしも（『古今和歌集』）

茅渟宮旧蹟

衣通姫墓

衣通姫《そとおりひめ》は
粧粉《しょうふん》を
施《ほどこ》さず
して
おのずからの
美艶《びえん》あり。
楚辞《そじ》に
見えたる
朱唇《あかきくちびる》、皓《しろき》
歯《は》豊肉《こえたるはたえ》、
娉目《うるわしきめ》
遠山《えざん》の
眉濃《まゆこまやか》也。
其上《そのうえ》
和歌《わか》の
三聖《さんせい》の
内なれば

此許に
允恭帝《いんぎょうてい》の
つねに通《かよ》い
給うも
宜《むべ》ならん哉。

28 蟻通神社

●蟻通神社…ＪＲ阪和線・長滝駅より徒歩20分。

蟻通《ありとおし》神社はもと熊野街道沿いにあったが、第二次大戦中の飛行場建設に伴い、現在地に移転した。この神社には、二つの伝説が伝えられている。

一つは『枕草子』が伝える話である。

昔、七十歳以上の老人を遠国流しにするおそろしい法度があり、孝心深い某中将は心を痛めた。ある時、この国の長が某中将に謎解きを出して、この難問を解けば願いをかなえてやろうと言った。その難問とは「七曲りの玉に糸を通せ」というものであった。某中将は困って老いた両親に聞いた所、七曲りの玉の穴に糸を通すには、蟻を使って通せば何でもないという答えを得て、大喜びをした。老人が良い知恵を出したお蔭で、馬鹿げた法度も廃止になったと伝えている。

『和泉名所図会』の蟻通の挿絵には、老父に帝の命である七曲りの玉を見せる息子の様子が描かれ、『山家集』西行の歌一首がそえられている。

一方、紀貫之の和歌を収めた『貫之集』に貫之が蟻通明神にささげた一首があげられる。紀伊国から京に帰ろうとした貫之の馬が、蟻通明神の付近で倒れてしまった。通りがかりの者から、社もないのでこの地に神が坐すともみえないが、蟻通の神の仕業なので祈るように進められた。貫之が跪き次の和歌を詠んだという。

蟻通神社

かきくもりあやめもしらぬおお空に
　ありとおしをば思うべしやは

すると、蟻通の神が感応し、馬が回復して、無事旅を続けることができたという。
『新修泉佐野市史』第一巻では、付近の熊野街道を通行していた貫之が、この神社の霊験や言い伝えを耳にして、この歌を詠じたのではないだろうかと、推定している。

蟻通明神の言い伝えが、貴族社会で広く知られるようになり、その後も多くの書物に書かれている。その一つ『俊頼髄悩《としよりずいのう》』(源俊頼著)には、次のように書かれている。

貫之の馬が倒れた時、『貫之集』のような通りがかりの者ではなく、蟻通明神の祢宜《ねぎ》から乗馬のまま神前を通行したことをとがめられる。貫之は、

あま雲のたちかさなれる夜半ならば
　神ありとおし思うべきかな

と詠んだと書かれている。

このように蟻通明神にまつわる説話が種々伝わるが、はっきりした由緒は謎のままである。

蟻通
（ありとおし）

ありとをし

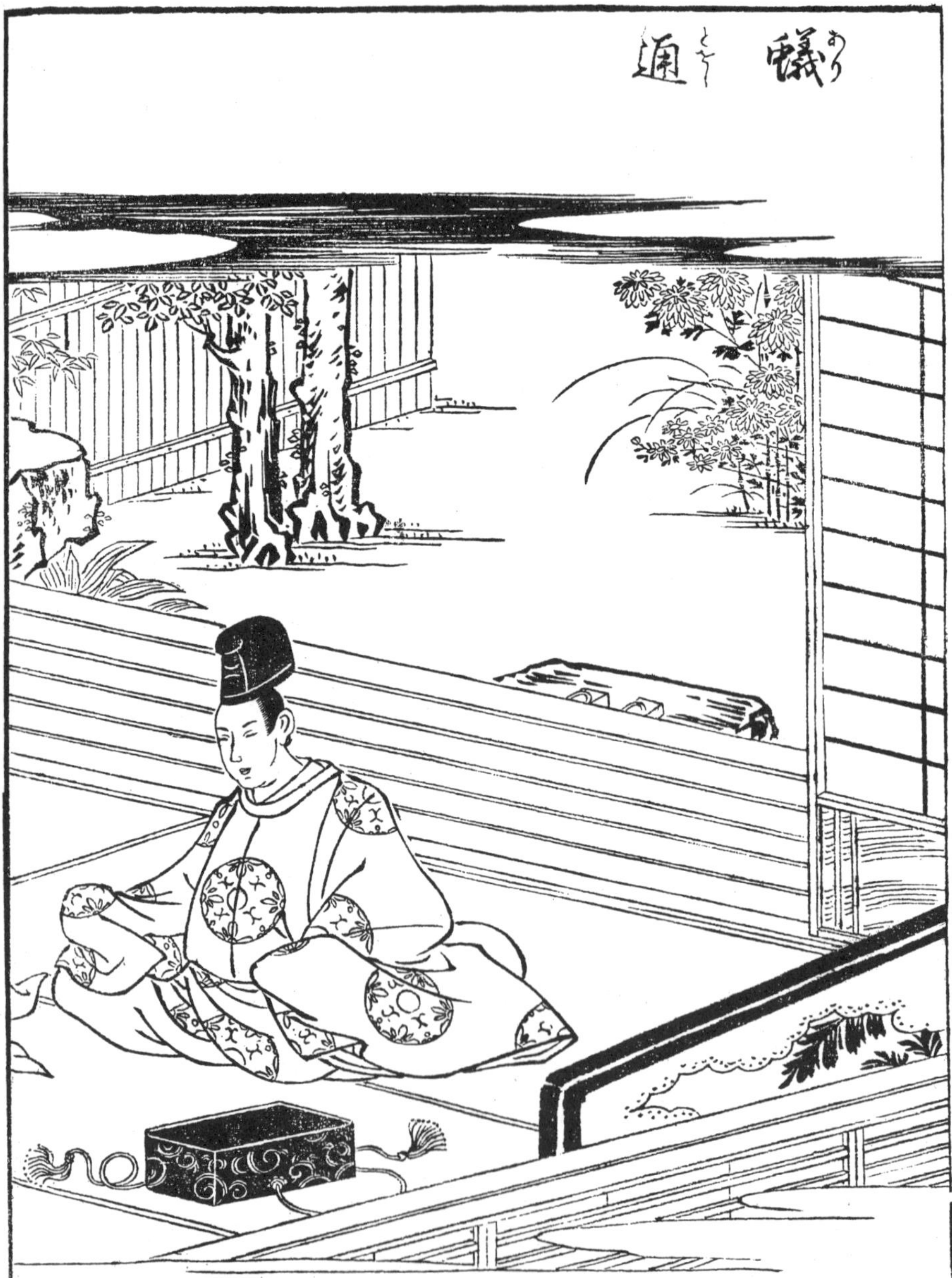

蟻通明神（巻之四）

山家

ささがにの
くもてに
かけて
ひく糸や
きょう七夕に
かささぎの
はし

西行

戦国時代の堺文化

はじめに

戦国時代の堺は、「ヴェニスの如き自由都市」（『耶蘇会士日本通信』）と呼ばれる。

貿易船が来航し、中国人や朝鮮人、そして南蛮人（スペイン人やポルトガル人）が来住した。

貿易で巨万の富を得た堺の豪商たちは、代表者である「会合衆《えごうしゅう》」を選んで自治的政治を行なう一方、連歌や茶の湯など高い文化教養を身につけていった。

日明貿易は、文明元年（一四六九）以来盛んとなった。この年、大内氏と細川氏の対立戦乱のため遣明船が堺から発着したことによる。日明貿易で巨万の富を築いた豪商は、納屋（倉庫業）・問丸（卸商）・土倉（金融業）などに従事していた。

史料には堺の豪商として、野遠（能登）屋・臙脂《べに》屋・日比屋了慶（珪）・湯川新兵衛・三宅主計・和泉屋道栄・小西宗左衛門一族などの名が現れる。

やがて、茶人としては武野《たけの》紹鷗《じょうおう》・千利休をはじめ北向道陳・今井宗久・津田宗及なども登場する。

経済的繁栄の中で様々な文化も発達した。堺には禅宗寺院も発達し、海会寺《かいえじ》や南宗寺《なんしゅうじ》も建立された。文明十六年（一四八四）から文明十八年（一四八六）まで、堺海会寺に滞在した禅僧季弘大叔《きこうだいしゅく》は『蔗軒日録《しょけんにちろく》』を残している。三条西実隆《さねたか》と親交のあった連歌師牡丹花肖柏《ぼたんかしょうはく》は、晩年堺に住みついて、大永七年（一五二七）年堺で没している。

茶人としても名高い豪商武野紹鷗は若い頃京都で三条西実隆に古典や連歌を教わっている。

戦国期の堺の繁栄時代、南蛮人たちも次々と来住している。

天文十八年（一五四九）、フランシスコ・ザビエルは一時堺に滞在している。その滞在先は、堺の豪商日比屋であった。

その後宣教師のガスパル・ヴィレラ、ルイス・フロイス、ルイス・デ・アルメイダらが堺の日比屋了慶邸に滞在した記録を残している。

了慶は最も早くキリシタンとなった堺の豪商の一人で、

日比屋邸は堺のキリスト教会の場ともなった。
本章では、彼らの残した資料にもとづいて「戦国時代の堺文化」について考察する。『蔗軒日録』・『親長卿記《ちかながきょうき》』・『実隆公記《さねたかこうき》』[1]・ルイス・フロイス『日本史』・『耶蘇《やそ》会士日本通信』を主資料として、堺の豪商・文人たちがどのような文化教養を発展させて行ったのかを考察したい。

一、『蔗軒日録』に見る堺

室町中期の禅僧、季弘大叔の堺滞在中の日記『蔗軒日録《しょけんにちろく》』は、戦国初期の堺を知る重要史料である。

『蔗軒日録』は、文明十六年（一四八四）四月から文明十八年（一四八六）十二月に至る一年九ケ月の日記である。この間、季弘大叔は開口《あぐち》神社（三村宮・大寺）の傍にあった禅寺海会寺の住持であった。

『蔗軒日録』文明十七年五月二十一日条

京都歌客宗祇、近頃当所に在り、是日問うて至る、行年六十五と云う、予同甲也、

これによると、京都の連歌師宗祇が堺に滞在、季弘大叔の許を訪ねている。連歌師宗祇が堺に滞在するのは、商人達に連歌を指導するためと考えられ、堺町衆が文芸文化を受容していたことがわかる。のちに宗祇の弟子牡丹花肖柏が堺に居住するのも、同様の文化的受容があるからであろう。

ついで、次の二つの史料がある。

①『蔗軒日録』文明十七年八月十五日条

会合十人至る、告げて曰く、泉将乱、これを康(誉田正康)氏に告る、足卒之暴を止める可也、余すなわち領すなり、

②同文明十八年五月九日条

境内会合衆十輩、人を遣わして以って送る角榼一双、竹笋一束、不意之恵、何れの道なりや、

『蔗軒日録』文明十七年（一四八五）八月十五日条・文明十八年（一四八六）五月九日条には、「会合衆十人」が現れる。会合衆十人はこの頃の堺の自治的惣町の指導者層と考えられ、泉澄一氏『堺—中世自由都市』[2]では、湯川新兵衛・三宅主計・和泉屋道栄・富那宇屋《ふなうや》宗元などがそのメンバーと推定している。

すでに文明十七年頃までに、堺の惣町なる自治組織が出来、「会合衆」と呼ばれる十人の代表者が居たことが明らかとなる。

『蔗軒日録』文明十八年二月十二日条に、

経堂は地下之公界会厥(マヽ)(所カ)也、

とあり、北庄経堂は地下会合衆の会所であると書いている。

泉澄一氏『堺—中世自由都市』では、これを北庄菅原神社の経堂であると推定している。一方、『全堺詳志』によ

ると南庄の会所は開口神社境内にあったとする。

全堺の会合衆は十人で、南北両庄の会所を交互に使用していたと、泉澄一氏は推定している。

『蔗軒日録』によると、文明十七年八月十五日、大叔の許に来た会合衆は、河内の有力者誉田正康に、和泉の争乱の鎮圧を依頼したことを伝えている。

また、翌十八年五月九日には、大叔に対して会合衆十人から「角樽《つのだる》（酒樽）一双、竹笋《ちくじゅん》（たけのこ）一束」が贈られ、大叔は「不意の恵、何をかいわんや」と思わぬ好意に感謝している。

季節の折々に会合衆から市中の寺社に贈物が献上されたと考えられる。

『天文御日記』天文七年（一五三八）正月十七日条によると、

正月十七日、堺南北十人のきやくしゆ渡唐之儀相催衆也、より木屋宗観字不知、幷小西宗左衛門を以って五種五荷到来候、

とあり、「渡唐の儀相催す衆」は十人の客衆であると書かれる。この十人が会合衆十人と同一かは定かではないが、堺商人十人が渡唐船派遣の主催者であったことがわかる。その商人に、木屋宗観や小西宗左衛門がいたことがわかる。

文明十八年（一四八六）七月の『蔗軒日録』には、遣明船帰港の様子が次のように書かれている。

四日、大唐帰朝の船、この日着岸、（中略）
この日午《うま》の時、帰国大船三艘当津に着す、南北歓声（後略）、
五日、南方進貢の船、今月四日申《さるの》刻、三艘入津、容衆一人として船を出て家に入るを許さず、法を犯す者罰銭三十貫と云々、同五日荷物を以って光明寺に入れ置く、人声雷喧の如し、夜に入り燭を焼く、其の光天に亘《わた》る、

堺津は、文明十八年頃日明貿易の拠点であった。この年七月四日帰着した三艘の遣明船からはおびただしい船荷が運び出され、それを照らすかがり火は夜通し明々と燃《も》やされた。船客はしばらく下船が許されず、堺光明寺（院）に運び出された船荷の点検が行なわれている。

遣明船帰着の堺津の賑いぶりが手に取るようにわかる史料である。

遣明船について、『大乗院寺社雑事記』は、次のように記している。

文明八年卯月廿八日、渡唐船三艘去十一日和泉堺より進発し了んぬ、柚皮（湯川）申沙汰と云々、
明応四年四月廿八日、唐船三艘当年帰朝すべき也、おのおの和泉堺地下一万貫雑物これを積み三倍四倍ニ成るべきの間、三艘ハ数万貫足也、

文明八年（一四七六）には、湯川（宣阿カ）の申沙汰で

渡唐船三艘が堺を進発している。

明応四年（一四九五）の帰着記事によると、堺の町衆が一艘につき一万貫の雑物を積んで渡唐したが、帰朝すると、一万貫が三倍・四倍となっているため三艘で数万貫の価値となっていると記している。

当時の日明貿易の利益と、その貿易に携った堺町衆の巨万の富を想定することができよう。

二、『親長卿記』に見る堺

文明十一年（一四七九）三月〜四月、京都の公家甘露寺《かんろじ》親長《ちかなが》は、高野参詣に向かった。その日記『親長卿記《ちかながきょうき》』に、次のようにある。

三月三日、陰《かげり》、出口の宿より出て乗船船上五里、渡部の津に着く、次に天王寺に参詣、次に住吉に参詣、此の時より雨下る、塩干に依り人々群参、次に北の庄南昌庵、龍首座宿坊、休息、暫くして宝珠庵仁首座居住、閑談、渡唐物語永日を消す、南昌庵に帰宿す、

渡辺津を経て天王寺・住吉社に詣でている。堺に到着すると龍首座の宿坊南昌庵に宿泊、十余日間堺に滞在している。三月三日は仁首座の宝珠庵を訪ね渡唐の物語で終日を過ごし、南昌庵に帰宿している。

三月十四日には、堺家原寺《えばらじ》を参詣、桜花を見て歌を詠んでいる。高野山に向かったのは三月十九日、帰路は再び南昌庵に宿泊、四月五日、京へ上洛している。

文明十五年にも、二月から四月、堺を訪れ、次のように記している。

『親長卿記』文明十五年条には、次の記事がある。

二月二十七日、晴、午後出立、境に下向也、晩頭淀宿に着す、入夜乗船、暁更渡部宿に着す、
二月二十八日、晴、早旦渡部より詣天王寺并住吉等に詣ず、次に泉州境南庄南昌庵に詣ず、晩鞠有り、
三月二十五日、晴、南庄天神に参詣、又三村并子亥御前等に参詣、次吉祥院法印坊に詣ず、度々来臨の礼也、
四月十一日、晴、南庄柚（湯）川千阿（宣）死去、七十七と云々、希代之徳人也、
四月十二日、晴、千阿今日荼毘、貴賤見物市を成す、
四月十三日、晴、肥前より、小嶋二号船境津に着岸す、
四月十四日、晴、新黄門室家、并息女、三四人、中内侍衆等、天王寺これを参る、次いで、此辺経廻す、今日唐船見物し了んぬ、
四月二十三日、晴、早旦帰京、渡部より乗船、晩及び雨下る、宇（鵜）殿に宿す、
四月二十四日、陰、宇殿より乗船、淀に着す、午後帰り畢んぬ、

二月二十七日出京した親長は、晩頭乗船、二十八日暁更渡辺宿に着いている。渡辺津を出て天王寺・住吉に参詣、その日夕刻堺南庄南昌庵に入っている。この日から四月二十三日に上京するまで、堺での見聞を記している。

堺では南庄天神や三村宮（大寺、開口神社ヵ）を参詣している。

四月十一日、七十七歳で死去した豪商湯川宣阿の葬儀が、十二日盛大に行なわれ貴賤見物市を成す状態であったという。

四月十三日には、堺の豪商小嶋の出した遣明船二号船が堺津に着岸、翌日その見物にも向かっている。

親長が上京のため堺を発ったのは四月二十三日、渡辺津より乗船してその夜は淀川の鵜殿《うどの》津で宿泊、翌二十四日、午後京に帰っている。

『親長卿記』によって、文明十一年、文明十五年頃の堺では、湯川宣阿や小嶋氏のような豪商が活躍、明船が来航し、禅僧の僧庵南昌庵などを京都の公家が訪ねていたことなどがわかる。

京都の貴族甘露寺親長にとって、堺は高野山参詣の基地であり、宿泊地も龍首座宿坊南昌庵と決まっていたようで、町衆との交流はうかがえない。しかし短期間の堺滞在中にも、町衆湯川宣阿の盛大な葬儀をまのあたりにしたり、小嶋二号船と呼ばれる渡唐船を見物しており、貿易港堺の雰囲気を、『親長卿記』から読み取ることができよう。

三、牡丹花肖柏と堺

牡丹花肖柏《ぼたんかしょうはく》は嘉吉三年（一四四三）中院通淳《なかのいんみちあつ》の子として京都に生まれ、早く出家して肖柏と称した。その名は正宗龍統（東常縁弟）の命名で、肖柏は禅的教養も積んだ人物であった。宗祇に和歌・連歌を学び、公家出自の故もあって早くから禁中にも出入し、文明十四年（一四八二）には後土御門天皇の内裏連歌にも参席している。

『三愛記』に「近きころほひ、津の国猪名町のわたり（池田）に庵を結びて、夢（夢庵の意ヵ）と号し、みづから牡丹花を名とせり」とあって、『三愛記』の漢文の成立した永正十年（一五一三）に近い頃、摂津池田に居住したと思われるが、これよりも以前、池田正種邸での「百韻連歌」が行なわれた文明十四年（一四八二）には、すでに池田に庵を持っていたかも知れない。

永正十五年（一五一八）以後、肖柏は池田から堺に移住する。永正五年（一五〇八）の細川高国と細川澄元との合戦によって引き起こされた池田氏の内紛の後も、肖柏は主導権を握った池田正盛と親交を保っている。しかし、永正十五年、細川澄元・三好之長が四国勢を率いて摂津に上陸し、池田城も再び合戦の場所となったため、この合戦を回

避して堺に移住したのではないかと考えられている。(3)

肖柏は堺で歌会・連歌会に加わり、宗訊《そうじん》らに古今伝授を行なった。後、「堺伝授」と呼ばれる古今伝授である。

堺での歌会・連歌会については、鶴﨑裕雄氏の次の一連の研究がある。

① 鶴﨑裕雄氏「戦国初期、堺の人々と歌会―招月庵正広『松下集』を中心として―」（『ヒストリア』八一号、一九七八年）。

② 鶴﨑裕雄氏「堺、塩風呂と連歌―三条西実隆『高野山道の記』に見る都市の一面―」（『ヒストリア』一〇〇号、一九八三年）。

鶴﨑裕雄氏の一連の研究を参考にすると、堺での歌会・連歌会は、文明十一年（一四七九）大和長谷寺より堺北庄の智恵光院に移った招月庵正広らの活動により盛んとなった。(4)

時宗寺院である金光寺や引摂寺で歌会が催されており、時宗寺院が文芸や芸能に関わりが深かったことがうかがえる。

正広の歌会参加者は、南庄代官小坂次郎左衛門安秀・北庄代官本庄弾正左衛門忠誠・海会寺僧季弘大叔・金光寺僧覚阿、それに堺出身の連歌師宗椿（商人カ）などである。

大永四年（一五二四）四月から五月、三条西実隆は堺に滞在している。この間高野山へ参詣して『高野山道の記』を著している。

四月二十日、実隆は堺光明院に着いている。この光明院は、江戸時代の『和泉名所図会』には、「北庄櫛屋町にあり、浄土宗、福宝山不動尊」と記している。早速牡丹花肖柏と旧交を温め、翌日には光明院にて斎を共にしている。

四月二十二日高野山へ宗珀と共に参詣に向い、二十六日の夕暮には堺に帰着している。

その後牡丹花肖柏の夢庵を訪れて、和歌を詠んだり、五月一日には光明院に於いて肖柏らと共に連歌会も催している。

『高野山道の記』に次のようにある。

四月廿日、和泉堺南庄光明院にいたりて、さま〳〵いたはりとも侍り、夢庵に音《おと》つれしかは、やがて尋来れり、夕つけて、又、かの寄宿の寺へもまかり侍り、あくる日は光明院より夢庵をも招請して斎をまうけらる、廿二日、高野に参詣の事思ひたちて、宗珀といふものをしるべとたのみて、まかりたち侍り、廿六日の暮にせまりて、堺にかへりつきぬ、高野参詣の前より、二十首題をくはりたりしを、けふ、夢庵にてとりかさぬへきよしありしかは、かしこにまかりて侍りしに、歌舞にをよひて、その興あさからす、

旅宿郭公

いさといひて都のつとに草まくらさそはまほしきほ

とゝきすかな

　江上眺望

こきかへり入江の舟の夕なみにさかひしらるゝをのか
うら〳〵

　寄杣木恋

宮木引こゑにこたふる山ひこもわか打わひてなくはし
らすな

五月朔日、光璵とハふもの、連歌興行すへきよし、頻
に中侍りしかは、光明院にて一座ありしに、

　浜松の名にやこたへしほとゝきす　牡丹花
　みしか夜惜きうら波のこゑ　実隆
　すゝしさを光に月は秋立て　宗碩

歌会の翌月五月一日、光明院客亭において光鎮主催の連歌会が行なわれた。この連歌の写本は、静嘉堂文庫・大阪天満宮・天理図書館綿屋文庫に残っている。これらの資料を研究された鶴﨑裕雄氏は、次のように記している。

この連歌会の参加者は、三条西実隆と光鎮のほか、牡丹花肖柏・宗碩・周桂らの連歌師、さらに重吟・禅喜らである。重吟は牡丹花肖柏の弟子で堺在住の連歌師、禅喜は不詳であるが、肖柏弟子で堺出身の連歌師と推定できる(5)。

大永七年（一五二七）四月十二日、肖柏の堺での死去を、三条西実隆が次のように書いている。

『実隆公記』大永七年四月十二日条
　宗碯来、夢庵(牡丹花肖柏)去四日巳刻入滅之由、堺よりこれを申すと云々、八十五才、三四日小悩唱滅と云々、嗚呼、少年より其交久しきなり、光源氏物語宗祇他行之時多く以って此人これを読ましむ、其恩重き者也、惜しむべし憐むべし憐むべし、

実隆の許に宗碯が夢庵（肖柏）死去の報を伝えている。八十五歳であった。実隆は少年の頃より肖柏と交流し、宗祇不在の時は肖柏に「源氏物語」を教わったことを書いている。

四、三条西実隆と武野紹鷗

武野《たけの》紹鷗《じょうおう》は千利休の師として余りにも有名である。通称武野新五郎、大黒庵とも称した。父は信久、母は奈良の豪族中坊氏の娘で、文亀二年（一五〇二）大和国吉野郡で生まれたと伝える。

紹鷗は二十四歳の時上洛、四条室町に居宅（大黒庵）を構えて遊学、二十七歳となった大永八年（一五二八）、初めて三条西実隆《さんじょうにしさねたか》を訪ねた。

『実隆公記』大永八年三月九日条によれば、
　抑印政昨日来、内々示之、誘因し堺南庄皮屋云々、新五郎、竹野——来る、食籠・錫物一対これを携う、太刀黒、貮百疋折帋、これを進上す、賜盃を賜いこれを遣わすを謝す、不慮之事也、

武野新五郎（紹鷗）は、連歌師印政の紹介で実隆邸をはじめて訪れた。実隆は「堺南庄竹（武）野新五郎来る、皮屋と云々」と書き留めている。紹鷗は、食籠・錫物一対を携え、太刀一腰と二百疋の折紙を実隆に送っている。おそらく、今後の交際を申込んだのであろう。

続いて、『実隆公記』に武野新五郎が現れる。

①『実隆公記』享禄元年十一月二日条

武野新五郎来ると云々、鴈一これを献ず、不審問題一帋これ在り、周桂来る、田舎人同道と云々、留守之間皆謁せず、無念也、

②『実隆公記』享禄元年十一月八日条

武野来る、市原石見入道折帋これを持来る、三栖事当国所々儀中これを遣すの処、左右なくこれを書き送る、為悦々々、武野対面これを遣わすを謝す、又帰来、猶重々有申旨、

③『実隆公記』享禄元年十二月三十日条

武野賜盃を賜う、対面、三栖折帋の事これを謝す、

享禄元年（一五二八）十一月から十二月にかけて、紹鷗は実隆邸をたびたび訪れている。鴈一を進上し、「不審問題一紙」を持参している。古典解釈上の質問を持参したのであろうか。

もう一件は、三条西家領三栖庄のことでとりなしをしている。具体的な働きが不明であるが、紹鷗の力が三栖庄に関わっていたことが考えられよう。

年が明けた享禄二年（一五二九）正月二十三日にも再び三栖庄のことで実隆と関わっている。

『実隆公記』享禄二年正月二十三日条に、

三栖事武野に申し遣わす之処、言語道断の次第也、相届けるべき之由返答す、

とある。

三栖庄は、伏見庄に隣接した木津川河畔の荘園であった。実隆が三栖庄の事については武野紹鷗に依頼していることから、水運と関わって武野紹鷗が何らかの影響力を持っていたと考えられる。

『実隆公記』享禄二年二月二日条には、次のようにある。

二日、（中略）住吉天王寺御灯貳十疋折帋を以って光明院に遣わす、武野伝達すべき之由これを申遣す、飯川山城（国弘）書状（塩）口引一送之、返事、

四日、（中略）武野今朝堺に下向之由、人を以ってこれを申す、

享禄二年（一五二九）二月二日、三条西実隆が住吉社・天王寺の御灯代二十疋を光明院へ送ることを紹鷗が伝達している。二月四日、紹鷗は堺へ下向することを実隆に伝えている。この光明院は堺市中にあったと思われる。[6]

続いて、『実隆公記』享禄二年五月二日条には、

武野上洛、樽二荷・真名鰹五・雑禽《きん》荒巻五これを進上す、一献盃を賜う、荒巻一禁裏に進上す、一裏辻（正親町実胤）に遣わす、真名鰹二神餘に遣わす、一甘露寺（伊長）に遣わす、滋野井一盞を勧む、

とある。

二月四日の堺下向から約三ケ月後の五月二日、紹鷗は上洛し、早速実隆の許に樽二荷・真名鰹五・雑禽荒巻五を進上している。実隆はこれら贈答品を禁裏等へ送っている。

また、『実隆公記』享禄二年六月条には、次の文がある。

廿二日、（中略）武野天野《あまの》一荷・干鯛・小鱣《かじき》等これを進上す、留守之間帰り了んぬと云々、

廿六日、（中略）光明院江書状同じくこれを遣す、又同状一通武野に遣わし了んぬ、沢村地子松木未進事等これを催促す、

同享禄二年六月二十二日、紹鷗は実隆の許へ、河内天野《あまの》酒一荷・干鯛・小《こ》鱣《かじき》等を進上している。同月二十六日、実隆は紹鷗へ堺光明院のことで書状を遣わしている。

三条西実隆が亡くなった天文六年（一五三七）以降、紹鷗は堺に戻ったらしい。

堺での紹鷗は、千宗易（利休）・今井宗久・津田宗及らを茶人として育てる一方、皮屋（武具製造カ）として豪商の一人でもあった。紹鷗の侘茶は、富裕と簡素の遊泳を楽しむことにあったと後世評価されている。

弘治元年（一五五五）閏十月二十九日、紹鷗は、五十四歳で没した。墓塔は堺の臨江寺に存し、堺の南宗寺および高野山には供養塔が残る。

五、南蛮人との交流

堺へは、天文十八年（一五四九）フランシスコ・ザビエルが来訪したという記録がある。それ以降、ガスパル・ヴィレラ、ルイス・フロイスなどの宣教師が次々と訪れている。

ザビエルやヴィレラが滞在したのは、豪商日比屋了慶の邸宅であった。その邸跡が、現在ザビエル公園として整備されている。

永禄四年（一五六一）、すでに日比屋家の当主となっていた了慶は、宣教師ガスパル・ヴィレラを招き、その際に了慶の数人の子供や親族がキリシタンとなった。ついで了慶は長男ビセンテ了荷に説得されて受洗し、堺の教会が建てられるまで、自宅を宣教師たちの宿舎とし、かつ教会とした。

『耶蘇会士日本通信』には、宣教師たちが日比屋了慶宅に滞在して手厚い看護を受けて感激した話や堺の町衆との交流が記されている。

『耶蘇会日本年報』は日比屋了慶について次のように書いている。

◉ザビエル公園（日比屋了慶邸跡）

天文十九年（一五五〇）に堺に来たフランシスコ・ザビエルの記念公園がザビエル公園である。この地はザビエルをもてなした豪商日比屋了慶の邸宅跡といわれる。

日比屋了慶は、生没年不詳であるが、天正十六年（一五八八）五月十日付で了慶書状が残っている。

天文十九年十二月に、フランシスコ・ザビエルが日比屋家を訪れた時の当主は了慶の父であったと思われる。

◉フランシスコ・ザビエル

フランシスコ・ザビエルは、イエズス会の宣教師で、天文十八年（一五四九）四月アンジローを案内役にゴアを出発、同年七月鹿児島に上陸した。

翌天文十九年（一五五〇）十二月、岩国辺から海路堺に到着、日比屋邸に滞在した。

天文二十年（一五五一）一月、勇んで入洛したが、室町時代末期の京都は戦乱で廃墟にひとしく、天皇・将軍の権威は地に堕ち、比叡山延暦寺は異国人の故をもって入山を拒んだ。すべてを知ったザビエルは滞在十一日で離京、淀川を下り、ふたたび堺に入った。

同年四月には再度山口を訪れ布教するが、十一月、日本を離れゴアへ向った。

このようにザビエルは、天文十九年（一五五〇）十二月と翌年一月の二回にわたって堺を訪れておりその宿舎となったのが日比屋邸（ザビエル公園となっている）であった。

ザビエル公園　フランシスコ・ザビエル記念碑

一五九六年（慶長元年）日本に於ける奇怪について
一五九六年〇慶長元年十二月二十八日
付長崎発ルイス・フロイス書翰〇一五九九年ローマ出版
デェゴ・フンム《（日比屋了慶）》ブリア・リオクェイ Diego Fimbvia Rioquei（最も古く立派なる切支丹にて慎深く徳高く神を恐れ耶蘇会のために尽し堺の領主ジョセッポ殿の義父）は瓦葺三階の家を造りしが、此家は三十年以上も教会として、また我等伴天連の宿所として用いられ、此名に弥撒《ミサ》が唱えられ、或は切支丹のため聖奠《せいてん》取り行われたり。此度の恐ろしき地震の際すべての人はその家よりのがれ出でたるに、彼のみは一人あたかも神を識り聖き物の滅亡に遇いたる古人の如く、己が妻と幼児と彼と共に居りし甥達を連れ外にのがれ出づることなく、その家に立てられたる聖壇の前に跪《ひざまず》き神が加護を現じ給うよう、また神を愛し神を恐るる切支丹を其の親の如き摂理に拠って守り給うよう祈を捧げぬ。彼がその家族と共に祈れる間に近傍の家は次より次へと倒れたるに係らず、その家のみは少しの損害を受くることもなく平然と立てり。まことに大なる奇蹟にして堺の人々は驚きあえり。

『耶蘇会日本年報』慶長六年（一六〇一）のルイス・フロイス書翰によると、日比屋了慶（デェゴ・フンムブリア・リオクェイ）の屋敷が次のようであったことがわかる。

現在日比屋了慶屋敷跡と伝えられる市内ザビエル公園の地に、瓦葺三階建の家が造られていた。この家は三十年以上も教会として、また宣教師（バテレン）の宿所として用いられ、ここでミサが唱えられたり、聖典がとり行なわれていた、と書いている。

ルイス・フロイス『日本史』第一部第三十七章には、「ガスパル・ヴィレラ師が都から堺に戻った次第、ならびに同地で生じたこと」の一節に、次のように書いている。

司祭が堺に赴いたところ、日比屋了慶がその地にいた間は、彼の援助や保護を受けられたので市民から迫害されたり妨害される心配はなかった。しかし了慶は商人であって、シナの船が来る下《シモ》（九州）に行かねばならなかったから、彼の不在中、司祭はいくらか心配がないではなかった。

ルイス・フロイス『日本史』第十一章・第十三章は、堺の様子および日比屋了慶について書いている。

堺出身者でキリシタンになった者はわずか三名で、日比屋了慶が最初のキリシタンであるとしている。了慶は異教徒（仏教徒）であった時分から、ガスパル・ヴィレラを泊らせ、自宅をミサのために貸してくれたという。

宣教師たちは、堺に滞在中日比屋了慶の援助や庇護を受けていたので、彼が九州に商売のために行った時などは、いささか不安であったと書いてもいる。

ルイス・フロイス『日本史』第一部五十九章の「都へ出発するまでに、堺の市街においてルイス・デ・アルメイダ修道士の身に生じたこと」には、次の三つの話が書かれている。

第一は、ルイス・デ・アルメイダ修道士が日比屋邸で看病された話で、次のように書かれている。

私は都《ミヤコ》のための幾つかの用件を果し、それからさっそく出発するつもりで堺に留まりました。しかるに主（なるデウス）の御旨によって、私は（九州からの）途次、ひどい寒さのために力尽きて（その地に）到着しましたために、激しい痛みを患い、死ぬかと思うほどでありました。私が同所で病んだ二十五日の間、私を看護してくれた人々の並々ならぬ親切さは特筆すべきもので、私が両親の家にいてもそれほどの親切さに接し得まいと思われるばかりでした。（同）家の主人ディオゴ（了慶）は、必要の際には私を助けようとして、二、三人の男たちとともに私の傍で眠って、夜中にも私を看護してくれさえしました。一人のキリシタンの医師が私の世話をしてくれたのですが、（彼は）その治療に非常に造詣深い人でした。かのキリシタンたち全員が私の病気に対して示して下さった同情は驚くべきもので、（了慶の）夫人や子供たちも、絶えず見舞ってくれましたが、それはあたかも私が彼らのきわめて親愛なる兄弟のようでありました。主の御旨によって私の気分がよりよくなった時に、私はまだ旅を続けるに足るだけの体力がありませんでしたから、デウスの御言葉を聞くことを望んでいる幾人かの人々に説教しようと決心しました。かくて聴衆の八名がキリシタンになることを主（デウス）に嘉《よみ》し給いました。これには、彼らが、私の宿主とその子供たちが、どんなに熱心に（私の看病をするかを）見受けたことが与かって力があったと私は思います。

ルイス・デ・アルメイダ修道士は、永禄七年（一五六四）一月二十七日、九州から堺に到着したが、日比屋家で病に臥した。

日比屋了慶はアルメイダの傍らで眠り、二、三人の男達と共に看病をしてくれ、了慶の夫人や子供達も、たえず見舞ってくれたという。

「それはあたかも私が彼らのきわめて親愛なる兄弟のようでありました」と、ルイス・デ・アルメイダ修道士は書き送って来たのである。

第二は、日比屋了慶の娘モニカについてである。

モニカは熱心なキリシタンとなり、貞潔を守るために、結婚したくないと主張する。

私はデウス様の御慈悲によってキリシタンとなり、デウス様ならびに栄光の聖母（マリア）様が私にお勧めなさいますように、生涯貞潔に過す決心でおります。それゆえに私は髪を断ち切ろうと堅く心に定めています。と申しますのは、女が（そうすると）、日本では、その人は、ヨーロッパ（におけると）同様に世を捨てるか、修道院に行く人と見なされる習慣だからでございます。そこで私は父上に、一生涯、私を奴婢《ぬひ》のように（酷）使してもらいたいとお願いしようと思っております。しかるに私は罪（深い者で）ありますため、今や、父上は私を、母の弟である叔父と結婚させるつもりでおられることを承りました。その方は一向宗の非常に熱心な異教徒で、僧侶のように毎日、釈迦の教本を読んでおります。もしその（結婚が）事実となりますと、私が霊魂を失う大きい危険にさらされることは疑いを容れません。

モニカは、純粋な少女であるが故に、「デウス様ならびに栄光の聖母（マリア）様が私にお勧めなさいますように、生涯貞潔に過す決心でおります。」と主張して、父の勧める叔父との結婚をとり止めたいと主張する。

ルイス・デ・アルメイダ修道士も、了慶に対し、この結婚をとり止めるように進言する。了慶は叔父に恥辱を与えるためとり止めることはできない、と主張するが、この縁談は、結局取り止めとなったと記している。

第三は、当時、堺の町で盛んであった「茶の湯」について詳しく書いている。

身分ある富裕な日本人のもとでは、大いに好意を示そうとする来客がある場合には、別離に際して、親愛の証しとして自ら所蔵する財宝を見せる習慣があるのです。それらは、彼らがある粉末にした草を飲むために用いるすべての茶碗《ヴァジリヤ》と（それに）必要とする道具です。それは茶《チャ》と呼ばれ（飲み）慣れた人には味がよいばかりでなく、健康増進にも（役立ち）ます。ところでその所作に用いられるすべての品は、日本の宝物であって、彼ら（ヨーロッパ人）が指輪、宝石、非常に高価な首飾り、真珠、ルビー、ダイヤモンドを所持しているようなもので、それらの器や価値に精通しており、売買の際に仲介役となる宝石商（のような人）がいます。（彼らは）それらを、あるいはその材質により、あるいは形態、はたまたその年代（の古さ）等によって評価するのです。この植物（茶）には一リブラが九ないし十クルザードもする非常に上等なものがあるのですが、（その茶会に）人を招き、そこで上記の道具を見せるために、彼らはまず各人の力に応じて饗宴を催します。これが行なわれる場所は、この儀式のためにのみ入る特定の室で、その清潔さ、造作、秩序（整然としていること）を見ては驚嘆に価します。

ここでは、「道具拝見」といわれる茶の湯の饗宴での財宝を見せ合う習慣と、「清潔さ、造作、秩序を見ては驚嘆に価」する茶室の美しさを書き記している。当時、堺の豪商達の間に、茶の湯の生活文化が盛んであったことがわかる。

『住吉祭礼図屏風』には、三階建の蔵を持つ豪商の邸内に茶室があったことを描いている。おそらくほとんどの豪商が茶室を持っていたであろう。

茶室の中で亭主は、茶の湯や料理でもてなし、「道具拝見」が行なわれていた。その道具は、器の材質や、形態・年代によって、ダイヤモンドなどの宝石以上の価値があったと書かれ、道具売買の仲介人も居たと記している。

堺では茶の湯の生活文化が発展、町衆達の日常生活の中に茶の湯がとけこんでいたといえる。

ルイス・フロイス『日本史』第十一章（第二部七十九章）には、次のようにある。

> 日本の主要都市の一つである堺では、その地出身の市民でキリシタンになった者は（僅か）三名に過ぎない。同地に住むキリシタンはすべて外来者である。（堺の）最初（のキリシタン）は日比屋ディオゴ了慶であり、彼はその地方で改宗者が出た当初にキリシタンとなった。彼は（初め）まだ異教徒であったにもかかわらずガスパル・ヴィレラ師を自宅に宿らせたし、同地にまだ教会がなかった間には、幾年にもわたって我らは彼の家に宿り、そこでミサを捧げ、キリシタンたちに秘蹟を授けた。彼はつねに（イエズス）会に対して功労者であった。
>
> 第二（のキリシタン）は彼の兄弟ガスパルであり、ガスパル・ヴィレラ師がその街で洗礼を授けた最初の人物で、デウスの教えを良く悟り、少年時代から（イエズス）会の司祭たちの教育を受けて成長し、その地で結婚した。第三（のキリシタン）は了慶の娘婿のルカス宗札で（了慶の）娘サビナを娶った。後の両人は、まだ幼い時に私（ルイス・フロイス）が洗礼を授けたのである。（ルカス宗札は）すでに四児の父親となっているが、教会の真の子、また彼らの誠実な友でもあり、その徳行、堅信、それにもまして清き良心のゆえに五畿内中で大いに愛されていた。（イエズス）会の司祭たちは、堺において万事につけ、まるで同じ（修道）会の一修道士であるかのように彼らから援助を受けていた。

ここでは、堺の最初の三人のキリシタンの名をあげているが、それは日比屋了慶とその兄弟ガスパル、了慶の娘婿のルカス宗札の三人だけであった。しかも、「イエズス会の司祭たちは、堺においては万事につけ、まるで同じ修道会の一修道士であるかのように」彼らから援助を受けていたという。

ところが、天正十四年（一五八六）十二月十二日、この宗札が豊臣秀吉の命で磔刑《たっけい》に処せられるという事件が起こったのである。

フロイスの『日本史』第十一章では、次のように書いている。

ガスパルが客人たちを招き、一同の表情にも現れていたように皆が大いに満足した後、彼が立ち上がってそれまでいた部屋から人々を送り出そうとした時に、ルカスの弟で異教徒のリョウカンが戸口の傍にいた。（中略）そこで彼の兄のルカス（宗札）がまず立ち上がって出、その後を（ガスパルの）隣家の道察が続き、三番目のガスパルの兄弟トウアンが出ようとすると、リョウカンは素早く立ち上がり、戸口のところで胸に隠し持っていた短刀を抜き、その場で（トウアン）を刺し殺した。その間、ルカス（宗札）と道察はすでに外に出ていたが、ガスパルは自分の兄弟が殺されたのを見て大声で叫び出し、リョウカンに飛びかかり、後ろから抱きついて他の者が駆けつけるまで彼を差し抑えていた。（だが）（リョウカン）は（それを解き放ち、さらに）道察を捕え、もしこの場でただちに、自分はこの挙に及んだが責任はないということを天下の主なる関白に宛てて書状をしたためなければ御身も同じく殺してしまうぞと言った。そこで道察は彼の手から逃れるために、急いで紙と筆を持参せしめ、この悪人（リョウカン）が口述したように書いた。これにより（リョウカン）は満足げに出て行ったが、（こんどは）ガスパルに襲いかかり、同じ部屋で、素手で（しかも）背後にいた（ガスパル）を（リョウカン）は短刀で殺害してしまった。ガスパルの下僕が馳せつけ、この下手人（リョウカン）に幾つかの傷を負わせたところ、彼は先手を打ち、同じ短刀で自分の咽喉を切り、先の二人と同じ場所に斃れて絶命した。ルカス（宗札）と道察は、あまりの突発事に手の施しようもなく、この毒々しく殺伐な招きに応じたことにひどく感情を害し、この上なく悲嘆に暮れ心を痛めつつ帰宅した。（中略）この事件において、（日比屋）ディオゴ了慶とその息子ヴィセンテが、いかばかり大いなる不安や焦燥に駆られ（て過し）たかを推察することが大切である。（了慶）は、二人の兄弟を失った（外）、娘婿のルカスは捕えられ、（人々から）尊敬されていた有徳の娘は、四人の孫ともども、すでに死刑の宣告を受けていた。（中略）その時、警備にあたっていた騎馬の役人たちは、下役と獄吏に対し、ルカス（宗札）を槍で殺すようにと命じた。彼らはまず二度（ルカスの）咽喉（のあたり）を突いた。槍先は、その首を貫いた。彼は突きさされるごとに、ほとんど絶え間なくイエズス・マリアの御名を呼び続けた。（中略）さらに四度、胸と脇腹を刺されると、彼は絶命し、その至福の霊魂をば、その創造主に返し奉った。

ここでは、堺の町衆達と、それに対する支配者である関白豊臣秀吉、その代官である小西ジョウチン立佐と石田三成らとの階級的相剋が現れている。

代官達は自分達の保身のために事件関係者をことごとく処罰し、関白秀吉にいたっては、ルイス・フロイスの記す所では、「彼は堺の二名の代官に対し、殺害された者および磔刑に処せられた者の親族の財産や家屋の没収は免除する代りに、予自身にしかるべき金子を差し出すように命じた。」という。町衆から金銭を献金させる支配者秀吉の策略を見ることができよう。

戦国時代の堺は、ガスパル・ヴィレラの『耶蘇会士日本通信』の次の一節であまりにも有名である。

〔永禄四年（一五六一）〕（上略）最後の地は堺の町にして、（中略）甚だ富み、多数の住民あり、ベニスの如き政治を行う所なり。

これは、ヴィレラが実際に堺に居住した体験に基づくもので、ベニスの市政のような会合衆を中心とする自治を見たからであろう。会合衆の自治政治については、泉澄一氏の『堺—中世自由都市』に詳しいので、ここでは省略する。

ルイス・フロイスは『日本史』の中で次のように書いている。

堺では、今は街の二人の代官の一人が（小西）ジョウチン立佐で、三十数人の若者を配下に従えているので、オルガンティーノ師は彼らが説教を聞けるように取り計らった。これら若者たちの幾人かは（堺に）追放されている貴人たちの息子であった。（オルガンティーノ）師がヴィセンテ修道士を大坂から堺に派遣して説教させたところ、彼らは皆よく理解して四十名近くが受洗した。このことがあって堺の多くの人たちが若者たちに（伝えられた）新奇な教えを聞きたがるようになった。それまでは説教を聞きに来る者は稀だったが、かくて毎日百名を越える人々が来訪するようになった。

ルイス・フロイスらの宣教師達にとって、堺ははなはだキリスト教布教のしにくい所で、町衆達の教養や気品が高く傲慢であった。

しかし、次第に布教が実を上げ、毎日百名を越える人々が説教を聞きに来るようになったという。

特に豊臣秀吉の代官であった小西ジョウチン立佐はキリシタンであり、その子小西行長もキリシタンとなっているように、堺でキリシタンは次第に増加したと考えられる。

中世都市として発達した堺であったが、織田信長・豊臣秀吉の政権下、それら政権と妥協しながらとにかくも存続した。

しかし、中世都市堺が名実共に滅亡する時がやって来た。それは慶長二十年（一六一五）の徳川・豊臣決戦の大坂夏の陣であった。慶長二十年五月、大坂城に楯籠る豊臣秀頼方と総攻撃を始めた徳川家康方は、決戦の時を迎えた。

宣教師たちはその様子を次のように書いている。

①『パゼー日本耶蘇教史』千六百十五年より千六百十六年まで

堺市は、初め秀頼の保護を求めしが、秀頼の軍士のために、今や漸く食料を奪われ、且軍資を徴せられんとするを見、又後日内府様（徳川家康）に依て、復讐せられんことを憂い、目前の災難を禳《はら》わんため、内府様に縋《つなが》りて、又守兵の派遣を要求せり。この如き二心ある方針は、却て悪結果を生ぜり。秀頼は彼等の態度を悟りしが、半ば眼を閉じて時機の至るを待てり。やがて両名の将をして、二千人を率いて堺に赴かしめ、全市の兵糧武器を没収して、悉くこれを大坂に運搬することを命ぜり。然れども堺には既に内府様の部隊入り込み居りしかば、秀頼は大に憤りて、（旧暦四月二十八日カ）該市を焼き、且殺戮を行うを命じぬ。斯くて五月二十三日の夜、二万の建物は焼かれ、翌日広大なる市街は焦土と化せり。

②『日本西教史』下・第十五章

秀頼は常に公方（徳川家康）を疑懼《ぎく》したるがため、又公方は前年の戦に敗を取れるを恥辱とし、且つ唯一湟《ほり》を存したる大坂城を陥るる望ありとなしたるがため、和議調うと雖も、忽ち其約を破り、両軍互いに兵備をなし、各二十万の兵を有せり、公方は悉くその兵を集めたりと雖も、前次の囲城に敗を取りしこと、若年の君の軍勢隆にして、その主張の正当なることおよび人情変革を喜ぶことは秀頼の旗下に属するものを多からしめ、その勢大に振えり、秀頼は公方の兵をして、陣を設け糧を給するに不便ならしめんがため、繁栄なる堺の市街並に大坂の周囲十里内の城塞村落に至るまで、悉くこれを灰燼となし、又千余の寺院および同数の僧院をも破滅せり、これによって嘗《かつ》てキリスト教寺院二十余所を焼失したる讐《かたき》を今日に於て報《むく》ゆることを得たり。

慶長二十年（一六一五）四月二十八日、堺の町に豊臣方の放火が行なわれ、二万の町屋は灰燼と帰することとなった。

堺は豊臣方に味方していたが、次第に徳川方に組みし、徳川方の部隊を隠まったことが発見して、豊臣方から攻撃され、全市の兵糧武器を徴収して、殺戮が行なわれ、ついに火を放たれたという。

戦国の自治都市堺は、すでに織田・豊臣政権期に自治政治は奪われていたが、町の存在そのものも壊滅したのであった。

むすび

以上、『蔗軒日録』に見る堺、『親長卿記』に見る堺、牡丹花肖柏と堺、三条西実隆と武野紹鷗、キリスト教宣教師の伝える堺の章を立て、「戦国時代の堺文化」を考察して来た。

堺は、当時の京・奈良・堺の三都市の中で、唯一海外貿易港として栄え、特に日明貿易で十五世紀中頃より活況を呈していたことがわかる。

そのため豪商が成立し、彼らの受入れによって、京の文化人や僧侶、甘露寺親長・三条西実隆・海会寺季弘大叔、牡丹花肖柏らが来訪・来住した。彼らによって日本的文化、特に文芸や芸能が堺で醸成されて行った。

一方、ザビエル以来、宣教師が来訪・来住するようになると、キリスト教文化も受容され日比屋了慶や小西行長らのキリシタン商人も生まれた。堺の繁栄は、大坂夏の陣で終焉を告げるが、その文化は近世へも受け継がれた。

以上のように、戦国期の堺は、日本最大の国際交易都市として栄え、様々な文化が醸成された。

中世後期の禅宗文化、豪商や僧侶・文人を中心とする文芸文化が花開いた。漢詩や五山文学、和歌や連歌は、京都の僧侶や連歌師との交流の中で発展して行なった。特に宗祇とその弟子の牡丹花肖柏、彼らと親交の深かった公家三条西実隆らが、堺に与えた文化的影響は大である。やがて、その影響を受けた豪商の中から武野紹鷗や千利休を輩出するに至った。

また、堺には、フランシスコ・ザビエルやガスパル・ヴィレラ、ルイス・フロイスなどのキリスト教宣教師が長期間堺に滞在し、キリスト教をはじめとする様々な南蛮文化が堺に根を降ろしている。日比屋了慶、小西立佐などのキリシタンを生み、教会堂が造られるなど、一時はキリスト教の一大布教地となっていたのである。

註

（1）以降の主資料からの引用は全て次による。また、読み易いように新仮名遣いとし、適宜読み下だし文に改めた資料もある。『蔗軒日録』（大日本古記録、岩波書店、一九七八年）、『親長卿記』（増補史料大成、臨川書店、一九七五年）、『実隆公記』（続群書類従完成会、一九七九年）、ルイス・フロイス『日本史』（松田毅一・川崎桃太訳『フロイス日本史1・3』中央公論社、一九七七、八年）、『耶蘇会士日本通信』（村上直次郎訳・渡辺世祐註、改訂復刻版、雄松堂書店、一九

六六年）

（2）泉澄一氏『堺—中世自由都市』（教育社歴史新書、一九八一年）。

（3）『新修池田市史』（池田市史編纂委員会、池田市発行、一九九七年）。

（4）鶴﨑裕雄氏「戦国初期、堺の人々と歌会—招月庵正広『松下集』を中心として—」（『ヒストリア』八一号、一九七八年）。

（5）鶴﨑裕雄氏「堺、塩風呂と連歌—三条西実隆『高野山道の記』に見る都市の一面—」（『ヒストリア』一〇〇号、一九八三年）。

（6）前掲註（5）参照。

（本章は、『帝塚山学院大学日本文学研究』第三八号、二〇〇七年二月掲載論文を改訂したものである。）

むすびに代えて

平成二年（一九九〇）、京都の宇治市歴史資料館から堺市の帝塚山学院短期大学に転勤した。初めて生活空間となった和泉地域は、中央の歴史からは注目されないけれども特色ある地域史を持っていると感じた。新しい職場での生活に慣れると、南海沿線それに近鉄沿線へと探訪の足を伸ばす所となった。特に電鉄主催のハイキングは、案内人つきで未知の世界へとどんどん足を踏み入れるきっかけとなった。和泉地域に加えて、河内・大和地域も私の地域史探訪の場となった。

昔々、室町時代の終り頃、都から一人の貴族（前関白）九条政基が和泉国日根庄で足かけ四年間在国して、その驚きを歌に表している（『政基公旅引付』）。

山里の春や都の春ならぬ
去年《こぞ》見し雪はもとのままにて
春と夏と行き交う里と聞ゆなり
谷のうぐいす山ほととぎす

春正月、和泉の山里では、まだ雪が残っていた。また初夏になっても、山の谷ではうぐいすが鳴き、ほととぎすの初鳴きも始まって、まるで春と夏が行き交うようだとある。この『政基公旅引付』の記述が本当であることを和泉地域にある勤務地帝塚山学院大学泉ケ丘キャンパスの校庭に立って実感した。

歴史や文学は、その現地に立って実感できるものである。

今回、『河内名所図会』・『和泉名所図会』に導かれて、河内・和泉地域を探訪したが、名所図会の記述や挿絵が、現地に行ってますます立体的に実感できたのである。河内・和泉地域の歴史の深みとその謎に魅了されたのである。二百余年前の秋里籬島の業績の偉大さを感じ、先人に心から感謝の意をささげたい。

読者諸氏も、この小冊子を参考に、河内・和泉の地域史や文化史の「おもしろさ」を体感していただきたいと願っている。

終りに、出版事情の悪い中、この小冊子を世に送り出していただいた和泉書院社長廣橋研三氏と社員の方々に、心より御礼を申し上げたい。

平成二十二年一月

森田恭二

編著者略歴

森田　恭二（もりた　きょうじ）

関西学院大学大学院文学研究科博士課程単位修了、
博士（歴史学）、専攻日本中世史、現在帝塚山学院大
学教授

主要著書

『足利義政の研究』（和泉書院）
『戦国期歴代細川氏の研究』（和泉書院）
『大乗院寺社雑事記の研究』（和泉書院）
『青雲の志　龍馬回想』（和泉書院）
『悲劇のヒーロー　豊臣秀頼』（和泉書院）
『おもしろ日本史』（和泉書院）

『河内名所図会』『和泉名所図会』のおもしろさ
上方文庫別巻シリーズ 3

2010年 2 月20日　初版第 1 刷発行

編著者　森田恭二

発行者　廣橋研三

発行所　和泉書院
〒543-0002　大阪市天王寺区上汐5-3-8
電話06-6771-1467　振替00970-8-15043

印刷・製本　亜細亜印刷　　装訂　森本良成

ISBN978-4-7576-0547-3 C0321　定価はカバーに表示